新型コロナウイルスは世界をどう変えたか

Covid-19

21世紀大不況で
資本主義が崩壊する

増田悦佐
Etsusuke Masuda

ビジネス社

はじめに

2019年10月か11月のある日、新型コロナウイルスが中国湖北省の省都、武漢市で爆発的な感染を惹き起こした。そして翌2020年1月中旬以降、東アジア、アメリカ、ヨーロッパ各国に広がった。3月半ばまでは、欧米、とくにヨーロッパ諸国で高齢かつ慢性疾患を持つ患者が亡くなる症例が増えたが、患者の大部分は自覚症状がないか、軽症にとどまっていた。とても世界経済を揺るがす事件になるとは思えなかった。

事態が急展開したのは、当初静観の構えを見せていたイギリスのボリス・ジョンソン首相がインペリアル・カレッジ・ロンドンの疫病被害計量モデルチームの責任者ニール・ファーガソンの説得で都市封鎖、外出禁止を宣言したときだった。その直後にジョンソン首相自身が感染し、集中治療室に入るほど症状が重かったこともあり、都市封鎖や外出禁止を宣言する国がヨーロッパと北米で相次いだ。

感染者の大部分は自覚症状がないか、軽微な症状にとどまり、重篤化する患者はほとんどが慢性疾患を持つ高齢者だということは、当初からわかっていた。それは世界中に蔓延《まんえん》した5月末の段階でも変わらない。だが先進諸国の中に、高齢で慢性疾患を持つ人たちを守りながら、それ以外の人たちはふつうの日常生活を続けるという政策を採用した国はほとんどなかった。

アメリカでは第二次世界大戦直後から、ロビイストを通じて政治を動かし、自分たちに有利な法律・制度・政策を引き出すという活動が高度に発達していた。だが今回の事件を調べていてわかったのは、イギリス政府や、国連傘下の世界保健機関（WHO）のような組織も、アメリカ同様にカネの力で特定の利権集団に都合よく動くようになってしまったということだ。

都市封鎖や外出禁止がいかに深刻な経済収縮をもたらすかは、まだやっと各種経済統計に表れ始めたところだ。それでも季節性インフルエンザより多少致死率が高い程度の今回の疫病に対する各国の対応が過剰だという意見は、少なくともマスメディアの論調の中では少数派にとどまっている。

2020年5月末の時点で、新型コロナウイルス・コヴィッド-19による被害は明らかに峠を越えた。だが世界経済は少なくとも1930年代大不況と同程度、ひょっとするとそれ以上に深刻な大不況に突入しようとしている。いったいなぜ、これほど見当外れな政策が、これほど執拗に追求され、その結果、これほど重大な経済被害を招いたのか。この本はそれを解明するために書いた。当初は疫病に関する記述と、経済的影響に関する記述をほぼ半々と予定していた。だが執筆過程で疫病そのものについて調べなければならないことがどんどん増え、結果的には疫病自体に関する記述のほうがずっと多く、経済的影響に関する記述はやや駆け足となった。

第1章では、人類が抗生物質の力によって細菌性の感染症をほぼ征圧できるようになったころから、ウイルス性感染症が増え始めたことに注目する。そして都市封鎖や外出禁止令を正当化するために持ち出される、「この感染症に有効なワクチンが完成するまでは、なんとしても感染者の数を最小限に抑えなければならない」という主張の無責任さを指摘する。

第2章では、ヨーロッパ諸国では慢性疾患を持った高齢者に犠牲者が集中し、アメリカでは犠牲者の年齢層がやや分散し、日本では各年齢層を通じて感染者も犠牲者も少ないというデータは、ひとつの要因で説明できるのではないかという観点を提起する。それは先進諸国における成人肥満率の高さだ。幸いなことに日本の成人肥満率は欧米諸国よりはるかに低く、今回の感染症による犠牲者数も格段に少ない。

第3章では、この感染症をもたらしたウイルスが微生物兵器として開発されたものではないか、そうだとしたら、今回の蔓延は意図的な散布によって起きたのか、流出事故だったのかを検証する。

第4章では、マイクロソフトの創業者であり、ビル&メリンダ・ゲイツ財団の主宰者であるビル・ゲイツがワクチン開発に注ぐ異様な情熱と、なぜあまりにも多くのウイルス性感染症がアメリカで発生しているのかに焦点を絞る。どちらも資本の自己増殖衝動に駆り立てられたアメリカ経済の荒涼たる姿を浮かび上がらせてくれる。

第5章では、世界各国の政策担当者は、都市封鎖や外出禁止令が現代経済に及ぼす壊滅的な影響をほとんど意識せずに、この極端な政策を実施してしまったのではないかという点について論ずる。現代経済は完全にサービス業主導となっていて、売り手と買い手が同時に同じ場所にいることが必要不可欠な業態が多い。だが政治家や官僚たちには、その認識がまったくと言っていいほど欠けている。

第6章では、この疫病に対する過剰反応が、近代資本主義500年の歴史にとどめを刺すこと、同時に石油と自動車を両輪に世界経済の覇権を握ってきたアメリカの没落をも招くこと、そして過去2000年ほど続いた中央集権化から分権化への転換点となるのではないかと論ずる。

なお文中の引用は、カッコ内に著者名と引用したページを示しておいた。巻末の参考文献一覧にタイトル、刊行年、出版社を表示してある。どの本のどのページからの引用か、おわかりいただけると思う。

第2章　「豊かな国」の貧しい人々に犠牲が集中する

第3章 「これは戦争だ！」「でも、第二次大戦中でさえバーは開いてたぜ」

第4章 「微生物戦争」は大不況のきっかけだが、真因ではない
――資本の自己増殖衝動が、ウイルスの自己複製衝動に負ける！

第5章

2020〜21年を大底とする21世紀大不況によって資本主義が消滅する

――大規模製造業全盛期のプラス要因（石油資源・積極投資・金融市場）が、すべてマイナスに転ずる

第6章 21世紀大不況で何がどう変わるのか？ 大衆がエリートに勝ち、烏合の衆が組織に勝つ！

第1章

どっちが怖い？溶解する妖怪か危機をあおり立てる人たちか

医師や公衆衛生専門家はベテランほど、この大騒動に困惑している

溶解する妖怪《ようかい》が世界をのし歩いている。新型コロナウイルスという、病名としてはコヴィッド−19（Ｃｏｖｉｄ−19）、病原体としてはＳＡＲＳ−ＣｏＶ−2という名の、長い名前の妖怪が。細菌はどんなに小さくても自分の細胞を形成し、細胞膜という鎧《よろい》に覆われて、寄生した宿主とは別の生命を維持している。ところが、ウイルスは自分の細胞を持っていない。遺伝子だけがほとんど裸のまま、宿主の体内に侵入してその中に溶解する。そして、宿主の体の中から必要なアミノ酸などの成分を抜き取って自分の複製をつくり出す。その複製が新しい宿主を求めて、感染者の体から飛び出していく。

今回の新型コロナウイルス騒動で長い経験を積んだ医師たちや疫学者、微生物学者の大半が、ほぼ同じことを言っている。「こんなに死亡した感染者の人数が少ない伝染病で、これほど世界各国が大騒ぎをするのは初めての経験だ。おそらくインターネットやＳＮＳの普及によって、きっかけさえあれば恐怖心をあおり立てて注目を浴びたいと考える人が増えたのが最大の原因だろう。おまけに、たまたま世界各国で大衆迎合主義《ポピュリズム》の傾向の強い政治家が国家元首や自治体の首長をしている時期に当たったので、被害の小ささに比べて異常なほど世論が沸騰し、各国指導者たちが次々に過剰な対策を競っているのではないか」などと口々に語っているのだ。

過去のあらゆる疫病の歴史と、今回のコロナ騒動を比べたとき、最大の差はなんだろう。インターネット通信が普及し、ＳＮＳを通じて似通った趣味や思考の持ち主たちのあいだでひんぱん

な情報交換が行われている現代世界では、疫病にも広報担当者がついて、盛大に宣伝活動をしてくれるということではないだろうか。その被害は深刻だ。すでに欧米のコヴィッド-19犠牲者数の多い地域では、病院が急患の激増にそなえて大量のベッドを空にして待っている。その結果、ふつうの時期なら当然しかるべき診断にもとづく手術や投薬で治っているはずの患者が、入院したときには手遅れだったり、家にこもったまま亡くなったりしている。

だが、「コロナ騒動は行きすぎだ」と正論を吐く人たちの現在の肩書を見ると、長年教えた大学の名誉教授や、指導してきた国内外の調査研究機関のシニアアドバイザーなどの名誉職的な仕事をしていて、半ば引退状態となった人が多い。ヨーロッパ疾病予防管理センターの初代主任科学者を務めたスウェーデン人疫学者であり、現在も世界保健機関（WHO）の顧問を務めているヨハン・ギーゼッケ教授がその典型と言える。

「コヴィッド-19はふつうの季節性インフルエンザ同様に『穏やかな感染症』に過ぎない。目新しいのは、この病気がいかに人々を脅かしているかという社会現象だけだ」と断言している。ギーゼッケ教授はまた、ビル&メリンダ・ゲイツ財団（BMGF）から巨額の補助金をもらっているインペリアル・カレッジ・ロンドン（ICL）が3月18日に出したコヴィッド-19に関するレポートで「アメリカだけで220万人、イギリスでも50万人の犠牲者を出す」と主張したことも、きびしく批判している。なんの実証データもない論点について、ひたすら被害を大きく算出するためにだけ「計量」モデルを悪用しているというのだ（ウェブサイト『ゼロ・ヘッジ』、2020年

4月21日のエントリーより大意訳)。

アメリカでもイギリスでも、4月中旬で明らかに1日当たり死亡者数のピークは過ぎている。そして5月2日時点で、アメリカの死亡者数は約6万7000人とICL予測の30分の1だ。イギリスの死亡者数は約2万8000人でアメリカよりはICL予測に近いが、それでもたった20分の1程度なのだ。

意図的に過大な予測を出して、世界各国で恐怖心をあおった形跡が濃厚だ。だが、ICLレポートで主導的役割を果たしたニール・ファーガソン博士は、平然と「我々の警告によって世界各国が厳重な予防措置を講じたから、この程度の被害で済んだのだ」と強弁している。

ファーガソンが過大な予測で社会を混乱させ、経済活動全般に大きな被害を与えたのは、これが最初ではない。最初ではないどころか、21世紀に突入して以来、ほとんどの感染症に関してファーガソンはとんでもなく大きな被害予測を出しつづけてきた。次ページにご紹介する表がファーガソン予測の「輝かしい」成果を示している。

1997年に初めて人間の感染者が出たH5N1型鳥インフルエンザは、インフルエンザにしては伝染性が高いので疫学者や公衆衛生関係者が警戒感を強めていた。ファーガソンは、「この鳥インフルエンザによる犠牲者は世界で2億人に達する」と大見得を切った。実際には、世界中の犠牲者を足し合わせても合計はたった455人(455万人ではない)だった。

また直接、人命の被害予想は出していなかったのでこの表には載せなかったが、2001年の

ICL疫病被害計量モデル研究リーダー、ニール・ファーガソンの「輝かしい」実績

勃発時期	病名	ファーガソンの被害予測	実際の被害	何倍過大な予測だったか
2002年	狂牛病	牛から人にとどまっても5万人、羊にも広まれば15万人	累計で178人	**280倍**（牛のみ）、 **840倍**（牛、羊）
2005年	鳥インフルエンザ	2億人	2006年春までの累計で78人	**256万倍**
2009年	豚インフルエンザ※	6万5000人	457人	**142倍**
2019年	コヴィッド-19	イギリスで50万人、アメリカで220万人	3万2692人、 8万3455人 （5月12日現在）	**15.3倍** **24.0倍**

※イギリス政府は豚インフルエンザ用に2006年に特許の出ていたグラクソ・スミスクライン（GSK）のワクチン、パンデムリクスの実用化を急がせ、主として子どもの接種対象者60人に脳障害が生じ、計6000万ポンドの補償金を支払った。GSKは免責され、補償金の一部さえも負担しなかった。
この表全体についての注：ファーガソンが疫病被害計量モデルの作成を指揮しているICLは、2006～18年に累計で1億8500万ドルの研究助成をビル＆メリンダ・ゲイツ財団から得ている。
出所：ウェブサイト『Off Guardian』、『Lockdown Sceptics』、『Worldometers』などより著者作成

口蹄疫《こうていえき》騒動でも、ファーガソンは過大な被害予測で無益な大量殺処分を招いた可能性が高い。食肉用家畜のあいだで蔓延することを防ぐには、大量の殺処分以外には方法がないと強硬に主張したのだ。過大な被害予測をして、牛、豚、羊、鶏など1100万以上の殺処分を主張し、畜産・食品・レストラン・観光業界に合わせて90億ポンド、当時の為替レートで約1兆6000億円近い損失を招いていた。

グレートオートンという地区だけで数千頭の羊が殺処分になったが、弱い感染を示していた1頭以外はすべて血液検査の結果が陰性だったとか、殺処分になった数万羽の鶏のうち88パーセントは感染していなかったとか、あまりにも無意味な大量殺戮《さつりく》があちこちで起きていた。注目すべきは、現在のウィキペディアのエントリーだ。「この莫大な損失は移動禁止令の発令が

3日間遅れ、ワクチン接種も遅くなったのが原因だ」として、ファーガソンの予測自体が大幅な過大推計で、これほど多数の家畜を殺処分する必要はなかった可能性には一言も触れていない。

また、もともと経営が脆弱《ぜいじゃく》だった数多くの小規模な自営畜産農家が、この口蹄疫にからんだすさまじい食肉用家畜の大量殺処分によって破綻してしまった。そのあとには、狭い畜舎に大量の家畜を閉じこめておいて、「感染症防止用」と称して抗生物質を飼料に混ぜて市場に出すまでの肥育期間を短縮する、アメリカ型の家畜肥育「工場」的な大規模化した畜産業者のシェアが拡大したことも見逃せない。食肉用家畜の肥育期間を短縮するための抗生物質の大量投与によって近年、ほぼ確実に細菌性の感染症は激減した。ところが、ウイルス性の感染症が2〜3年置きに大流行しているのだ。この点については第4章でくわしく検討する。

ファーガソンは、2002年の「狂牛病」騒ぎのときは「イギリスだけで5万人の死者が出る」と警告していた。当時から現在までで、死者の総数は200人にも達しなかった。2009年の豚インフルエンザ騒動では、「イギリスだけで6万5000人の死者が出る」と言っていた。実際には鳥インフルエンザのときよりは「的中率」がやや高くて、イギリスだけで457人が豚インフルエンザで亡くなった疑いがあると言われている。

疫病蔓延の危機が叫ばれるたびに、性懲りもなく過大な被害予想を出して社会を混乱させてきたにもかかわらず、ファーガソンがICL疫病被害予測計量モデルチームの「スター」としての輝きは失われなかった。それどころか、ビル&メリンダ・ゲイツ財団は2006〜18年にわたって、総額1億8500万ドル近い巨額の資金をこのチームに投じている。薬品開発の臨床試験に莫大なコストがかかるのは周知の事実だ。しかし、基本的には仮説を立て、数式モデルを組み、現実に起きた過去の疫病のデータを投入して、予測の適合性を測る机上の計算でしかない被害予測の計量モデル作成に、これほどの資金が必要というのはわけがわからない。

つい最近できたらしい『都市封鎖懐疑派(Lockdown Sceptics)』というサイトに経験豊富なプログラマーが、ICLの使った疫病被害予測モデルを徹底的に批判した記事を投稿している。読んでみて、欧米のウェブ論壇には、まっとうな批判精神の持ち主もいるんだとホッとさせられた。まず驚くのが、これだけ巨額の資金を受け取っていながら、疫病被害予測計量モデルチームにはほぼ確実にプロのプログラマーがいなかったという事実だ。

まったく同じデータを同じモデルに投入しても、演算のたびに違う結果が出てくる。これでは近代科学の礎石と言われる再現可能性がゼロだ。再現可能性とは、同じサンプルを使って同じ方法で処理すれば、だれが実験をしても同じ結果が出てくるということだ。再現可能性がなければ、科学的計量モデルとは言えない。神社でおみくじを引くのと変わらない。いや、神社はおみくじの「予言」に科学的根拠があるとは言わないから、神社のおみくじよりずっと悪質だ。

この誇大妄想狂としか言いようのない「疫学者」が延々とICLで重要な地位を維持していられるのは、テドロス・アダノムがWHOの事務局長を務めているのとまったく同じ理由による。WHOもICLも、ゲイツ財団と世界各国の大手製薬会社が完全に財布のヒモを握っていて、ウソでもいいから疫病被害を大げさに予測して、国連や各国政府にワクチン開発に巨額の費用を投じるように仕向けている。そうやって開発したワクチンを厖大《ぼうだい》な人口に投与することで、さらに莫大な利益を稼ぐことに貢献しているからだ。

イギリスの大衆紙、デイリー・テレグラフのウェブ版『テレグラフ』は、２０２０年5月5日付で、ニール・ファーガソンがイギリス全国で外出禁止令が出ていた中で、2度夫のある愛人と密会していたことを報道した。しかも、イギリス全土で外出禁止令が出た1週間後の3月30日に、得意満面で「この外出禁止令は6月末まで続く」と公式発表した当日に1度、そして4月8日にもまた逢っていたという。

話はそこで終わらない。この密会事件当時、ファーガソンはまだ陰性だった。ところが、4月中旬に自分自身が陽性だと判明して14日間の全面隔離期間を終えた直後の5月5日のことである。ファーガソンは不適切な密会をしていたという報道が事実だったと認めて、イギリス政府に委嘱された緊急事態に関する科学者顧問団から身を引くことを発表したのだ。愛人のほうは4月8日の密会前に「自分の夫はコヴィッド-19に感染している疑いがある」と親しい友人に話していたらしい。

アントニア・スターツというファーガソンの愛人は、ロンドンの高級住宅地で日本円にすると約2億円の豪邸に住んでいる左翼活動家で、気候変動、人権、動物の生存権、腐敗、貧困、人種や宗教など摩擦に関するさまざまな抗議活動を展開するＡｖａａｚという団体に属していた。同団体は企業や財団からの寄付は受けず、個人の献金に頼って活動していると主張するが、かなり潤沢な資金を持っている。資金源はジョージ・ソロスだと指摘する人が何人か出てきたが、そのうちひとりは根拠のない中傷をしたとして、ソロスへの謝罪に追いこまれている。

この愛人がどんなにすばらしい性格の絶世の美人だったとしても、多くの国民の命にかかわる要職にある人間が、多忙を極めているはずの疫病蔓延期に死を覚悟してまで密会するなどという愚行に及ぶはずはない。この事実は、ファーガソン自身が大げさな被害予想をほとんど信じておらず、ゲイツ財団や世界的な大手製薬企業という大事なスポンサーのために、世界各国の大衆に恐怖心を植え付けようと意図的に過大な致死率を想定していたことを示唆している。

医療業界、WHO、メディアの切っても切れない腐れ縁

それでも世界中の大手メディアは、WHOやICLが発表する明らかに過大な被害予想と、ワクチンが実用化されるまで全面的な外出禁止令を持続すべきだという方針を無批判で受け入れている。さすがにニール・ファーガソンほどでたらめな数字を言いふらして、恐怖心をあおる「専門家」は少ない。だが現役の医師や疫学、微生物学の研究者のあいだでは、コヴィッド-19はとくに致死率が高いとか、一度感染してから回復しても免疫を獲得できないとか、どう考えてもまだ実証研究で裏付けされたはずのない主張をして、事態の深刻さをあおり立てる人が多い。

第二次世界大戦直後の1946年に「ロビイング規制法」という名の贈収賄《ぞうしゅうわい》合法化法案がアメ

リカ連邦議会で可決されてしまった。それ以来、医学や公衆衛生分野に限ったことではないが、アメリカでは有力産業の大手企業がロビイストを使って自分たちの都合のいい方向に政治家や官僚を動かして、もともと有利な地位をさらに強化することが日常茶飯事となっている。

この正当で合法的な政治活動としての贈収賄は、アメリカ社会の隅々にまで拝金主義を植え付けてしまった。州政府や郡、市などの地方自治体もそれぞれ自分たちの地域に有利な法律制度をつくらせるために、ロビイストを通じて連邦議員に献金している。私立、州立を問わず大学や各種研究機関もなるべく大企業がカネを出してくれそうな研究を積極的に進め、巨額の寄付金や研究助成金を引っ張ってこられる学者が高く評価されるという世の中になっている。

高級紙（Quality Paper）と呼ばれる教育水準の高い読者層向けの新聞は、本来こうした風潮を批判するためにこそ存在しているメディアのはずだ。しかし、ニューヨーク・タイムズやワシントン・ポストといった「高級紙」もまた、民主党リベラル派への献金を通じて、同じくリベラル派への献金の多い業界の闇の部分を隠蔽《いんぺい》する役割を果たすようになってしまった。次ページのグラフにリベラル派政治家、大手メディア、薬品業界の共犯関係がはっきり出ている。

民主党リベラル派を通じた薬品業界と大手メディアの腐れ縁《くされえん》が、どんなに製薬会社にとって利益になっているかの実例をご紹介しよう。アメリカでは、製薬会社が麻薬同様に依存症リスクの高いオピオイド（麻薬もどき）という薬品を堂々と製造販売している。非合法で密売組織と接触しなければ買えないヘロインやコカインと違って、医師の処方箋さえあればだれでも気軽に薬局

アメリカのメディアと製薬業界は民主党リベラルに献金を集中

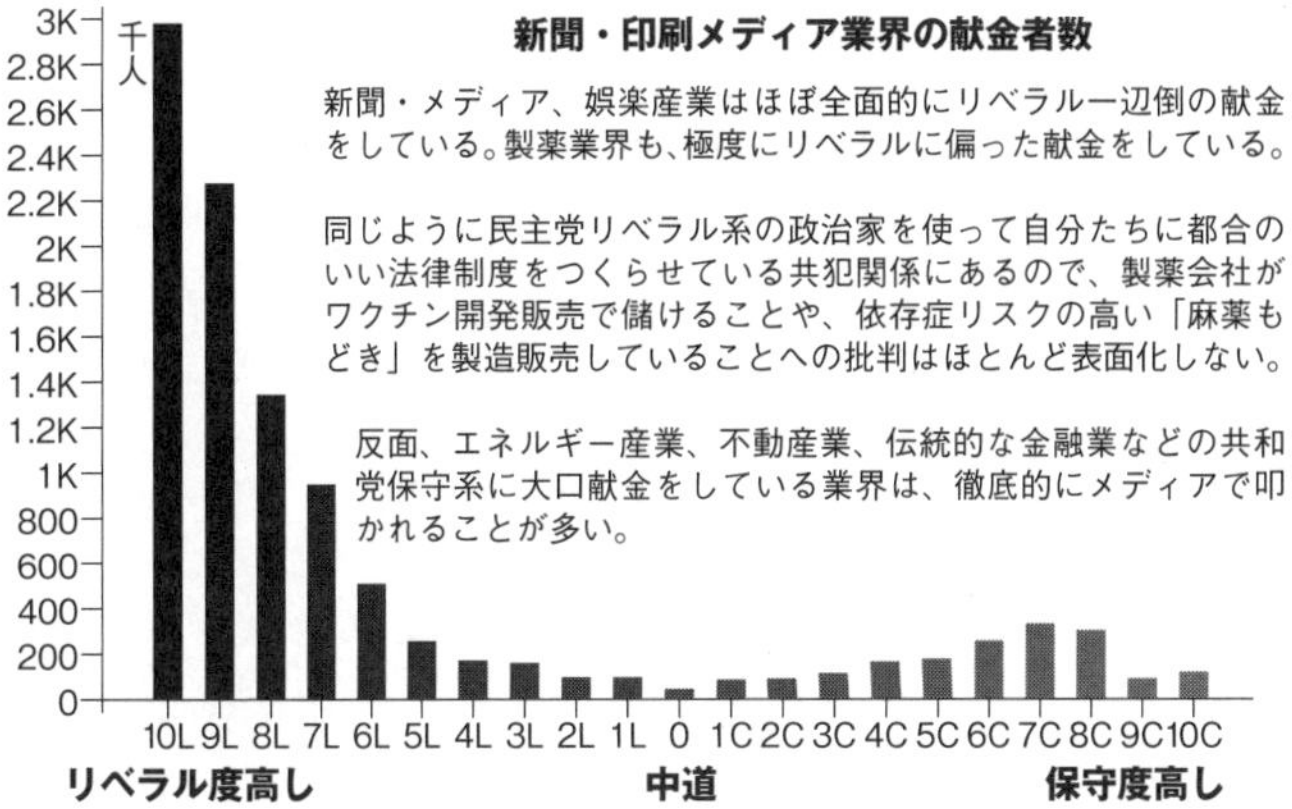
新聞・印刷メディア業界の献金者数
新聞・メディア、娯楽産業はほぼ全面的にリベラル一辺倒の献金をしている。製薬業界も、極度にリベラルに偏った献金をしている。
同じように民主党リベラル系の政治家を使って自分たちに都合のいい法律制度をつくらせている共犯関係にあるので、製薬会社がワクチン開発販売で儲けることや、依存症リスクの高い「麻薬もどき」を製造販売していることへの批判はほとんど表面化しない。
反面、エネルギー産業、不動産業、伝統的な金融業などの共和党保守系に大口献金をしている業界は、徹底的にメディアで叩かれることが多い。
千人
3K
2.8K
2.6K
2.4K
2.2K
2K
1.8K
1.6K
1.4K
1.2K
1K
800
600
400
200
0
10L 9L 8L 7L 6L 5L 4L 3L 2L 1L 0 1C 2C 3C 4C 5C 6C 7C 8C 9C 10C
リベラル度高し
中道
保守度高し

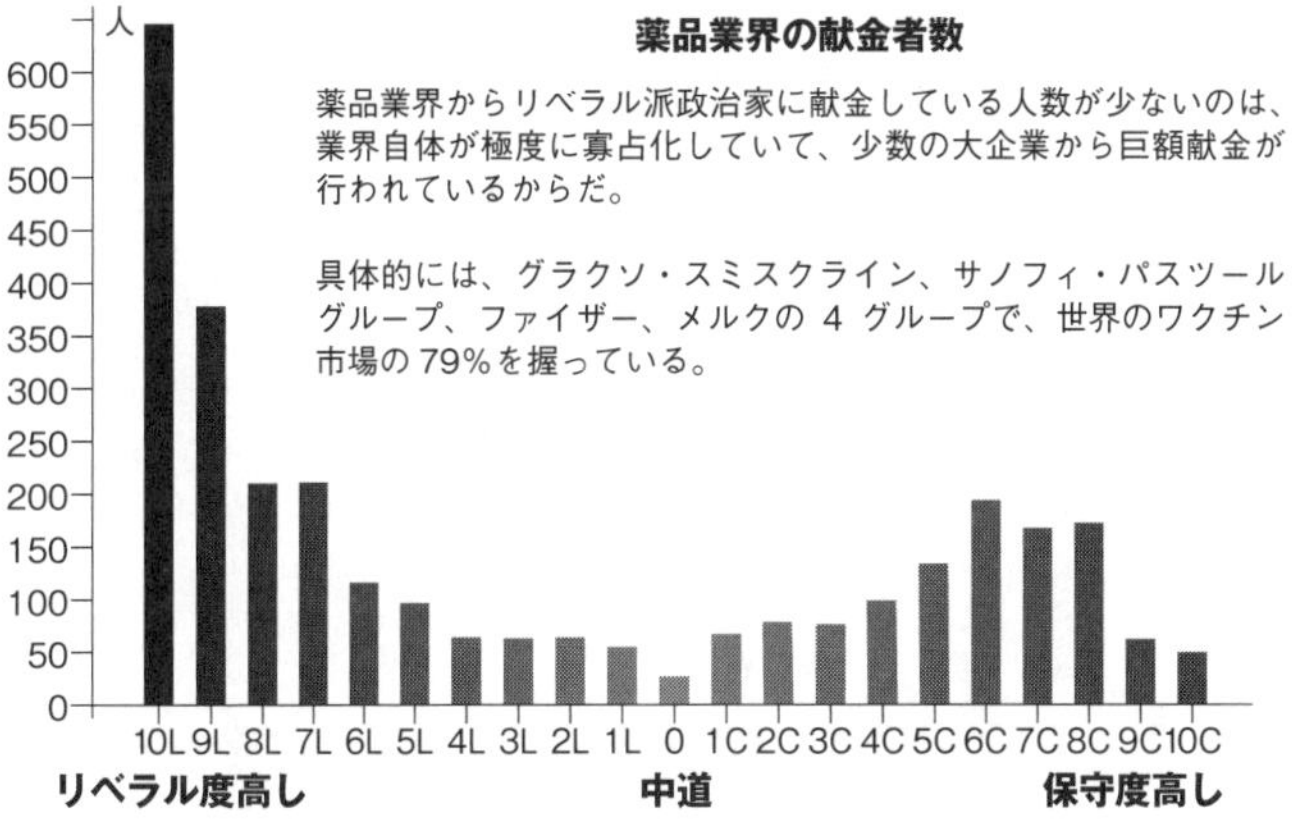
薬品業界の献金者数
薬品業界からリベラル派政治家に献金している人数が少ないのは、業界自体が極度に寡占化していて、少数の大企業から巨額献金が行われているからだ。
具体的には、グラクソ・スミスクライン、サノフィ・パスツールグループ、ファイザー、メルクの 4 グループで、世界のワクチン市場の 79%を握っている。
人
600
550
500
450
400
350
300
250
200
150
100
50
0
10L 9L 8L 7L 6L 5L 4L 3L 2L 1L 0 1C 2C 3C 4C 5C 6C 7C 8C 9C 10C
リベラル度高し
中道
保守度高し

原資料：ロビイングのためのクラウドファンディングサイト、『Crowdpac』
出所：ウェブサイト『Zero Hedge』、2019年1月20日のエントリーより引用

で買える。そして2017年には、ついにこのオピオイドによる中毒死が、次ページのグラフが示すとおり生涯死亡確率で自殺に次ぐ5位、自動車衝突事故死より高くなってしまった。

このグラフの読み方をご説明しよう。首位心臓病の6分の1というのは、アメリカ国民の中では最終的に心臓病で亡くなる人がいちばん多くて6人にひとり、第2位のがんは7人にひとりだということを示している。そして、第3位の肺の慢性疾患になると亡くなる人がぐっと少なくなって27人にひとり、第4位の自殺が88人にひとり、第5位のオピオイド過剰摂取は96人にひとりという膨大《ぼうだい》な数だ。直近のアメリカの総人口は3億3000万人だから、なんと344万人もの人が最終的にはオピオイド中毒で亡くなる計算になる。アメリカ国民の平均寿命は約79歳なので、1年あたりにすると約3万4000人だ。

今年の大統領選に向けても、アメリカの医療保険業界は2019~20年で総額73万6000ドルという巨額の献金を、民主党連邦議会選挙委員会にしている。建前は、雇用者向け医療保険を雇い主が支払っている場合、現行制度では勤労者が失業すると直ちに医療保険が失効してしまう。それを国が立て替えて保険料を支払いつづけることで、失業した勤労者も保険適用が持続するようにという趣旨だ。

一見、すばらしい制度に見えるが、実際には医療保険会社にとって有利な保険料率の医療保険を、雇用主に代わって国が払いつづけるだけだ。こういう小手先の改善に終わらせずに、本格的な国民皆保険制度を導入すると、国の保険担当部署が一種の買い手独占になるので、保険会社は

アメリカではオピオイド中毒死のほうが自動車衝突事故死より多い
アメリカ総人口中の原因別生涯死亡確率、2017年

注：原因別の生涯死亡確率は、年間死亡確率に平均寿命をかけて算出した。
原資料：全米安全協議会データをStatistaが作図
出所：ウェブサイト『Zero Hedge』、2019年1月21日のエントリーより引用

あまり自分たちに有利な保険料率を設定できない。それは防ぎつつ、とりあえず、たとえ失業してもすぐさま医療保険がきかなくなるわけではありませんよという弥縫策《びほうさく》に過ぎない。

アメリカのコヴィッド-19犠牲者数は、すでに2020年5月27日現在で10万人を超えている。しかし、もう1日当たりの感染者数も、死亡者数もピークを打って、今後2年とか3年とか爆発的な感染拡大が続く気配はない。全国的な経済マヒを承知で外出禁止や都市封鎖をするより、オピオイドの製造販売を非合法化して、中毒死する人の数を現状の3分の1とか4分の1に抑えこめれば、2～3年でコヴィッド-19の犠牲者よりずっと多くの人命を救うことができる。しかもオピオイド中毒死の抑制は、流行《はや》りすたりなく持続的に国民の平均寿命を伸ばしてくれる。

だがアメリカの大手メディアは、そっちに世論を誘導しようとはしない。あるいは、抗うつ剤に自殺誘発効果があることも報道しない。ただでさえ暴利を貪《むさぼ》っている製薬会社を、もっと儲けさせてやろうと「ワクチンができるまで外出禁止や都市封鎖を続けよ」とあおっている。

読者の中でオピオイド中毒死がこんなに深刻な社会問題になっていることをご存じの方が、何人いらっしゃるだろうか。おそらく、大方の読者にとって初耳だったのではないか。大手メディアは、ときおり非合法麻薬密売組織とFBI薬物捜査班との派手なドンパチを報道したりするが、上場製薬会社が麻薬もどきで大儲けしていることは、ほとんど報道しない。23ページのグラフひとつ見ただけでも、アメリカの製薬業界が民主党リベラル派議員への献金を通じて大手メディアとしっかりタッグを組んでいる効果の絶大さがわかる。

さらに国連やWHO、世界貿易機関（WTO）、IMF、世界銀行のような国際協調機関までもが、アメリカ流の「業績主義」にどっぷり浸ってしまっている。こうした国際機関の職員をしている時期には、一種の外交官特権的な保護が与えられていて、アメリカ以外の文明国なら自国ですれば当然収賄罪に問われるようなことをしても、めったに訴追されることはない。

その結果、より多額の予算や研究助成や補助金をとにかく分捕るために目の前の危機をなるべく大げさにあおり立てることが国際協調機関の職員や、大学その他に属する現役研究者にとって最適行動になっているのだ。企業だけではなく、ありとあらゆる組織が最大の資金をかき集めようとする。その資金で有能な人材を呼び寄せ、企業にとって儲かる研究開発をして、さらに大きな資金獲得を図る競争に参加している。

とくにアメリカでは、あらゆる産業で企業役員と、その業界を監督するはずの組織の役員と、発注する側の官僚とが、売り手側、買い手側、その売買を監視する側のあいだで回転ドアのように順繰りに入れ替わって利権集団を形成している。今回も、コヴィッド-19用のワクチン開発を急がせるためにトランプ大統領が打ち出した「ワープ・スピード」作戦の責任者は、ワクチン開発最大手のグラクソ・スミスクラインの元重役が「ボランティア」として任命された。2020年10月までに100万本、同12月までに200万本、2021年1月までに300万本の生産目標を「信頼のおける数字だ」と主張している。

ジョンズ・ホプキンズ大学は、公衆衛生・疫学・社会経済統計学の連携を目指して、世界で初めてパブリックヘルス大学院を設立した。日本からもこの大学院で学んだ木村もりよ（盛世）という人が、医師・ノンフィクション作家兼業で活躍している。この人、２００９年に勃発した豚インフルエンザに対する過剰警戒態勢の弊害を暴露した『厚労省と新型インフルエンザ』では、なかなか小気味のよい正論を吐いていた。だが、今回のコヴィッド-19騒動に関しては、まったくいただけない。ＭＳＮニュースという報道サイトに以下のようなコメントを投稿している。

ジョンズ・ホプキンズ大学の研究者が獲得する政府からの研究費は他の医学校と比して約5億円多い。資金があれば優秀な人材を集めることができる。……同大学は21人のノーベル学者を研究者として迎えている。また、マイケル・ブルームバーグ元ニューヨーク市長は、２０１8年に個人としては過去最高の約２０００億円を母校に寄付している（２０２0年5月11日付）。

こうした資金集め第一の姿勢がいかに危険かについて、まったく自覚がないようだ。大金をオファーすれば引っ張ってこられる学者は、もともと学者としての良心がないか、良心はあっても、その良心に値札が付いているような人ばかりだ。

この安易な姿勢が製薬会社、病院業界、マイクロソフトのビル・ゲイツ、ブルームバーグ通信のマイケル・ブルームバーグといった危機感をあおって商売をする連中に付けこまれるスキになっている。病院業界という表現を奇異に感じる方もいらっしゃるだろう。だが、アメリカの病院の大部分は専属医を置かず、他に選択肢のない患者を宿泊させるだけで暴利を貪るあこぎな商売をしている。

主要国の人口1000人当たり病院ベッド数比較
2018年または最新のデータ

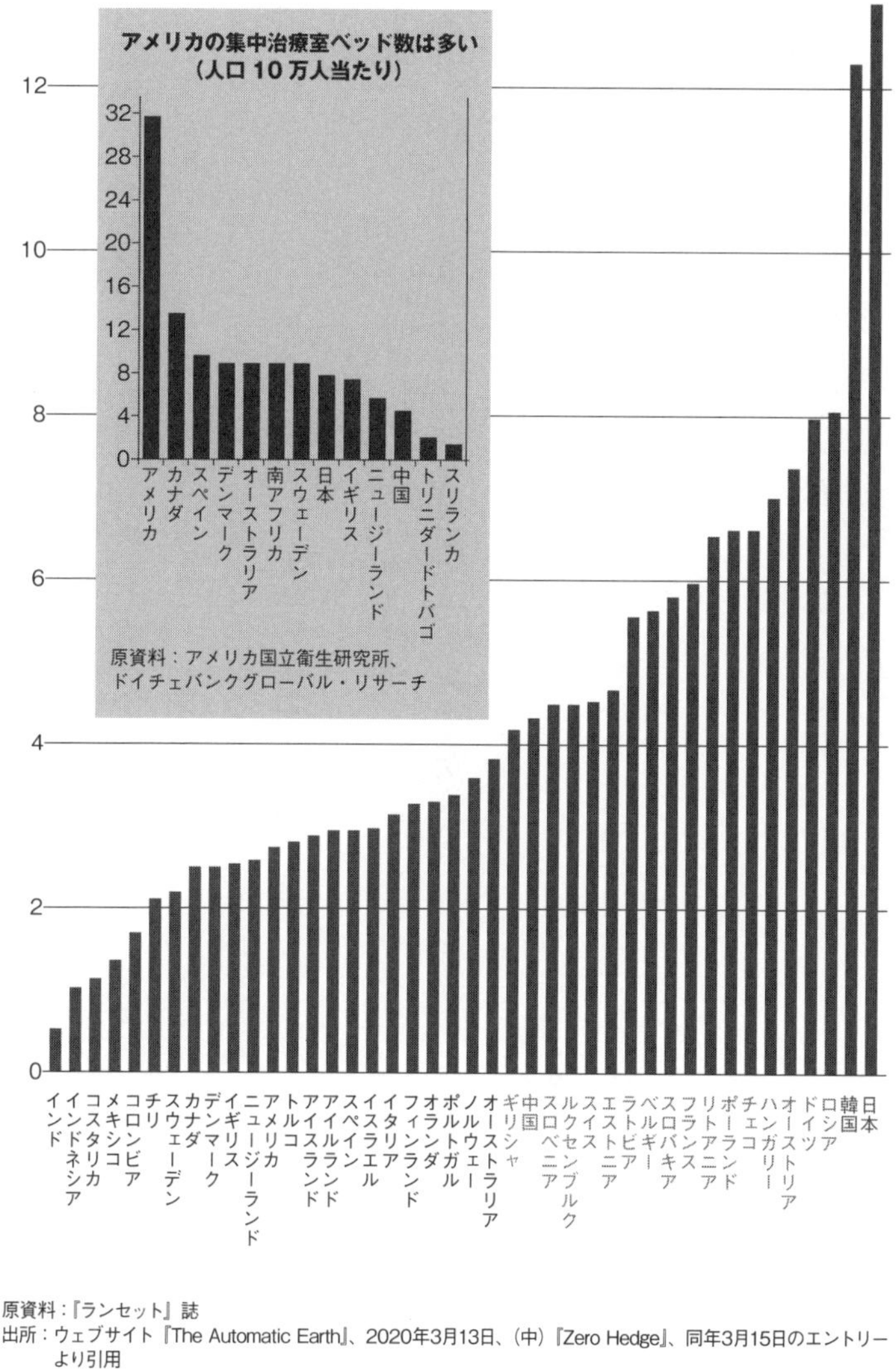

原資料：『ランセット』誌
出所：ウェブサイト『The Automatic Earth』、2020年3月13日、（中）『Zero Hedge』、同年3月15日のエントリーより引用

儲け第一主義の病院経営を象徴するグラフが前のページだ。

まず、大きな棒グラフは、主要国で人口1000人当たり病院のベッドが何台あるかを示している。13台強の日本と12台強の韓国が突出した首位争いを演じ、ドイツとロシアがそれぞれ約8台で3位争いをしている。4台を上回るギリシャ、中国あたりまでは、なんとか及第点だ。だが、オーストラリアからインドまでの23カ国は、4台にも達しない落第国家群だ。注目すべきは、この落第国家群にイギリス、アメリカなど旧大英帝国領土のほとんどと、福祉がご自慢のはずの北欧諸国が顔を連ねていることだ。

これら23カ国のうち、低所得国は「ない袖は振れない」というかわいそうなところもある。だが、アメリカなどの金満国家が平然と病院ベッド数を危険なまでの低水準に放置しているのは、まったくいただけない。左上隅に組みこんだ人口10万人当たりの集中治療室ベッド数を見ると、アメリカの病院経営者たちの悪辣《あくらつ》さがわかる。こちらはアメリカが2位カナダに3倍近い差をつけて、断トツの首位だ。つまり、アメリカの病院は1泊100ドル以上がザラという高い宿泊料金をとってもふつうの病室ベッドは儲けが少なすぎるということで、はるかに「客単価」の高い集中治療室のベッドばかり増設しているのだ。

どっちが怖い？　インフルエンザとインフルエンサー

政治家や官僚だけではなく現職の医師や研究者までもが危機感をあおり立てる理由は、他にもある。まず、あとあと自分の発言に責任を取らされる立場にある人たちは、保身を考えれば初めに深刻な被害を想定しておいたほうが得だ。「あまり大きな問題ではない」と言ってしまったのに万一にも事態が劇的に悪化したら、信用や社会的地位に大きな傷がつく。大げさに言っておけば、比較的小規模な被害にとどまったときにも「自分があれだけ警鐘を鳴らしておいたから、この程度で済んだのだ」と言い張ることができる。

ファーガソンのようにカネに良心を売り渡した「疫学者」や危機感をあおって自分の権力を強めようとする政治家や官僚たちが、無責任に過大な被害予測を出さないようにする方法はある。新型の感染症流行期間に限定して、そのときの病原体に感染した状態で死亡した場合に限定して保険金が下りる、掛け捨て生命保険を売ることを確約した保険会社だけに、被害予測を任せるのだ。もし過大な予測をして料金設定が高くなれば、だれも加入してくれないので商売にならない。安く設定しすぎれば、保険金支払い高が大きくなりすぎて損をする。そうしなければ、無責任に恐怖をあおる連中が増えつづけるのを抑制できないのではないか。

ネット論壇などで自分の意見をそのまま鵜呑《うの》みにしてくれる読者の多い人のことを、インフルエンサーというらしい。彼らがほぼ異口同音に「より強硬な手段を取れ」と政府や自治体をけしかけている。その理由は目立てば目立つほど得で、無責任に恐怖心をあおってもそれが社会経済の崩壊につながるなどとは考えもしないし、そもそも責任を取れる立場にもいないからだ。この人たちも、コロナウイルス禍騒動を大きくした張本人ではないか。

実際に、欧米諸国より人口当たりで2ケタもコヴィッド-19犠牲者数の少ない日本でさえ、感染者の個人名を特定して、その人の日常行動を監視しようとするウェブサイトがあちこちに出現している。あとできちんと理由を説明するが、疫病に感染した人たちは敵に寝返った裏切り者でも、スパイやテロリストのような危険人物でもない。むしろ地域全体が免疫を獲得するために、最前線で戦ってくれている、強い味方なのだ。

そういう人たちを実名まで調べ上げて社会から隔離するとか、家族や勤め先の企業や、立ち寄り先の店舗まで排斥するなどは、とんでもない人権侵害行為だ。あおり運転の実行者だって、法律の処罰以上の私的制裁を加える権利はだれにもない。ましてや、感染症にかかってしまった人たちは、何ひとつ悪意を持って他人に危害を加えているわけではないのだ。そう考えると、インフルエンザとインフルエンサーではどちらが怖いかという話になってくる。インフルエンザもインフルエンサーも語源は同じで、影響を及ぼすものという意味だ。

外出禁止令とか、都市封鎖とか、「不要不急」の店舗の休業命令とか、なんとも情けない状況が、世界各国に広まっている。この原稿を書き終えた時点で、日本は違反すれば罰則のある法律や命令ではなく、自粛要請という徳俵《とくだわら》にかろうじて足をかけていた状態を解除した。だが、4月前半のうちに新規感染者数も死亡者数もピークを打ったのに、ほとんど何の根拠もなく、当初5月6日までとしていた緊急事態宣言の期限を約1カ月延長したことの経済被害は大きい。

ただ、緊急事態宣言であって法的拘束力がないことが幸いして、5月半ばになると人通りもずいぶん回復していた。そもそも感染者数も犠牲者数も欧米諸国より、はるかに低い。しかも、この低さには確固たる理由があるのだから、むやみに危機感ばかりあおり立てる連中の言うことを真に受ける人もだんだん少なくなっているのだろう。

コヴィッド-19は、久しぶりに欧米諸国を直撃した

さらに、今回の大騒動にはもうひとつ非常に重要なポイントがある。それは、第一次世界大戦末期に猛威を振るった「スペイン風邪」と1980年代に大流行したエイズ以来、久しぶりに欧米諸国で感染者や犠牲者が多くなったという事実だ。次のページの表をご覧いただきたい。西暦紀元後の大疫病を推定犠牲者数の大きい順にワースト20としてまとめたものだ。そこそこに信頼の置ける記録が取られ始めてから、最大の疫病は中世ヨーロッパの黒死病《ペスト》で、1347年からの数年間のうちに全世界で約2億人の死者を出し、ヨーロッパの人口は半減したとも、3分の1になったとも言われる。ただ、この死者数がどこまでペストによるもので、どの程度が他の要因によるものかを振りわけるのは、至難のわざだ。

1280〜1340年の60年間はウォルフ極小期という地球寒冷化の時代であり、地球全体の平均気温が現在より約2度低かった。それでなくとも中国、インド、中東、北アフリカなどと比べると農作物の実りが悪かったヨーロッパの人びとの免疫力が栄養不足で極限まで低下していたとき、ペストにも襲われたのだ。

世界史を揺るがした紀元1年以降の大疫病ワースト20

順位	疫病名	死者数	大流行期間	主な被害地域など
1	黒死病（ペスト）	約2億人	1347〜51年	地中海沿岸〜ヨーロッパ
2	天然痘	約5000〜6000万人	1492〜1520年	南北アメリカ大陸
3	明末大疫病	約4000〜5000万人	1641〜44年	中国と東北アジア諸国
4	スペイン風邪	約4000〜5000万人	1918〜19年	主としてWWI交戦国
5	ユスティアヌスの疫病	約3000〜5000万人	541〜42年	東ローマ・ササン朝ペルシャ
6	HIV／AIDS	約2500〜3500万人	1981年〜現在	アフリカ〜全世界
7	第３次ペスト	約1200万人	1855年〜60年	中国・インド・欧州・ロシア
8	アントニヌスの疫病	約500万人	165〜80年	ローマ帝国・中東
9	17世紀の大疫病（ペスト）	約300万人	1620〜70年代	1665年ロンドンだけで7万人死亡
10	アジア風邪	約100〜300万人	1956〜58年	中国〜香港・東南アジア〜世界各地
11	コレラ６	約100〜160万人	1817年〜1923年	インドと欧州が2大中心地で6次に渡る
12	天平の天然痘	約100〜150万人	735〜37年	日本（遣唐使が唐から持ち帰り？）
13	ロシア風邪	約100万人	1889〜90年	ロシア〜北半球全体
14	香港風邪	約100万人	1968〜69年	香港〜全世界
15	豚インフルエンザ	約28万4000人	2009〜12年	メキシコ〜全世界
16	Covid-19	約21万8000人	2019年〜	中国（？）〜全世界
17	黄熱病	約15〜20万人	19世紀後半	アフリカ・南アフリカ・カリブ海
18	エボラ熱	1万1300人	2014〜16年	西アフリカ（致死率約50％）
19	MERS	850人	2012年〜現在	中東・中国・韓国
20	SARS	750〜900人	2002〜03年	中国中心に37カ国

注１）▒は細菌性感染症。□はウイルス性感染症。■は不明。
注２）コレラ６については、インド中心とヨーロッパ中心で病原体が違うとの説もあり。計６次、１世紀を超える断続的な流行で、著名な犠牲者も多い。おそらく第２次の1831年には日本で良寛、ドイツでヘーゲルが死去している。
注３）Covid-19の死者数は、グリニッジ標準時４月29日午前３時39分現在の推計。（『Worldometers』より引用）
出所：ウェブサイト『Visual Capitalist』、2020年3月15日、と『歴ログ——世界史専門ブログ』2019年12月24日のエントリーなどを総合して作成

また当時、興隆期にあったオスマン帝国の東からの圧力が強まり、西では実際に100年以上続くことになる英仏百年戦争が勃発していた。さらに魔女狩り、ユダヤ人狩りといった民衆の不満を他者に向ける迫害や、鞭《むち》打ち苦行団の行進のような自傷行為も多かった。こうしたさまざまな要因の複合によって、あれだけ大きな被害が出たと考えるべきだろう。

犠牲者数順になっているのでちょっと読み取りにくいかもしれないが、20世紀最大の疫病はスペイン風邪だ。この表で4位の4000〜5000万人が命を落としたと推定しているのはやや控えめで、1億人の犠牲者が出たという推計もある。第一次世界大戦の末期、交戦国の兵士たちが輸送船団、輸送列車、塹壕《ざんごう》やトーチカの中、野戦病院といった行動の自由が利かない場所で密閉状態に置かれていた。これが爆発的な被害をもたらした最大の理由だ。

ひとつ飛ばして6位が後天性免疫不全症候群(エイズ)だ。もとはチンパンジーの病気だったが、人間に移る変種が登場した。しかも性的接触を通じて感染するので、大恐慌を巻き起こした。ちょうど1970年代末から80年代に、性的マイノリティの存在が極端な排斥を受けなくなっていた先進諸国を中心として流行が広がった。だがスペイン風邪とエイズはむしろ例外で、この2つ以外の20〜21世紀の疫病はアジア、アフリカ、中南米に犠牲者が集中したものが多い。

欧米諸国の人たちは、自分たちよりずっと遅れた文明圏と見なしているアジア、アフリカ、中南米でかなり深刻な疫病が発生しても、あまり大きな関心を持たないような気がする。いや、気がするどころか明らかに対岸の火事程度に見ていて、真剣に予防策や治療法を研究することもない。

51ページのグラフで見るように西アフリカ諸国で1976年以来再三にわたって勃発したエボラ熱は、感染致死率が約50パーセントと推定されている危険きわまる疫病だ。最貧国が密集しているサハラ以南の西アフリカ諸国で勃発し、感染者は家で寝たきり状態になったまま短期間で亡くなってしまうことが多いので、めったに周辺諸国まで感染が広がらない。

次のページのグラフでご覧いただくように、2014年にギニアで勃発し、隣国のリベリアやシエラレオネをふくめて計1万人を超える死者を出す大流行となるまでは、ワクチン開発の努力もきわめて緩慢だった。西アフリカ数カ国だけで1万人の犠牲者というのは、現地で暮らしている人たちにとってみれば、現在世界中で約25万人の犠牲者を出しているコヴィッド-19にも匹敵するような大疫病だ。

しかし、この大アウトブレーク以降も、大手製薬会社の研究開発陣は西アフリカの最貧国ばかりに感染者が集中している疫病対策には、あまり真剣に取り組まなかった。世界的な製薬大手のグラクソ・スミスクラインは、たとえワクチン開発に成功しても研究に投下した資金を回収する見込みがないとして、2019年までに開発中のワクチン候補をすべて非営利団体に譲渡して撤退してしまった。この撤退が2014～15年の大流行のあとだったことに、ご注目いただきたい。彼らが使命感を抱いているのは、人命を救うことではなく、投下資金を回収することなのだ。

これほどアフリカ最貧国の「風土病」には冷淡な欧米先進国の政治家、医師、製薬会社の研究

「西アフリカの風土病」に過ぎなかったころのエボラ熱に関するすさまじい無関心
アウトブレークごとのエボラ熱による死者数、2015年3月現在

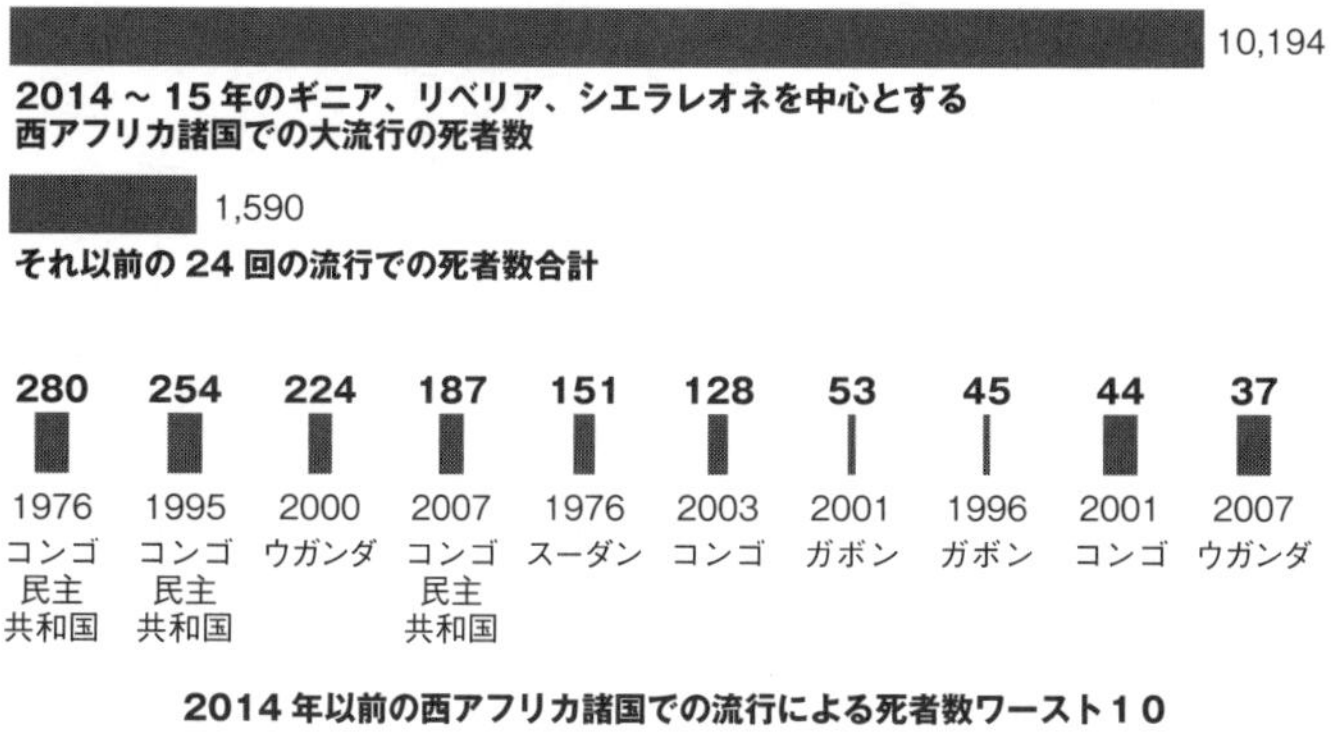

原資料：世界保健機関（WHO）
出所：ウェブサイト『Vox』、2015年5月27日のエントリーより引用

者たちも「進んだ文明のもとで、衛生状態、医療施設、防疫体制も優れている」はずの自分たちのお膝元で多くの犠牲者が出ると、一転して大騒ぎするようだ。「人命に値段はつけられない。どこでどんな暮らしをしていようと、人間ひとりの命は金銭に換算できないほど尊い」というのは、よく聞かされるレトリックだ。だが実際には人の命にも、いや人の命にこそ、これだけはっきりとした格差がついているのだ。

しかし、この「命の値段」格差も、まだアメリカにワイロ資本主義がしっかり浸透していなかった１９５０年代までは、今回のコロナ騒動が示すほど露骨ではなかった。34ページの「大疫病ワースト20」表で第10位にランクされているアジア風邪の際には、じつはアメリカでも11万６０００人の犠牲者が出ていた。当時のアメリカの総人口は約１億７２００万人だったから、

現在の総人口約3億3000万人に対する犠牲者数に換算すれば22万人の犠牲者に相当する。

だが、まだワイロ合法化法案が通ってから10年程度しか経っていなかったので、連邦議会議員も、大手メディアもほとんど製薬業界のヒモ付きにはなっていなかった。だから対応はいたって冷静で、外出禁止令も都市封鎖もなく、静かに流行が下火になるのを待っていた。1957年の年末には有効なワクチンも開発されたのだが、州政府や地方自治体に圧力をかけて大量投与を迫るような利権集団もなかった。

20世紀はウイルス性感染症の全盛期だった

この表については、もう1点注目していただきたいところがある。19世紀初頭から20世紀初頭まで100年以上、6次にわたって人類を苦しめ続けたコレラ6は、もちろんコレラ菌という細菌がもたらした疫病だった。だが、このコレラ6を唯一の例外として、19世紀末から現在にいたる大きな感染症はすべて細菌ではなく、ウイルスが病原体となっていることだ。

近代医学の歴史は、細菌やウイルスが惹き起こす疫病との戦いの歴史と言い換えてもいい。1861年にルイ・パスツールが細菌の自然発生説を否定して以来、19世紀後半から20世紀にかけて、らい菌、炭疽《たんそ》菌、コレラ菌、結核菌、チフス菌など特定の病気を惹き起こす細菌類が続々と発見された。当然のことながら病原体が特定できれば、治療法も予防法も研究しやすい。

この自然発生説否定から約70年後、1928年には「魔法の弾丸」とも呼ばれたほど効能の顕著な抗生物質、ペニシリンをアレクサンダー・フレミングが発見する。この発見以後、細菌は徐々に抗生物質によって治療や予防ができる「既知の脅威」になっていった。その結果、20世紀後半にはペスト、コレラ、チフスなど多くの人命を奪ってきた細菌性の疫病については、ほぼ完璧にそれぞれの細菌に効果的な抗生物質が開発された。こうして、たとえ一時的にかなり多くの犠牲を出したとしても、細菌性の疫病で世界中がパニック状態に陥ることはなくなった。

ところが、ちょうどそのころから、かつては大疫病の病原体としては天然痘ぐらいしか知られていなかったウイルス性の感染症がひんぱんに登場するようになる。まだ医学も未成熟で、病原菌の発見やその対応策も確立されていなかったころ、おそらく細菌よりさらに小さくか弱い存在だったウイルスが出る幕は少なかった。だが宿主を守ってくれる細菌まで一掃してしまうような強力な抗生物質が次々に開発されると細菌全体の出番が減り、その結果ウイルス性感染症がひんぱんに流行するようになったのではないだろうか。

一時はパスツールによって完全に葬り去られたはずの自然発生説は、「細菌は空気中の毒素である瘴気《しょうき》が凝り固まってどこからともなく湧いて出る」という中世ヨーロッパの遅れた医学知識をそのまま蒸し返した無知蒙昧《むちもうまい》な議論と思われがちだ。だが、パスツールの主要な論敵だったフローレンス・ナイチンゲールは、「感染症は特定の病原体が起こすというより、心身の免疫力低下が招き寄せるものだ」という意味で、自然発生説を唱えていた。

人間が自分たちだけの利益のために自然の生態系を撹乱《かくらん》すると、それに対する自然の自己修復作用として手に負えない疫病が発生するのかもしれない。こう書いただけでは、何やら陳腐な精神訓話のような印象を受ける方も多いだろう。だが第4章でくわしく説明するように、第一次世界大戦末期に大流行した「スペイン風邪」をはじめとして、20世紀の感染症の大部分は、資本の自己増殖衝動が完全に自然の摂理を踏みにじるところまで暴走してしまったアメリカで発生している。その意味で、病原体の自然発生説は決して近代医学の成果を否定する迷妄《めいもう》ではない。

細菌と、「溶解する妖怪」ウイルスの違いをしっかり把握しておこう

近代医学は、疫病克服の過程として発達してきた。人類は細菌に対する戦争では抗生物質を武器に圧倒的な優位に立っている。だが細菌の大量殺戮が、細菌よりずっと小さくかよわい存在だったウイルスを人類最大の敵としつつある。細菌もウイルスも、肉眼では見えないほど小さな微生物という点では似たようなものだ。

だが人間の眼から見れば同じように小さな細菌とウイルスのあいだには、数々の大きな違いがある。その違いのほとんどがウイルスに対する人間の戦いを困難なものにしている。次ページの表をご覧いただきたい。細菌とウイルスではどこがどう違うのかをまとめておいた。

まずどちらもとんでもなく小さなものだという事実から、確認しておきたい。細菌がビーチボール大、ウイルスがその10～100分の1のテニスボール大だとすると、人間の身長はなんと800キロメートル、東京都千代田区から山口県宇部市中心部までの距離となる。もっとも、この

感染症の病原体となる微生物2種の違い

	細菌	ウイルス
人間が身長800キロメートル※だとすると、大きさは？	ビーチボール大	テニスボール大（細菌の10〜100分の1）
細胞を持っているか	持っている	持っていない
生物か？無生物か？	顕微鏡でしか見えないほど小さな生物	生物か、無生物か微妙
抗生物質は……	効く（細胞膜を検知して侵入）	効かない（居所さえつかめない）
空気感染もすると確認されているのは……	結核菌	はしかウイルス 水疱瘡ウイルス
飛沫感染までと確認されているのは……	百日咳菌 マイコプラズマ	季節性インフルエンザ　おたふくかぜ 風邪（ライノ、コロナ等） RS（呼吸器感染症）

※東京都心部から山口県宇部市（本州西端に当る下関市のすぐ手前）までの直線距離に相当。
出所：ウェブサイト『E Park　薬の窓口』、2020年4月22日、『感染予防ゼミ』、『TANTANの雑学と哲学の小部屋』、『Johns Hopkins Medical Microbiology』「Research」セクション、『Big Think』、2020年3月31日のエントリーなどより作成

800キロ（原文では500マイル）というたとえはアメリカの資料によるものなので、日本人の身長ならそのちょっと手前の周南市か岩国市あたりかもしれない。だがビーチボールにとっても、テニスボールにとっても、大変な長距離旅行であることは間違いない。

今回の新型コロナウイルスに関して、咳やくしゃみをしたときに出るつば、鼻水、タンの飛《ひ》沫《まつ》による感染を防ぐために約2メートルの距離を保つようにと言われている。これは「2メートル以内なら射程距離だから、一撃でやられてしまう」という意味ではない。ウイルスの大きさと人間の身長を比べて、このへんまでがウイルスが活性を保ちながら移動できる最大限の距離だろうということだ。それ以上の距離を浮遊してきたウイルスが活性を保ったまま人体に侵入するのは、無視できるほど小さなリスクなの

だ。感染者が運びこまれることの多い病院などでは、もっときびしい警戒態勢で臨む必要があるのは、言うまでもないが。

さて、そのすぐ下の行が非常に重要だ。つまり細菌はたったひとつとは言え、細胞膜という鎧に覆われた自前の細胞を持っている。ところが、ウイルスは自前の細胞を持っていない。宿主から宿主へと住み替えるたびに、独自の細胞としてではなく、遺伝子だけがほぼ裸の状態で、宿主の体を形成している細胞と細胞のすき間に忍びこむ。いや、それどころか、宿主の細胞の中に溶解してしまう。「溶解する妖怪」と呼ばれるゆえんだ。そして宿主の細胞から抜き取ったアミノ酸を遺伝子の記憶どおりに配列して、自分自身を複製する工場をつくって同じ遺伝子の再生産に励むやっかいなしろものなのだ。

そこで微生物学者たちのあいだで「いったいウイルスは生物なのか、無生物なのか」という長年にわたる論争があった。生命体の定義にはいくつかの要素があるが、そのうちでも大事なのが、細胞膜で他の生物との境界を区切って細胞という自分だけの領土を持っていることなのだそうだ。ということで、現代の生物学ではウイルスは生物とは呼べないということになっている。どうしても森羅万象《しんらばんしょう》すべてを生物か、無生物かの2種類だけにくくってしまおうとする頑固派生物学者は「ウイルスは無生物だ」と言い、多少のあいまいさを許す多数派は「生物と無生物の中間的存在だ」と言っている。

門外漢にとっては、まったくどうでもいい論争に思える。だが、その下の行を見ると、この区別の重要さがわかってくる。抗生物質が効くか、効かないかという大問題に直結するからだ。注射や投薬のかたちで人体に入りこんだ抗生物質は、もちろんヒト細胞を片っ端から攻撃したりしない。そんなことをしたら、薬であるはずの抗生物質による被害のほうが、病原体による被害より大きくなりかねない。ヒト細胞同士のすき間に紛れている異質な細胞膜に守られた細胞を検知し、その細胞に侵入して、自己複製機能を破壊したり、宿主の体外に出ることを妨害したりして症状を鎮め、伝染を防ぐわけだ。

ところが、ウイルスには細胞も細胞膜もない。だから、退治するどころか、居所を突き止めることさえ容易ではない。軍事用語にたとえれば、斥候部隊の索敵行動が空振りに終わり、後続部隊もせん滅・掃討作戦を行えずにうろうろしているうちに、排泄されてしまうということだ。したがって、基本的に抗生物質はウイルスには効かないということになっていた。「たまたま今まで開発されてきた抗生物質では効かないだけで、もっと優れた抗生物質を開発すれば効く」という話ではない。ウイルスという病原体の構造から導き出される結論として、ウイルスに効く抗生物質はないと見られているのだ。

41ページ「微生物2種の違い」表の下の2行に、細菌とウイルスそれぞれについて、空気感染と飛沫感染が確認されている代表的な病原体を列挙してみた。病原体が空気感染するか、飛沫感染にとどまるかで、感染症の拡大ペースはかなり違ってくるのだ。なお、空気感染する病原体は、基本的に飛沫感染もすると考えられる。

空気感染する病原体は空気中に漂っているなんらかの分子に乗って、そよ風程度でもかなり長い距離を飛び、次の宿主に乗りうつる能力を持っている。当然、伝染のペースは速く、だれかひとりでも感染すると広い地域で大勢の人が感染しやすい。ひとりの感染者が何人の新しい感染者を生み出すかという数も大きくなる。医学用語では、これを「再生産数」と呼んでいる。

飛沫感染とは、感染者の咳やくしゃみで飛び散るつばや鼻水やタンに乗って、次の宿主に乗りうつることだ。つばや鼻水やタンは一滴でも裸の細菌やウイルスに比べればずっと大きいので、はるかに強く重力の影響を受ける。だから比較的短距離を浮遊しているうちに、床や地面に落ちてしまう。伝染のペースは遅く、あまり広い地域に広まらず、再生産数も小さくなる傾向がある。細菌よりずっと小さいウイルスは、一般的に裸で空気中に浮遊する分子に飛び乗ることは苦手だ。だから伝染経路としては接触感染と飛沫感染に限定されるケースが多い。

ワクチンは待てば必ず熟成する醸造酒ではない

都市封鎖とか外出禁止令を正当化する根拠として、「なるべく感染者の少ない状態で時間を稼いでおいて、ワクチンができたらそれを接種して日常生活を再開すればいい」と主張する人たちが多い。これは残念ながら、製薬業界のセールストークと考えたほうがいい。

病原ウイルスが特定できたところで、そのウイルスをうまく殺したり、不活性化させたりして予防や被害の軽減に役立つ製品が、何カ月とか何年とか待てば必ずできる保証はない。「あと半年待てば、ワクチンが実用化される」とか、「いや1年かかる」とか、「1年半だろう」とかの議論は、すべて捕らぬ狸《たぬき》の皮算用なのだ。

開発に要する時間が半年で済むのか、1年かかるのか、2〜3年かかるのか、待てど暮らせど開発できないのか、わからないからだ。そんなあやふやな願望を頼りに何千万、何億、いや何十億人という人たちの日常生活を停滞させるのは、あまりにも無責任だ。

マイクロソフト創業者で、世界最大級の「慈善」財団、ビル＆メリンダ・ゲイツ財団の創設者でもあるビル・ゲイツは、ワクチン投与履歴、個人識別情報から当人の財政状態まで記憶したマイクロチップの人体埋め込みを提唱している。このマイクロチップで、最新流行のウイルス感染症に対する抗体ができているという証明がないかぎり、公共の場に出入りすることはできないようにしようという全面監視社会構想だ。

ちなみにゲイツ財団は、製薬会社にも巨額の投資を行い、世界中の一流研究機関や医学研究の盛んな大学、そしてＷＨＯにも大口の献金をしている。ＷＨＯへの献金額は民間機関や個人の中では最高で、アメリカ以外にはゲイツ財団ほど巨額の資金拠出をしている国はない。

こうしたグループの利益を代弁する専門家たちは「ウイルスが病原体となっている感染症では、いったん発症してしまったら確実に治せる治療薬はない」と主張する。そして、「病原ウイルスを殺すか、不活性化してできるワクチンを射って予防する、あるいは感染した場合の症状を軽くすることはできる。しかし、その準備が整うまではひたすら感染を避けるしかない」という方向に世論を誘導するわけだ。

たとえば鳥インフルエンザの中で、もっとも人への感染リスクの高いH5N1型の予防用ワクチンは開発済みで、3000万人分が備蓄されている。人間が鳥インフルエンザに感染した場合の致死率は60パーセント近いと推定されるほど非常に危険な感染症なので、世界各国の研究開発陣が必死の努力で製品化を急いだからだ。

幸いにも1990年代末に開発が始まって、2000年代初頭には予防用のワクチンを開発できた。ただ、これはあくまでも予防用で、実際に大流行するときのH5N1型に対して有効かどうかはわからない。ウイルスはひんぱんに変異する病原体なので、大流行を惹き起こす変種が、前もって用意されている予防用ワクチンによって対応できるものだとは限らないのだ。

また2009年に勃発して、一時大疫病に発展すると恐れられた豚インフルエンザについては、豚用のワクチンは開発済みだ。しかしヒト用のワクチンはまだ開発されていない。もちろんICLのニール・ファーガソンが騒ぎ立てたあまりにも過大な被害予想に反して、人間が感染した場合の致死率が約0・1パーセントと季節性インフルエンザ並みに低いので、研究開発上の優先順位が低いのも一因だ。だが病原ウイルスさえ特定できれば、必ず有効で副作用の小さいワクチンが開発できるわけではないのも、厳然たる事実なのだ。

製薬会社のヒモが付いたワクチン開発に頼るより、免疫を鍛える発想が重要

「それでは、何ひとつ対策も打たずに、座して死を待てということか」といった反論があるかもしれない。そんなことはない。無用なリスクに身をさらすことはない。病原体の性質に応じて、どうすれば感染リスクを最小化できるかが違ってくる。中には、感染者に直接接触しなければ感染しないものもあり、空気感染するものもあり、飛沫感染するものもある。また、これから2つ具体的な事例をご紹介するように、すでに開発済みのさまざまな薬の効能を地道に洗い直して、使える薬をなるべく多く探し出す努力も必要だ。

今回のコロナウイルス騒動によって、ありとあらゆる開発済みの薬のコヴィッド-19に対する有効性を改めて調査する研究が世界中で活発化した。すでに興味深い成果も出てきた。

最初の事例は、ユタ大学などの研究チームによるアジア、アメリカ、ヨーロッパにわたって約1400人のコヴィッド-19感染者に対する、イベルメクチンという抗生物質の薬効調査だ。イベルメクチンとは、北里大学の特別栄誉教授であり2015年のノーベル賞受賞者でもある大村智がもう40年も前に開発した抗生物質だが、コヴィッド-19感染者の治療に顕著な効果を発揮するという研究成果が発表されている。

北米、ヨーロッパ、アジアのコヴィッド-19感染者を年齢・性別・人種・基礎疾患の有無などを完全にコントロールした上で、イベルメクチン投与組704名と、投与しなかった組704名に分けて効果を集計してある。患者全体では、投与組が死亡率1・4パーセント、非投与組8・

5パーセントと、犠牲者数を約6分の1に抑えられている。さらに人工呼吸器が必要なほど重篤化した患者のあいだでも投与組7・3パーセント、非投与組21・3パーセントと、投与組の犠牲者は約3分の1にとどまっている（『山中伸弥のコロナウイルス情報発信』の「イベルメクチンが有効か」のエントリーより）。

このイベルメクチンも抗生物質だが、主に抗寄生虫薬として処方されていた。現代社会では人間がかかる寄生虫病は症例が少なくなっているので、主に家畜・ペット用の薬として利用されていた。そして家畜・ペット用薬としては、ベストセラーだったらしい。ただ人間に投与した場合の薬効を確かめる研究は、あまり進んでいなかったようだ。ところがアフリカ諸国や東南アジアでは、まだ寄生虫が媒介する感染症がけっこう多くて、人間用にも処方されていた。とくにベトナムでは、市販薬として認可されていた。

あとでくわしく検討した結果をご紹介するが、一般的に衛生環境はあまり良好ではないとされるアフリカや東南アジア諸国で、人口当たりのコヴィッド-19犠牲者数が非常に少ない。ベトナムでは、いまだに死者ゼロだ。おそらくユタ大学などのチームは、この実績とイベルメクチンがベトナムではかんたんに手に入ることとを結びつけて、臨床研究に取り組んだのだろう。

もうひとつおもしろいのは、一時はまったく有害無益とまで言われて、接種の義務付けを解除する国が続出したBCGが、コヴィッド-19の重症化防止に効果的との研究結果が浮上していることだ。ツベルクリン反応が陰性の子どもにBCG接種を義務づけている国は、今では欧米先進国ではすっかり少数派になっている。だが、今も義務づけているアジア・アフリカ・中南米諸国では、たしかにコヴィッド-19の感染者数も死亡者数も少ない。そのためコヴィッド-19犠牲者数が人口比で多かったオランダのナイメーヘン大学チームなどを中心に研究が進んでいる。

京都大学名誉教授でNPO法人オール・アバウト・サイエンス・ジャパン代表理事の西川伸一は、その研究成果をこう紹介している。「BCGにはインターロイキン1-βを活性化させて、訓練免疫を強化する働きがある。訓練免疫とは、自然免疫が強化された状態のことだ。インターロイキン1-βには、リンパ球などの免疫系細胞の増殖を促進する効果がある」

もともと人体には病原体を排撃する力があって、これを自然免疫と呼ぶ。一方で、一度感染症にかかると、その病原体を排撃するときに活躍した免疫系細胞群に迎え撃つための記憶が残っているので、2度目の攻撃は撃退できる。こちらを獲得免疫と呼ぶ。

今、世間に流布されているコロナウイルス危機論の大半は、地域住民の何十パーセントかに獲得免疫が形成されるのを待つか、なるべく対人接触を避けてワクチンが開発されるのを待つか、ふたつにひとつしか選択肢はないと強調している。まるで自然免疫は存在しないかのような議論だ。だが人間だれしも、自然免疫を持っている。若く健康的な生活をしている人は強く、高齢で不健康な生活をしている人は弱いといった個体差はあるだろうが。

自宅拘禁《こうきん》状態を長引かせると、社会経済に致命的な打撃を与えかねない。だからこそBCGなどのもともと別の用途に開発された薬剤によって、自然免疫を強化できることが立証できれば、ウイルス性感染症に対する予防策にも明るい展望が出てくる。

ワクチン開発頼みになるのは、あまりにも危険だ。実際に病原体が出現するまでは、ワクチンを開発しようがない。また、病原体が確定できてワクチンを開発しはじめても、完成するまでに病原ウイルスは変異を重ねて、違う性質を持ってしまうかもしれないからだ。自然免疫を強化する訓練免疫という発想は、溶解する妖怪、ウイルス撃退にも大いに有効だろう。

こういう地味な実証研究の積み重ねがじわじわと成果を上げているのに、「魔法のような特効薬としてのワクチンが開発されるまでは、日常生活をほぼ凍結して待ちつづける必要がある」と強硬に主張している「専門家」には、どこかうさん臭いところが感じられる。ワクチン開発に巨額の資金を投じている製薬会社や、その製薬会社に大口投資をしているゲイツ財団のような「非営利慈善」団体の利益を代弁しているだけではないだろうか。

感染致死率と伝染性の強さは逆相関関係にある

基本的に治療法はないウイルス性の感染症で、しかも空気感染をするはしかや水疱瘡《みずぼうそう》は、いったん感染者が出るとものすごい勢いで伝染しそうな気がする。実際に、ワクチン接種が義務づけられてからかなり長い年月が経った現代でも、たまに急拡大することもある。だが、自然はうまくできている。感染者の中でどのくらいの割合で死亡者が出るかを感染致死率と呼び、ひとりの感染者が何人の新規感染者を生むかを再生産数と呼ぶ。感染症全体を見わたすと再生産数の高い

主要感染症の伝染性と致死率比較
コヴィッド-19については、まだわからないがほぼ灰色の範囲内
感染者中の致死率（%）：0.01～10%までは対数目盛り、10%超は実数目盛り

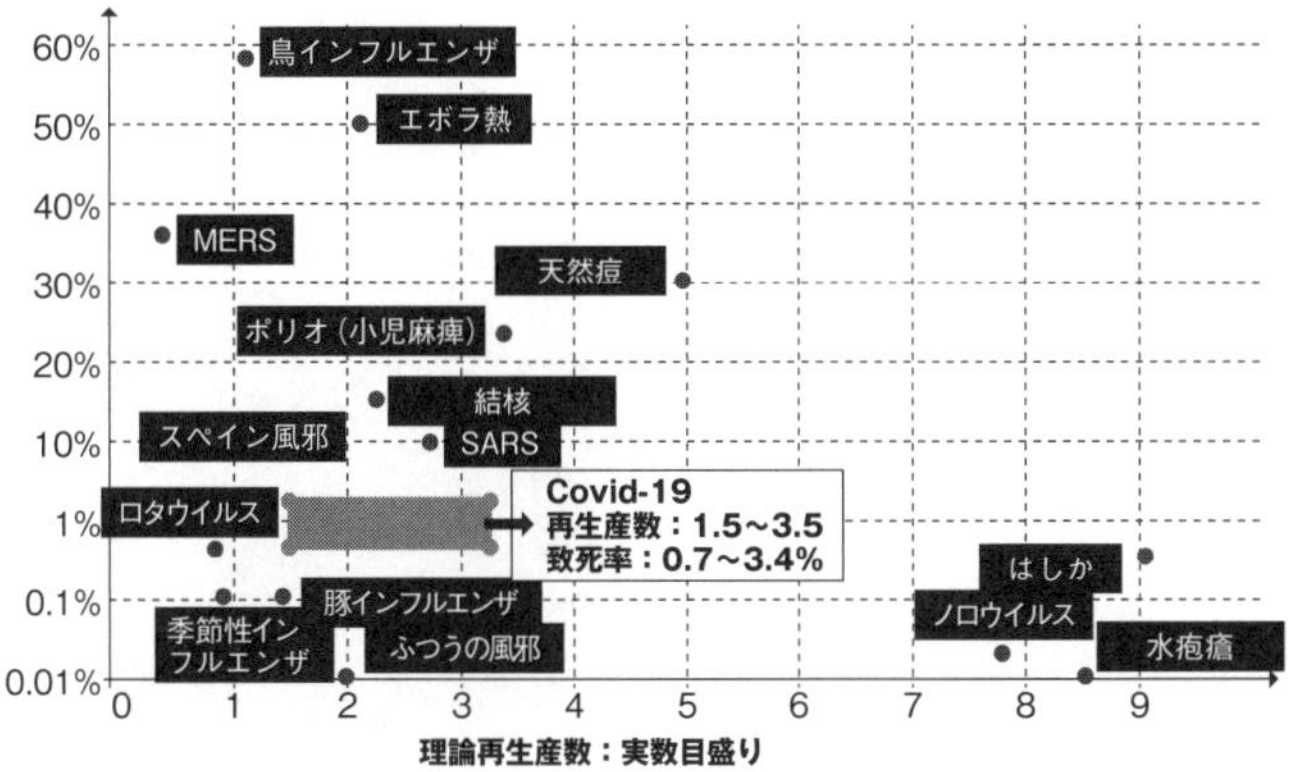

原資料：アメリカ疾病予防管理センター、WHO、ニューヨーク・タイムズ
出所：ウェブサイト『Zero Hedge』、2020年3月24日のエントリーより引用

ものは感染致死率が低く、感染致死率の高いものは再生産数が低くなっている。そのへんの関係を示したのが、上のグラフだ。

横軸に理論上の再生産数を示し、縦軸に感染致死率、つまり感染者のうち何パーセントが亡くなるかを示している。まず気づくのは、空気感染をするウイルス性感染症であるはしかや水疱瘡は、やはり再生産数が非常に高い。ひとりの感染者が、平均して8・5人とか9人とかいう大勢の新規感染者を生み出す。だが、その反面水疱瘡の感染致死率が0・01パーセント、はしかの致死率が0・1パーセント弱と、かなり低くなっている。1万人にひとりとか、1000人にひとり未満という水準だ。

はしかや水疱瘡の再生産数は非常に大きいので、短期間に感染者数が激増する危険が大きい。

だからワクチン開発も精力的に推進されて、世界中のほとんどの国で乳幼児期の接種が義務づけられている。その結果、抗体を持っているので感染せずに済む人が多いし、たとえ感染しても軽症で済む人が大部分になったので、感染致死率も下がってきた。そこまでは人間の努力の成果だ。

しかし、「感染致死率60パーセントで再生産数10というようなすさまじい病原体が突然出現したら、ワクチンを開発する時間的余裕もないうちに人類が絶滅してしまうのではないか」と心配する向きもあるかもしれない。だが、そこが自然はうまくできていると感心するところだ。

おそらく過去に何回も、そういうすさまじい病原体は出現したのだろう。だが、あまりにも伝染性が強く、感染致死率も高いと、あっという間に近隣の獲物を襲い尽くし殺し尽くして、宿主とともに自分の遺伝子も伝えられずに死に絶えてしまう。こういう病原体は、地元だけのスターにはなるが、世界のひのき舞台に登場する前に、宿主を道連れに自分も消滅してしまうのだ。

もちろんローカルといっても、かなり広い地域に深刻な打撃を与えることもあっただろう。たとえば8世紀に頂点に達した中南米の古典期マヤ文明が急速に衰退したのは、疫病の蔓延によるという説も有力だ。イースター島の巨石文化を担った人たちは、少なくとも17世紀までは健在だった。彼らが消滅してしまったのは、19世紀にいたるまで南米人に奴隷《どれい》として大勢拉致《らち》されていたことが主因だ。しかしそれに加えて、18世紀末から19世紀初めのドールトン寒冷期以降、島民の免疫力が弱まり、疫病の蔓延でとどめを刺されたというのが、最新の学説だ。

致死率も高く伝染性も強い疫病は、大きな大陸に散らばって住んでいる人間集団を一掃するほど広がる前に、出現した地点そばの宿主を殺し尽くして自滅してしまう。細菌やウイルスのような他の動物に寄生する種にとって、宿主を殺すのは賢明な生き残り戦略ではない。

人間の大腸内に住む細菌類の中でもいわゆる善玉菌は、おたがいに利益を与え合う共生関係を築いて、何十万年も人間と平和に共存してきた。あるいは人体に定住するわけではないが、健康にいいとわかっている乳酸菌は、人間がヨーグルト工場などで大量に培養して飲みつづけてくれるかぎり、種の保存は保証されている。

それにひきかえ寄生種でありながら、宿主を殺してしまう細菌やウイルスは人間で言えば破滅型の性格に生まれついている。致死率が高く、伝染性が強いほど、放っておけば勝手に自滅してくれる。ただ、その過程で免疫力の弱い人たちをわざわざ人身御供《ひとみごくう》にする必要はない。なるべく、感染しても自覚症状がないとか、軽症で済む可能性の高い、免疫力の高い人たちがまっ先に病原体に立ち向かい、地域内で抗体を持っている人たちの比率を上げることが望ましい。

そこで、社会全体として軽い感染で済ませて抗体を持った人の比率を上げることによって、感染症が広がらないようにする、集団免疫の発想が重要になってくる。実証研究の教えるところでは、理論上の再生産数が1なら約30パーセントの人が抗体を持っていれば集団免疫が確立されていると見ていいようだ。再生産数が2なら、約50パーセント、5なら約80パーセント、そして90以上になると90パーセント以上の人が抗体を持っていないと集団免疫は確立できない。

だから、はしかや水疱瘡のワクチン接種を子どもに受けさせることを保護者に義務づけている国が多い。たまに「ワクチンによる感染が重症化することもあるから、うちの子どもにははしかワクチンは射たせなかった。でも、はしかにかからなかったから、ワクチンなんて有害無益な証拠だ」と主張する人がいる。その人の子どもは、他の子どもたちの9割以上がきちんとワクチンを射ったことで確立されている集団的免疫の恩恵に、ただ乗りしているだけだ。

一方、飛沫感染しかしないインフルエンザ系のウイルス性感染症は、全体として致死率は高めだが、再生産数は最大でも3に達しない。ひとりの感染者が生み出す新規感染者は3人未満だ。今回の新型コロナウイルス、コヴィッド-19は灰色に四角く塗った範囲が示すように、感染致死率は0・7〜3・4パーセントで、理論上の再生産数は1・5〜3・5と推定されている。つまり、伝統的なインフルエンザの再生産数よりやや高めになる可能性もあると想定されているのだ。

2012年に勃発した中東呼吸器症候群（MERS）は、感染致死率が35パーセント超と非常に高かったが、再生産数が0・3ぐらいだったので大きな話題にはならなかった。現在にいたっても根絶されたわけではない。だが、とにかく伝染のペースが遅いので人口の10パーセントぐらいが抗体を持っていれば、もう集団免疫が確立されたと見ていい。実際の感染者数も年間数人程度の取るに足らない数字になっているようだ。

一方、2002〜03年に中国を中心に流行した重症急性呼吸器症候群（SARS）は、致死率こそ約10パーセントとMERSよりはるかに低かったが、再生産数が約2・7とかなり急速に蔓延する危険のある水準だったので大騒ぎになった。

もしコヴィッド-19も再生産数が理論上の上限である3・5に達したとすれば、かなり危険な感染症ということになる。また欧米の大都市圏では、この理論上の再生産数の上限値に近い症例の激増も記録されている。だが第2章で詳しく検討するように、西欧諸国の感染者全体を見ても、重篤な症状に陥ったり亡くなったりする人を見ても、70代以上でふたつか3つの慢性疾患を抱えている人が多い。

自覚症状のない感染者は、裏切り者でも、スパイでも、テロリストでもない

医療専門職や政治家や行政官などの知的エリートたちが教え導く医療・公衆衛生の見地からは、隔離検疫という非人間的な発想が持ち出されがちだ。感染者や「感染容疑者」を疾病という「敵」に寝返った人類の裏切り者として、一般大衆から隔離してしまおうという発想だ。現代では貧民街の意味で使われるゲットーという単語は、ペスト蔓延時にとくに激化したユダヤ人迫害の一環としてユダヤ人を強制移住させた「高い塀で取り囲んだ小街区」を指すイタリア語だった。

一方、パスツールに対抗してナイチンゲールが主張した自然発生説の真意は、健康で清潔な生活習慣が確立されていれば、疫病は蔓延しにくく、たとえ蔓延しても被害は少なくて済むというところにある。疫病から逃げ回るのではなく、感染しない、あるいは感染しても自覚症状なしとか軽症にとどまる人をなるべく早く増やす。つまり積極的に疫病を迎え撃つ発想だ。この思想は、地域住民のうちどのくらいの人たちが免疫を獲得すれば、集団としての免疫性も確立されるかに

ついての実証研究によって有効性が立証されている。

すでに説明したように、ウイルス性感染症には、的確に病原体のみを攻撃する安全性の高い治療薬は存在しない。こういうやっかいな特徴を持ったウイルス性感染症に対する自衛策としては、健康な体で病原体を撃退する自然免疫力の高い人と、感染したが軽症で済んだことによって同じ病原体に対する抗体を持った人が協力して、感染すれば深刻な被害を受けそうな人を守る発想が大切だ。こちらが王道なのだ。

日本とアメリカでは、おそらく正反対の理由から、西欧諸国ほど犠牲者が70代以上の年齢層に集中していない。このへんの事情をくわしく検討していけば、おのずから都市封鎖とか外出禁止令とかによってやみくもに行動の自由を束縛しなくても、安全に免疫を持った人たちを増やす対策を取ることは可能なはずだ。

第2章 「豊かな国」の貧しい人々に犠牲が集中する

感染症対策の王道、集団免疫の獲得に立ち返れ

感染症に対する最大の防御策は、みんなが自然免疫を強めるように健康的な生活をすることだ。その次に大事なのは、自覚症状がなかったり、軽微だったりする感染者をできるだけ早く増やすことによって、集団としての免疫性を獲得することだ。とくに今回は亡くなったり、重篤な症状に陥ったりするのは、高齢で慢性疾患を抱えている人が大部分だ。そうした人たちをしっかり守りながら、少年から壮年の健康な人たちは、むやみに怖がることなく、ふだんより少し用心深く日常生活を送ることが望ましい。

イギリスを例にとって、コヴィッド-19の犠牲者がどれほど高齢層に偏っているかを見てみよう。次ページの2枚組グラフをご覧いただきたい。

一目瞭然《りょうぜん》で犠牲者たちは圧倒的に70代以上のお年寄りが多い。しかも、ほぼ9割を占める70代以上の犠牲者の大部分は、少なくともひとつ慢性疾患を抱えていた人たちだ。過半数は慢性疾患を2つ以上持っていたというデータも出ている。もうひとつの特徴が、乳幼児死亡率の低さだ。平常年の年齢別死亡率で見ると、0〜5歳の乳幼児は60代に次いで死亡率が高いのだが、コヴィッド-19にはその兆候は見られない。それ以外の年齢層では、ほぼ平常年の死亡率と同様、若年層では低め、高齢層では高めの死亡率となっている。

つまり、高齢で慢性疾患を抱えた人たちが感染者と接触する機会をできるかぎり減らせば、乳

コヴィッド-19の犠牲者は極端に高齢者に偏っている

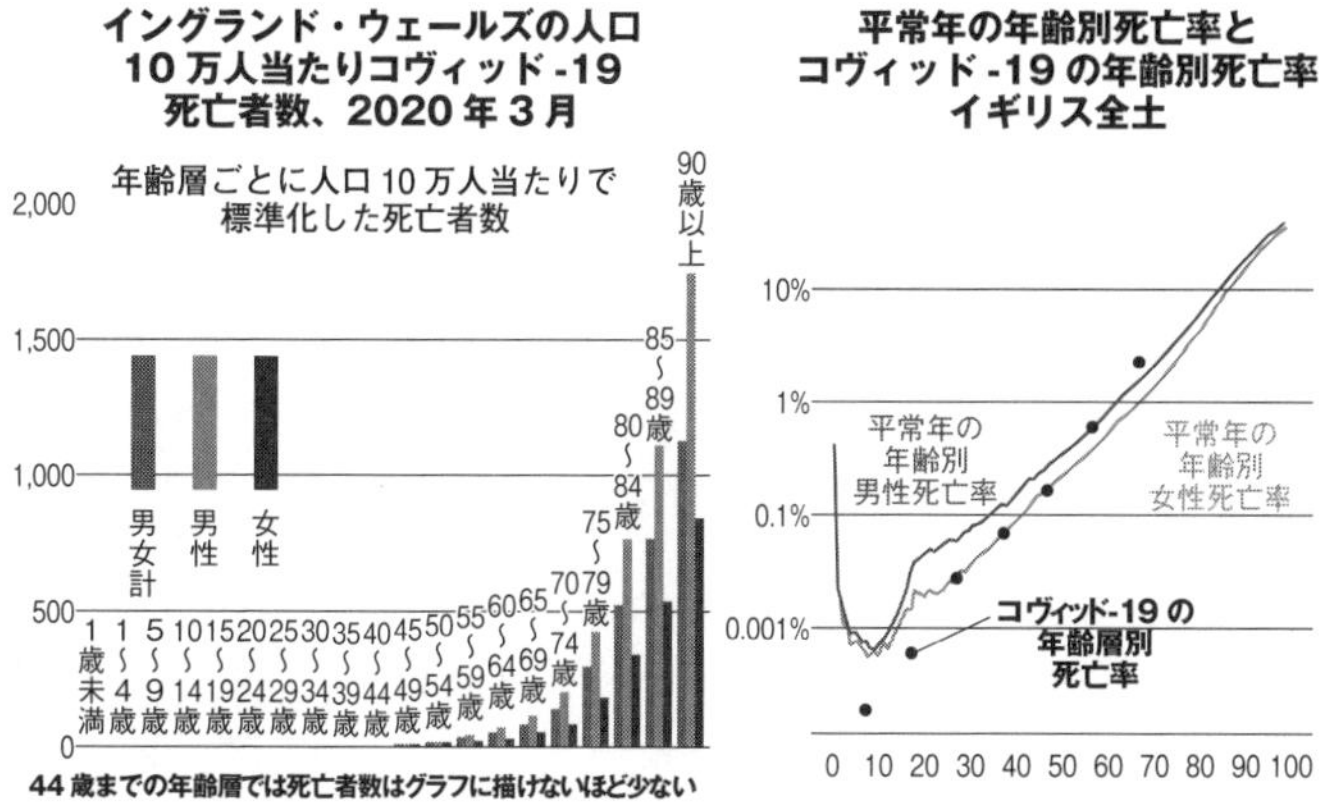

原資料：イギリス国家統計局
出所：ウェブサイト『OffGuardian』、2020年4月20日のエントリーより引用

幼児期から壮年・中年期の人たちがコヴィッド-19で亡くなる確率は、同年代の人たちの平常時死亡率の0・01〜0・02パーセントどまりなのだ。1万人に1人か2人だ。どう考えても、国民全体の日常生活を大幅に制約して警戒しなければならない大疫病ではない。イギリスのボリス・ジョンソン首相はコロナウイルス騒動勃発当初、仰々しい対策を打ち出していなかった。高齢で慢性疾患のある人たちを守る策さえ講じておけば、まったく正しい方針だったと思う。

ところが、ニール・ファーガソンの誇大予測に怯《おび》えて、3月下旬に方針を転換して外出禁止令を出してしまった。この「疫学者」の被害予想がほぼ一貫して、実際の被害より2ケタか3ケタ、ときには4ケタも大きいことを調べもしなかったのだろう。さらに、自分が感染して集中治療室に入る羽目になった4月初旬からは、国民の大部分を自宅拘禁する方針をますます強化してしまった。その前後にあちこちの国で出された不要不急の外出を禁ずる、あるいは自粛させるという方針は、ほんとうにバカげている。

百歩譲って消費者には不要不急の外出と必要不可欠の外出があるとしよう。だが、その仕事で稼いだカネで生計を立てている勤労者にとって「不要不急の仕事」などはない。どんな仕事でも、全部が必要不可欠の仕事だ。ちょうど安倍晋三首相に対する小池百合子都知事のように、アメリカでトランプ大統領に対して都市封鎖や外出禁止を強化せよと迫っているのが、ニューヨーク州のアンドリュー・クオモ知事だ。

「自分の仕事が不要不急と見なされたために、食っていけなくなった」と批判した人へのこの男の答えが、他人の行動を統制しようとする人間の傲慢《ごうまん》さと無知をよく表している。平然と「不要不急な仕事などせずに、必要不可欠の仕事に転職しろ」と言ったのだ。世の中には、やりたいことをやって優雅に暮らしていける人と、どんなに不満の多い仕事でもしがみついていかなければ、食べることさえままならない人がいる。「オレは、いつでもどんな仕事をやっても食っていくとぐらいできる」と思いこむのは当人の勝手だ。だが、だれでもそんなことができるはずだという前提で政策を考える人間には、政治家をする資格はない。

かりにコヴィッド-19によって亡くなる人たち全員が、平常年の死亡者に対する純増だとして、平常年より死亡者数全体が約2倍になっても、約0・9パーセントが約1・8パーセントに上がるだけなのだ。そして犠牲者の多くは、平常年の死亡者に対する純増分だとは考えにくい。70代以上で慢性疾患を抱えている人たちは、どんな病気に感染しても持病との合併症をこじらせて亡くなるリスクの高い人たちだ。たとえコヴィッド-19に感染しなかったとしても、すでに寿命が来ていて、ほかの病気で亡くなっていたかもしれない。

こういう書き方をすると、「なんと冷酷なことを言うのか」とお怒りの方もいらっしゃるだろう。だが、なんとか人命の損失を最小限に食い止めようとするとき、助かる可能性の高い命とそうではない命の優先順位は厳然として存在するのだ。

イギリスでは、毎年病弱な人たち、高齢の人たちが亡くなることの多い年末から翌年4月最終週までの週ごとの死亡者数を集計している。そのデータを見ると、今年3～4月の週次死亡者数は過去数年間の平均値に比べて、4月3日に終わった週で約6000人、4月17日に終わった週では1万2000人近く多かった。そのうち、コヴィッド-19感染による死者と、それ以外の死因による死者を比べると、都市封鎖がいかに救えるはずの命を犠牲にしていたかが、はっきりと浮かび上がってくる。次ページの表とグラフの組み合わせのうち、上の表部分の下の2行、コヴィッド-19による過剰死と、それ以外の過剰死の比較だ。

イギリス政府としては都市封鎖実施後第3週の8758人をピークに、翌週には8237人と犠牲者が約500人減ったことを成果と考えているのかもしれない。だが、都市封鎖実施前にはほぼ毎週マイナスだったコヴィッド-19以外の過剰死の数は、封鎖が実施された3月27日の週に500人弱のプラスに転じ、その後は最少でも1800人弱、最多では約3300人と増えつづ

失敗が明白なイギリスの都市封鎖政策
死亡者数、2020年4月3日の週〜4月24日の週

4月3日の週	4月10日の週	4月17日の週	4月24日の週	計	項目
16,387	18,516	22,351	21,997	79,251	2020年4月
10,305	10,520	10,497	10,458	41,780	過去5年間の平均
6,082	7,996	11,854	11,539	37,471	平常年との差
1,952	1,759	1,777	1,574	7,062	呼吸器疾患
3,475	6,213	8,758	8,237	26,683	コヴィッド-19
2,607	1,783	3,096	3,302	10,788	コヴィッド-19以外

過剰死者数、2020年3月6日の週〜4月24日の週

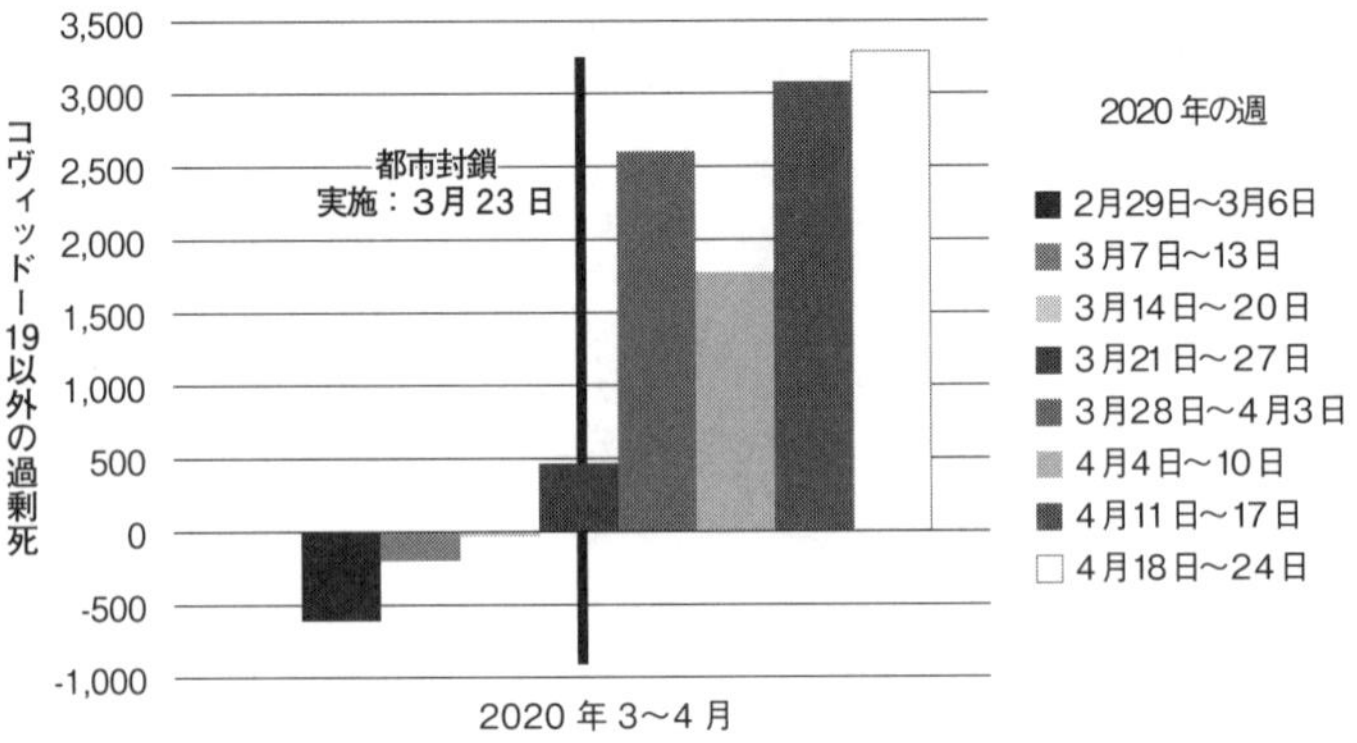

原資料：英ウェブ版『ザ・ガーディアン』紙
出所：ウェブサイト『Summit News』、2020年5月11日のエントリーより引用

けているのだ。

外出禁止令や都市封鎖を実施している国では、どこでも病室や集中治療室のかなりの部分をコヴィッド-19の患者用に空けている。ごくまれに「医療崩壊」と呼ばれるような急患の激増は報道されるが、一般的にはコヴィッド-19用に取りのけてある病室も、その他患者用の病室もガラガラという病院が多いことはめったに報道されない。

病院に行ったために感染するのを避けようとして、定期検診を見合わせたり、

手術の予約を取り消したり、体調の異常を感じても病院に行かなかったりする人が激増しているのだ。その他の過剰死の大部分は、普通の日常生活ができている時期であれば病院に行っていたであろう人たちだ。それが院内感染を避けて自宅療養中に亡くなったとか、容体が悪化して病院に来たときには手遅れだったというケースではないかと推定されている。

デイリー・テレグラフ紙のウェブ版『ザ・テレグラフ』は2020年5月6日付記事で、「コヴィッド-19対策による結核の予防事業や患者の療養事業が混乱したり中断したりしている地域が続出し、今後全世界で結核患者が630万人増加し、結核で亡くなる人が140万人に達するという予測も出ている」と報道した。

また、精神治療医のヒュー・ウィルバーン博士は、都市封鎖や外出禁止のような強硬な封じこめ政策を支持する人たちは、今や新興宗教教団と化したと見ている。つまり、現実を直視して自分たちの主張が正当かどうかを判断する知的努力を放棄して、とにかく「信ずるものは救われる」という教義にしがみついているだけだというのだ。

5月前半までの4カ月半で全世界のコヴィッド-19犠牲者数は30万人を突破した。たしかに、大変な数字だ。だが世界中で心筋梗塞、心臓発作、高血圧などの循環器疾患で亡くなる人の数は1日当たり6万人だ。たった5日間に循環器疾患で亡くなる人と同じ人数がコヴィッド-19によって亡くなるのを防ぐために、経済が壊滅するような政策を維持しようとする人たちは、どこかおかしいのではないかというのが、ウィルバーン博士の主張だ（ウェブサイト『サミット・ニュース』、

2020年5月18日のエントリー。ちなみにこのサイトもネット界の大手各社からは「フェイクニュース・サイト」として妨害を受けつづけている)。

なお、経済情報のビジュアル化が得意な『ビジュアル・キャピタリスト』というサイトの最新の集計では、循環器疾患の1日当たりの犠牲者数は約4万9000人だったので、「たった5日」は、やや誇張された表現となる。しかし、5日と6日強の差だから、事実を歪曲《わいきょく》したと目くじらを立てるほどの違いではない。

一方、2019年12月31日~2020年5月15日のコヴィッド-19による累計犠牲者数を1日当たりにすると、わずか2205人、死因のランキングで、15位のエイズ、2615人よりかなり下、16位の自殺、2175人よりちょっと上となる。

もっとも犠牲者の多かった1週間、4月13~19日の1日当たりだと7504人で、3位の感染性ではない呼吸器疾患の1万7244人には引き離されているが、4位の感染性呼吸器疾患の7010人より大きいというインパクトのある数値になる。

だが、ピークから1カ月後に当たる5月11~17日の週では、1日当たり4684人に減っていた。この数字だと、7位で4887人の死産・新生児疾患と8位で4300人の下痢性疾患のあいだに割りこむことになる(以上、『ビジュアル・キャピタリスト』、2020年5月15日のエントリーより)。

欧米でかなり感染者数や犠牲者数が激増した時期もあった国々でさえ、勇気のある医師たちは

「都市封鎖や外出禁止令といった強硬策で感染を封じこめようとするのは、間違っている」と主張している。この主張にはしっかりとした根拠がある。たとえばコヴィッド-19で最大の犠牲者を出しているアメリカでも、1日当たりの犠牲者数は4月21日の約2700人でピークを打った。その後は減少に向かっていて、5月14日までの犠牲者総数は8万5276人だった。1日当たり感染者数も、やはり4月下旬の4万人弱でピークを打って、緩やかな減少に転じている。

一方、カリフォルニア州選出のトム・マクリントック下院議員によれば、アメリカで2019年までの4年間に貧困が主な原因で亡くなった人たちの数はじつに247万人に達し、1年当たりにすると60万人を超えるという。この人たちのほとんどは、都市封鎖や外出禁止によって職を失った場合、休業補償や雇用保険が適用されるような仕事をしていない。なんの蓄えもなかったり、わずかばかりの貯蓄が底をついたりすれば、即食べていけなくなる人たちなのだ。

貧困を原因とする死者が毎年約60万人も出るということは、その数倍の人たちがちょっとでも収入が途絶えれば死の危険と隣り合わせの生活をしているということだ。アメリカでは3月21日の週から4月25日の週までの6週間で、約3030万人が失業保険の新規給付を申請した。さらにその下には、雇い主が失業保険負担をしていないので、失業保険の給付申請さえできない人たちがいる。この人たち全体の寿命を縮めてまで、とにかくコヴィッド-19による死者数をしぼりこもうとするのは、明らかに優先順位がおかしい。

また、ウェブサイト『Off Guardian』の2020年5月6日のエントリーには、1982年にイギリスで行われた興味深い学術調査の結果が、以下のように引用されている。

失業率が1パーセント上がると、全英で死者が3万7000人、入院患者が4000人、刑務所収容者が3300人増える。死者の主な内訳は心臓発作が2万人、自殺が920人、殺人が650人だ。……封鎖前に3・5パーセントだったアメリカの失業率は、30パーセントまで上昇するかもしれないと言われている。

この調査が発表されてから約40年間、経済成長は続いていた。だから現在の失業率1パーセント上昇による犠牲者数は、当時より少ないだろうと思う方も多いだろう。だがアメリカはともかく、イギリスはおそらく当時よりひどい状態になっている。当時、1イギリスポンドは年初で1・9米ドル、年末でも1・6米ドルしていた。現在は約1・25ドルだ。それだけ国民の生活水準は下がっているのだ。1982年当時より現在のほうが、失業率1パーセント上昇による死者の増加数は大きいかもしれない。

日本で危機感をあおっている連中はもっとたちが悪い

ましてや日本では、人口全体に対する犠牲者数でも、感染が確認された人たちの中で亡くなった人たちの比率（これを症例致死率、Case Fatality Rate、CFRという）でも、欧米諸国に比べて被害が非常に小さい。5月17日現在で、欧米先進国ではほぼ軒並み人口100万人当たり100人以上亡くなっているのに、日本ではわずか5・88人だった。100万人当たりで5・88人という犠牲者数は、ほぼ完全に今年の2月半ば〜5月半ばの3カ月間に集中している。かりに、5月以降もこのままのペースで死者が増加したとしても、年率に換算すれば4倍の23・5人となる。

これを2018年の日本国民の主な死因と比較してみよう。まず、日本全体で136万人が亡くなっていた。100万人当たりで言えば約1万1000人だ。今年もほぼ同じような人数が亡くなるとすれば、そのうちわずか0・21パーセントがコヴィッド-19による死亡者ということになる。さらに日本国民の死因の順位で見ると、第30位で人口100万人当たり18人が亡くなっていた結核よりは高いが、ほぼ確実に25位以下だろう（以上、厚生労働省『平成30年（2018）人口動態月報年計（概数）の概況』より）。

このままのペースで死亡者数が増えつづけたところで、死亡率順位で25位より下になることはほぼ確実なきわめて被害の小さな流行病だ。そのコヴィッド-19に対して、「対人接触は8割減らせ」とか、「外食はせず、テイクアウト、出前、デリバリーを使え」とか、「食事は料理に集中して会話を控えろ」とか、国民全体を萎縮させ、活気のある生活などできないようにしている。

また、症例致死率も欧米諸国では5パーセントを超えていることが多いのに、日本では4・6パーセントだった。症例致死率は、必然的に感染者全体に対する致死率より高く出る。感染した人の多くは、まったく自覚症状がなかったり、軽い風邪やふつうのインフルエンザ程度だと感じて検査を受けないまま治ったりするからだ。どんなに被害の大きい感染症でも、感染者総数は感染を確認された症例数の数倍から数十倍だ。感染が確認された人の総数で死亡者数を割った症例致死率はかなり確固たる数値を算出できるが、実際の感染致死率よりはるかに高めの数字が出てしまう。

一方、感染致死率は自覚症状がないままの人を完璧に数え上げた統計を出すのは不可能だ。どんなに詳細なデータを集めようとしても理論上の推計にとどまる。政策に関する議論では、「具体性のある証拠《エビデンス》に基づいた政策を」と言われることが多い。だが感染症の場合、はっきりしたデータから算出できる致死率は、感染者全体を対象とした致死率より数倍から数十倍大きくなることを、常に頭においておかなければならない。

ましてや日本では、ポリメラーゼ連鎖反応（ＰＣＲ）検査も抗体検査も非常に高いハードルを設けているので、感染しているかどうかの検査をなかなかやってもらえない。連休明けの5月7日まで、「コヴィッド-19が蔓延している国からの帰国者や、感染が確認された人との濃密な接触があった人以外は、当人に自覚症状があっても37・5度以上の熱が4日以上続かないと、ＰＣＲ検査や抗体検査を受けさせない」という厚生労働省からの指針が全国の病院、医院、診療所、保健所に出されていた。こんなバカなことをする国では、そうとう感染の疑いが濃厚な人だけが検査を受けている。

当然のことながら感染が確認された症例は、実際には感染しているが症状が軽くて検査を受けていない人の総数に比べて、非常に少ないはずだ。だから症例致死率はどうしてもほんとうの感染致死率より大幅に高く出る。それでいて症例致死率が４・6パーセントなのだから、感染致死率はもっとはるかに低いはずだ。ほぼ確実に1パーセント未満だろう。ICLで准教授を務めている小野昌弘は月刊誌『Voice』2020年6月号で「WHOによると、新型コロナウイルスの致死率は、二〇〇九年に世界を揺るがせた新型インフルエンザより一〇倍高いと言われている」と書いている。

WHOのテドロス事務局長が「今度のコロナウイルスはふつうのインフルエンザより致死率が10倍高い」と言ったとテレビや新聞で報道された。そのときも、ふつうの季節性インフルエンザの致死率は0・1パーセントだと知っている人たちは、慌てふためくことはなかっただろう。1パーセントの致死率というのは疫病の中では中の下、幕内でも十両でもなく、幕下の中位程度だからだ。ところが2009年に流行した新型インフルエンザより10倍高いというと、びっくりする人も多いだろう。小野を引っ張ってくれた師匠の誇大宣伝のおかげもあって、感染が拡大しはじめた当時の豚インフルエンザは非常に危険な大疫病だと報道されていたからだ。

実際には、豚インフルエンザもふつうの季節性インフルエンザとまったく同じ、0・1パーセント程度の致死率に過ぎない。つまりコヴィッド-19の致死率は、かなり高めに見積もっても1パーセント程度なのだ。小野は他にもまったく出典を示さないまま、「もし新型コロナウイルスに対する免疫が一年以内に減弱するならば、今後の五年以上にわたり人類は毎年大流行を経験することになる、という厳しい数理疫学の予測もある」という読者の恐怖心をあおるだけの文章も書いている。師匠譲りの、回すたびに同じデータから違う答えが出てくる「数理」モデルで、いちばんセンセーショナルな数字を選んだだけでなければいいが。

結論は「新型コロナウイルスの集中治療に特化した国営病院を主要都市に用意する」というお定まりの予算分捕り作戦だ。まったく自分の思考能力を鍛えることはなく師匠の口マネをするだけだが、予算分捕り大作戦には長《た》けているという、最近欧米の権威ある研究機関に留学した「優秀」な日本人学者の典型だろう。

なぜ日本では欧米より感染率も致死率も低いのかをきちんと考えよう

人口が同じだったとしたら、日本は欧米諸国に比べて犠牲者数が2ケタ小さくて済んでいる。感染致死率に比べて、かなり過大な数字になっているはずの症例致死率を見てもずっと低いのだ。これだけのデータが、日本の被害は欧米諸国よりはるかに小さいと示している。それなのに、いまだに「いや、根拠のない楽観論は危険だ。日本はたまたま、まだ爆発的なクラスター感染が起きていないだけで、ちょっとでも警戒を緩めればすぐにも欧米諸国並みの犠牲者激増となってもおかしくない」と主張する人もいる。

しかし日本は中国に次ぐ早さで、コヴィッド-19感染者の存在が確認された国だ（その後、「じつはアメリカで日本より早く感染者が出ていた」という報道があったが）。とにかく世界的に見ても非常に早く最初の感染者が出ていた日本で、人口当たりの感染者数も犠牲者数も欧米諸国の数十分の1とか百分の1といった低水準で延々と推移している。また日本は「死人に口なし」を地でい

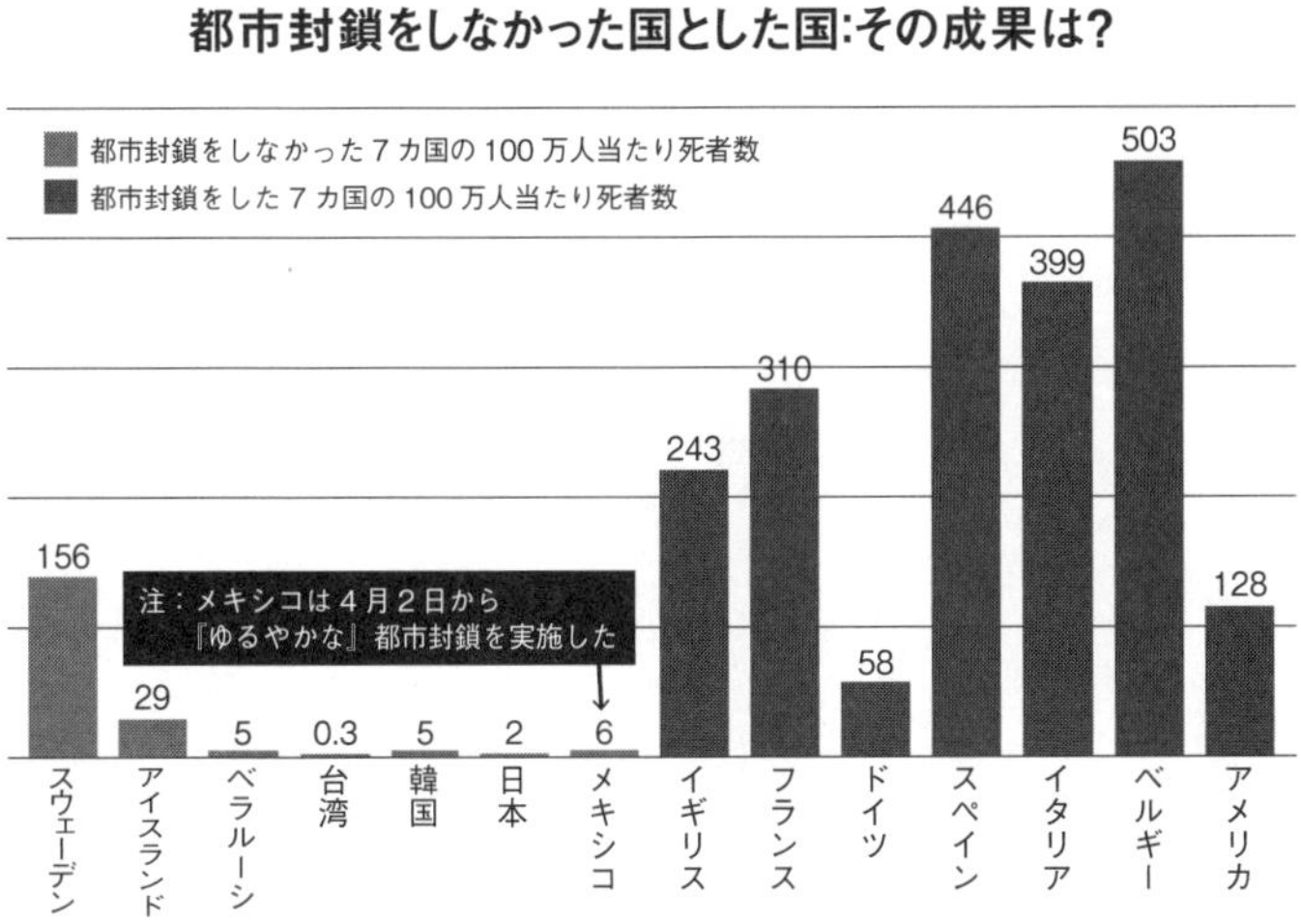

出所:ウェブサイト『Lockdown Sceptics』、2020年5月9日のエントリーより引用

って、亡くなってしまった人の人数はなんとでも調整できるほど剛腕の政治家や官僚が支配している強権国家ではない。「たまたま大規模なクラスター感染が起きていないだけ」と考えるよりは、なぜ感染者数も死亡者数もこれほど欧米諸国より低いのかをきちんと検討し、説得力のある答えを出すべきだ。

上のグラフは、都市封鎖がいかに感染蔓延を防止するのに無意味かを明瞭に示している。

一目瞭然というべきだろう。右側の感染拡大の直後から都市封鎖を行っていた7カ国は、人口100万人当たりの犠牲者数が、58人のドイツを唯一の例外として、すべて100人を超えている。一方、都市封鎖をしていなかったり、始めるのが遅かった7カ国では、逆にスウェーデンの156人を唯一の例外に、その他の6カ国では人口100万人当たりの犠牲者数が30人にも達していない。

5月17日現在の数字ではさすがに100万人当たり2人というほど少なくはないが、それでもまだ6人だ。欧米諸国が軒並み100人以上の犠牲者を出している中で、圧倒的に少ない犠牲者で済んでいる。

同一人口当たりの死亡者数が2ケタ違うということは、大ざっぱに言って100対1の数量的な差があるということだ。こうしてグラフ化すると、その差がいかに大きいかがわかる。罰則付きで都市封鎖・外出禁止などを実施すると、とくに低所得世帯では、狭くて換気も悪い家に閉じこもることになる。そのうちひとりでも感染者がいたりすれば、家族全員が感染するという逆効果があることは間違いない。ただ、それだけでこんなに大きな差がつくものだろうか。明らかに都市封鎖をしたか、しなかったかだけではない別の要因がからんでいるはずだ。

これだけ大きな違いがあるのに、「偶然、感染が広がらなかっただけで、いつ欧米並みまで拡大してもおかしくない」と言い張る人は思考停止状態に陥っているのではないか。これほど大きな差があれば、なぜだろうと考えてみて、自分なりの結論を出せなければおかしい。ここで日本のコヴィッド-19犠牲者数は、なぜ欧米諸国より2ケタ小さいのか、私なりの推理をしてみよう。

手がかりになるポイントが2つある。ひとつは亡くなったり、重篤な状態に陥ったりする人の多くが70歳代以上の高齢者で、しかも慢性疾患を抱えていたという事実だ。もうひとつは第二次世界大戦以降、今回のコロナ騒動までの主な感染症の被害はアジアやアフリカに集中することが多かったのに、今回はとくに欧米諸国で犠牲者が多いということだ。次ページのグラフは、コヴ

極端に欧米先進国に傾斜したCovid-19の犠牲者数
2020年3月5日～5月5日

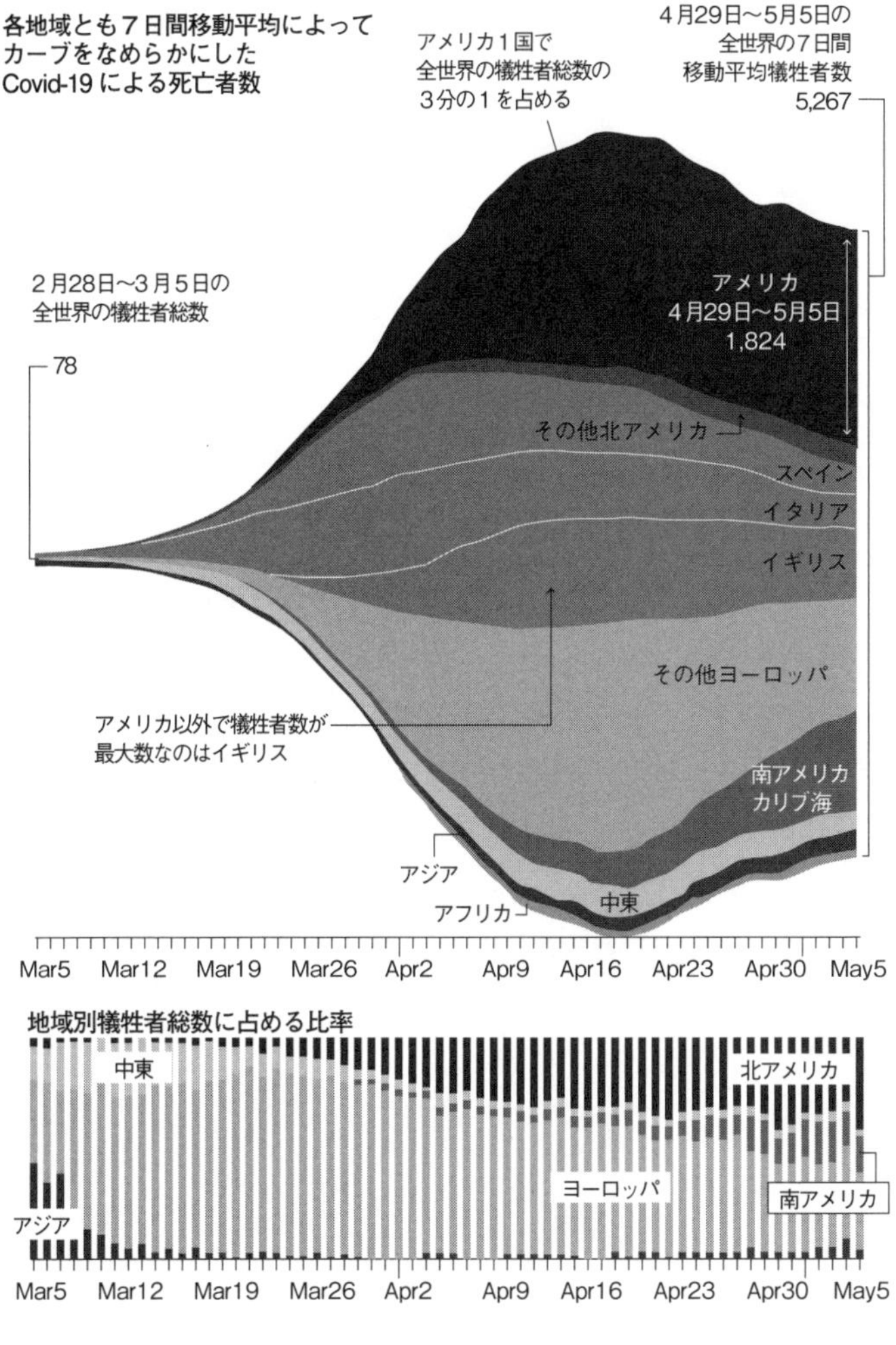

原資料：英『フィナンシャル・タイムズ』紙、Covid追跡調査チームのデータをFTグラフィック部門がグラフ化
出所：ウェブサイト『The Automatic Earth』、2020年5月7日のエントリーより引用

イッド-19で亡くなった人たちの約4分の3が欧米先進国に集中していることを教えてくれる。

欧米だけで4分の3に対して、人口から言えば、すでに全世界のほぼ半分を占めているアジアは、いちばん下の薄皮一枚程度のアフリカよりはほんの少し多いだけの、下から2番目の細い帯だ。もちろん、武漢封鎖以降中国の犠牲者数がほんとうにあれほど劇的に下がったのかどうかについて、若干の疑問は残る。だが、仮に中国の犠牲者数が武漢封鎖後もあまり減らなかったとしても、やっぱり欧米諸国のほうが圧倒的に多いという事実は動かない。

成人肥満率こそ被害が大きいか、小さいかを決めるカギだ

一般論としてはいわゆる後進国、発展途上国より保健衛生に関する生活環境がいいはずの欧米諸国のほうが被害は大きい理由を考えれば、答えは明らかだろう。欧米諸国では軒並み成人1人当たりのカロリー摂取量が、適正水準をはるかに超える1日3000キロカロリー以上になっている。だから、Body-Mass Index（ＢＭＩ）が30以上という肥満体型の人が成人人口に占める比率が、20パーセントを超えている国が多い。

肥満は典型的な慢性疾患で、同じように過剰なカロリー摂取を続けていれば、年齢を重ねるにつれて肥満率は上昇する。糖尿病、高血圧、循環器障害、呼吸器の機能不全などその他の慢性疾患も併発しやすい。新型コロナウイルス、コヴィッド-19はとくに肥満を中心とする慢性疾患を抱えた人たちが感染しやすく、重症にもなりやすい疫病なのではないだろうか。

さらに、なぜ日本だけではなく、韓国、シンガポールなどの東アジアの富裕国でも欧米諸国ほどコヴィッド-19の被害が大きくないのかについても、肥満という慢性疾患が感染や重症化を促進すると考えれば、とてもわかりやすい。つまり、欧米の成人肥満率の高い国ほど高齢化とともに肥満率も上がり、肥満に付随した慢性疾患を抱えている人が多くなる。一方、富裕国もふくめて成人1人当たりのカロリー摂取量も少なく、成人肥満率も低い東アジア諸国では、一般的にコヴィッド-19感染者数も同一人口当たりで少なく、感染しても軽症で済む人が多くなる。

この仮説を確かめよう。世界60カ国を対象として2020年5月16日現在の成人肥満率を横軸に、人口100万人当たりの死亡者数を縦軸に取ったグラフを作ったので、ご覧いただきたい。

縦軸は対数目盛りにしてあるので、水平の補助線を1本上に行くたびに、犠牲者数は1ケタ繰り上がることにご注意いただきたい。じつは、ベトナムにはまだひとりも犠牲者が出ていない。イベルメクチンがたやすく手に入ることが貢献しているのかもしれない。ただ、ゼロは対数軸に表せないので、ちょっとごまかして0・01人としてある。

100万人当たり0・1人に近い数字の国はたまたま見当たらなかった。比較的近いのは台湾の0・29人だが、対数軸なので0・1と1・0のちょうどまん中あたりに位置している。ケニアの100万人当たり犠牲者数は0・93人と1人をわずかに下回る程度、コロンビアの犠牲者数が11・06人と10人より少し上、そしてポルトガルの犠牲者数が100・29人とほぼ正確に100人の線上といったぐあいだ。

成人肥満率と100万人当たり死者数、2020年5月16日現在

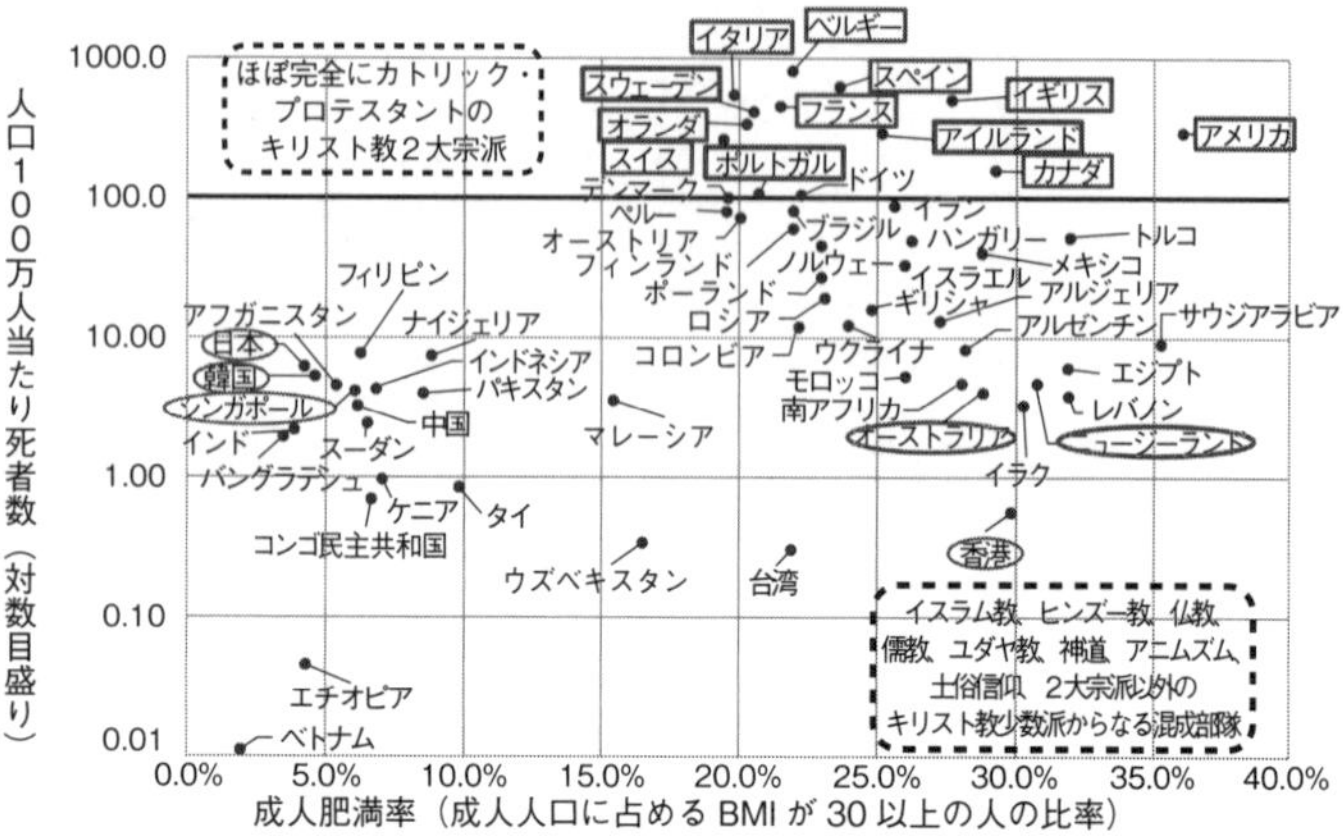

注：このグラフ作成時点でベトナムの死者数は0人だったが、0は対数軸に取りこめないので、便宜上人口100万人当たり0.01人としてグラフ化している。

出所：人口、Covid-19による死亡者数はウェブサイト『Worldometer』、「Population by Country (2020)」、「Covid-19」、2020年5月17日グリニッジ標準時午前零時時点での数値を採用して2020年4月17日のエントリーより、各国の成人肥満率はウェブサイト『World Population Review』、「Obesity Rates by Country 2020」より、著者作成

何よりも重要なのは、各国の位置が全体として右上から左下に分布していて、成人肥満率が高いほどコヴィッド‐19の犠牲者も多く、肥満率が低いほど犠牲者も少ないことだ。この事実を確認するだけでも、成人肥満率が欧米諸国よりはるかに低い日本では、コヴィッド‐19が欧米諸国のように爆発的な流行を示す可能性はもともと低かったことがわかる。

もう少し細かく、犠牲者数の多い国、少ない国の特徴をチェックしていこう。まず、人口100万人当たりの犠牲者数が100人を超えている国は12カ国ある。グラフ中の国名を四角い枠で囲った国々だ。このグループに入るのは、アメリカ、カナダという北米大陸の2カ国と西欧10カ国だけだ。その中ではいちばん成人肥満率の低いスイ

スでも19・5パーセントで、大部分が成人肥満率20パーセント以上と肥満体型の人口が多い国ばかりだ。

念のため、成人肥満率の代わりに、成人全体の平均BMIや成人1人1日当たりのカロリー摂取量などを取って犠牲者数との関連を確かめてみた。成人全体の平均BMIでも、成人1人当たり平均カロリー摂取量でも、ほぼ同様の正の相関性がある。つまり、コヴィッド-19は、カロリーの過剰摂取や肥満によって呼吸器や心臓、血管など循環器に慢性の疾患を併発している人たちが感染すると致死率が高いが、そうでなければ致死率の低い感染症なのだ。

犠牲者数の少ない国々に共通の特徴はあるか

さて、犠牲者数が100万人当たり10人以下の国々を見ると、100人以上の場合ほどわかりやすいグループ構成にはなっていない。だが成人肥満率との関連で言えば、東アジア・東南アジア・インド亜大陸周辺と北アフリカをのぞくアフリカ大陸全体が、肥満率も低く、コヴィッド-19の犠牲者も少ないブロックを左下隅に形成している。そこから肥満率の高い右方向に進むにしたがって、中南米、中央アジア、北アフリカ、ロシア・東欧圏、そしていちばん成人肥満率の高いグループとして中東とオセアニア諸国が登場する。

そこで成人肥満率に次ぐ第2のファクターとして、豊かさの尺度である1人当たりGDPを導入してみよう。1人当たりGDPが3万米ドル以上で、コヴィッド-19の犠牲者数が人口100

万人当たり10人以下の国を楕円の枠で囲ってみた。ちなみに人口100万人当たりの犠牲者数が100人を超えている12カ国では、ポルトガルが約2万3000ドルなのを唯一の例外として、全部3万ドルを超えている。

そうすると、富裕国でコヴィッド-19の被害が小さいのは、東アジアの日本、韓国、シンガポール、香港と、オセアニア州のオーストラリア、ニュージーランド、合計6カ国だということがわかる。ちなみに台湾の1人当たりGDPは直近で約2万2500ドルなので、ちょっと富裕国の分類には届かない。東アジア4カ国では、香港もシンガポールも東アジアと中東、欧米を結ぶ国際貿易の結節点で、人や財貨の出入りも大きい。基本的には都市国家なので人口密度が非常に高いということも、感染症の蔓延を防ぐには不利な条件だ。

また韓国では感染が広がる初期に、隔離中の患者が病院を抜け出して新興宗教の集団礼拝に参加して、爆発的なクラスター感染を起こすという致命的失敗にもなりかねない事件があった。こうした感染拡大を抑えるにはかなり不利な条件がいろいろあったにもかかわらず、成人肥満率の低い東アジア諸国では大きな被害が出ることはなさそうだ。これは、日本にとって非常に心強い事実だ。

成人肥満率という角度から見ると、なぜ日本とアメリカでは、感染者も犠牲者も西欧諸国のように70代以上のお年寄りに集中していないのかも想像がつく。日本は全年齢層を通じて肥満率が低く、逆にアメリカは全年齢層を通じて肥満率が高いということだ。

日本について、2020年5月7日現在の年齢別感染者数を見ると、10歳未満、10代がともに200〜300人台で、20代から50代がすべて2000人台、そして60代から80代以上が1500人前後(『東洋経済オンライン』「新型コロナウイルス年齢別感染者数」より)と、ヨーロッパ諸国に比べて分散している。日本でもヨーロッパでも年齢層別の総人口は、20代から50代のほうが60代から80代以上より多い。だが西欧諸国では、それでも感染者数が70代以上にかなり偏っているのだ。一方、日本の感染者の年齢プロファイルは、ほぼ人口全体に即している。

アメリカのデータを見ると、入院者に占める比率が85歳以上で9パーセント、65〜84歳で36パーセント、35〜64歳で35パーセント、20〜44歳で20パーセントと、先ほどご覧いただいたイギリスの例に比べて、かなり年齢層がばらけている。集中治療室入りした患者の年齢別内訳も、85歳以上で7パーセント、65〜84歳で46パーセント、45〜64歳で36パーセント、20〜44歳で12パーセントと64歳以下で半分近くを占めている(日本経済新聞、2020年4月26日付記事より)。

アメリカ中西部最大の都市であるシカゴ市を擁するイリノイ州については、もう少し細かいデータが公表されている。次ページのグラフだ。

ご覧のとおり、59ページで見ていただいたイギリスの年齢層別コヴィッド-19犠牲者グラフに比べて、かなり60代以下の人たちでも犠牲者が大勢出ている。ただ注目すべきなのは、40代以外のすべての年齢層で犠牲者の80パーセント以上が他に死因となりうる疾患を持っていたし、60代

イリノイ州のコヴィッド-19犠牲者中で50歳未満の人は5%のみ
イリノイ州犠牲者の年齢層別内訳、2020年5月13日現在の集計

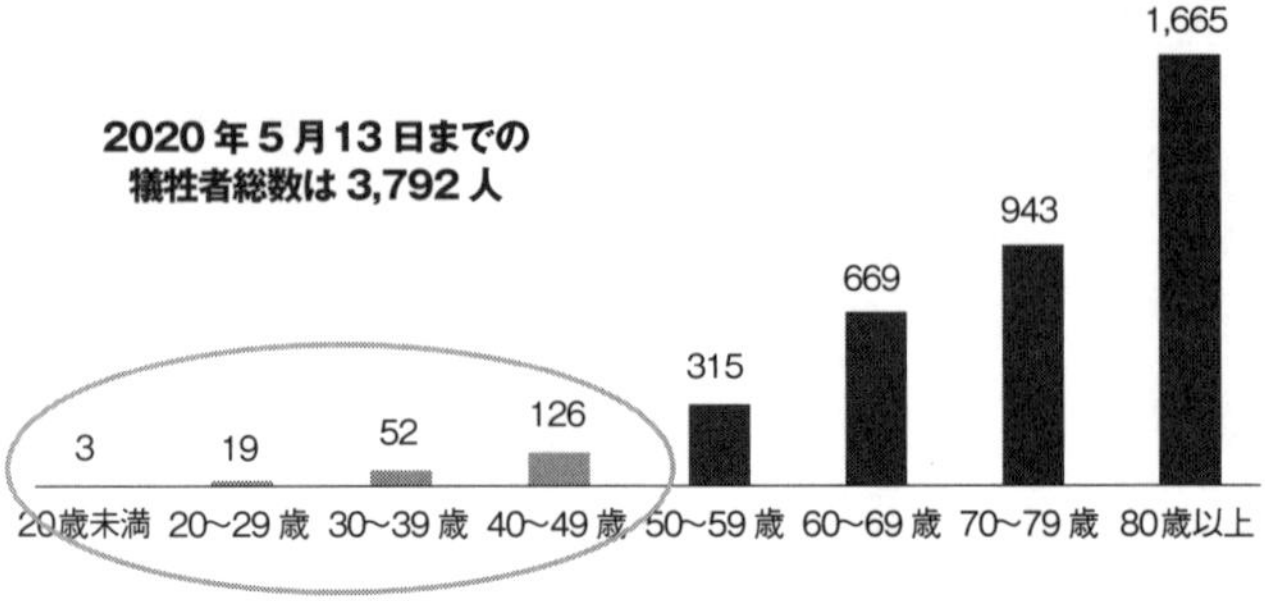

イリノイ州のコヴィッド-19症例致死率は年齢層が下がるほど低下
イリノイ州症例致死率の年齢層別内訳、2020年5月13日現在

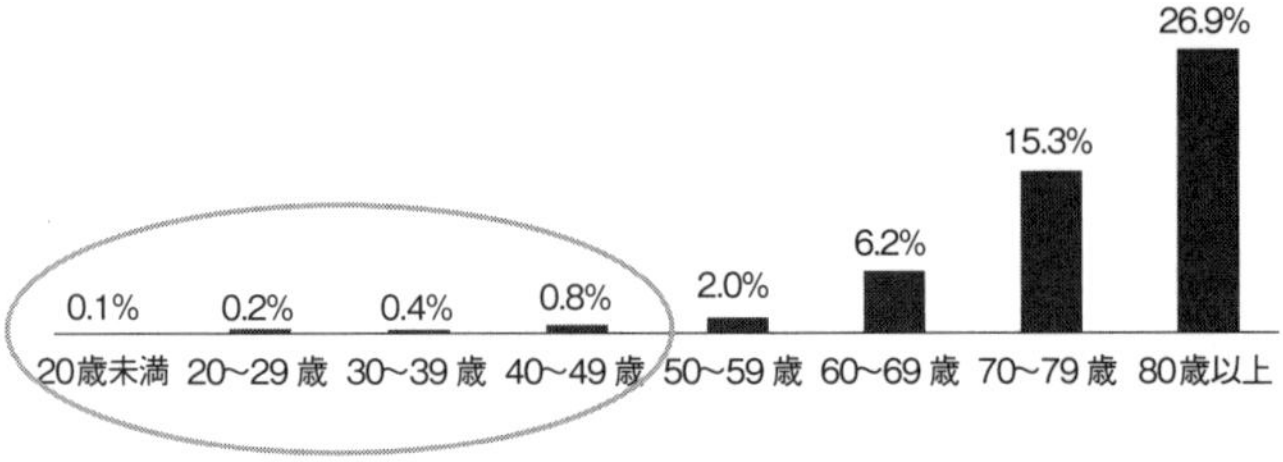

注：なおイリノイ州シカゴ市のコヴィッド-19犠牲者で病歴が判明している人たち1160人中、1090人（94%）が慢性疾患を持っていた。
原資料：イリノイ州公衆衛生局のデータをウェブサイト『Wirepoints』がグラフ化
出所：ウェブサイト『Zero Hedge』、同年5月15日のエントリーより引用

以上ではすべての年齢層で90パーセント以上が他の疾患を抱えていたという事実だ。注にもあるように、シカゴ市では犠牲者の94パーセントが他の慢性疾患を持っていた。

　西欧諸国では、年齢層が上がるにつれて肥満率も上がる。20〜40代ぐらいでは、見るからに肥満体という人はあまり多くないが、50代以上で急激に増え始める。だから、コウィッド-19の犠牲者も70代以上に集中しているのだろう。だが世界で最初にクルマ社会となり、1960年代にはすでに日常生活で歩くことをほ

ぼ完全にやめてしまったアメリカ国民は、肥満化でも世界の最先端にいる。アメリカでは、若年層からまんべんなく肥満率が高いから青年期、壮年期の感染者や犠牲者も多いのだろう。

逆に日本で今80代、90代の人たちは、戦時中から終戦直後の極度の食糧難の時代に少年期、青年期を過ごした方々だ。我々のようなベビーブーム世代と比べても、ずっとスリムで健康そうな体型の人が多い。実際、日本の年齢層別肥満率を見ると、男性では50代が36・5パーセントでもっとも多く、70代以上は28・6パーセントに減っている。また女性では60代が24・2パーセントでもっとも多く、70代以上は23・7パーセントに減っていた（厚生労働省『平成28（2016）年国民健康・栄養調査結果の概要』より）。なお、日本の肥満率はBMI25以上となっている。

だから、日本では全体としての感染者が少ない上に、感染者の年齢層別の内訳も比較的均等化しているのだ。つまり、アメリカでは若年層でも感染する人と亡くなる人が多く、日本では高齢層でも感染する人と亡くなる人が少ないという正反対の理由で、ヨーロッパ諸国より感染者の年齢層が均等化しているのではないか。

オセアニア州はやっぱり「地上の楽園」か

オーストラリアとニュージーランドのコヴィッド-19被害が小さいことについては、まだ解明しきれない部分が残っている。両国とも、欧米諸国の中に入れても成人肥満率は高いほうに入るからだ。だが、次の2つの要因が複合しているものと思われる。

コヴィッド-19はインフルエンザと似たタイプのコロナウイルスだ。インフルエンザ系のウイルスに共通の特徴として、熱と紫外線に弱い。オーストラリアとニュージーランドが属する南半球は、今回の騒動が勃発した1月には真夏だった。だから、初動での大感染が防げた。また、これだけジェット機による大陸間移動がひんぱんになっている現代でも、オセアニア州とその他全世界との人の往来は、ヨーロッパ・アジア・北アメリカ間の往来ほど多くはない。このふたつのポイントは、アフリカ大陸の南半球側諸国や、南アメリカ諸国についても言えることだ。

だとすれば、北半球が春から夏に転ずる今の時期に秋から冬に転ずる南半球の国々では、感染が急拡大するのだろうか。まず1人当たりGDPが約6000ドルと低い割に、成人肥満率が高い南アフリカ共和国にはその危険がありそうだ。だが、成人肥満率が低いそれ以外のアフリカ諸国では、あまり大きな被害は出ないだろう。イベルメクチンの有効性が証明されれば、さらに爆発的な感染拡大のリスクは減らせるはずだ。

ブラジル、アルゼンチン、コロンビアなどの南アメリカ諸国には、ちょっと不安がある。高タンパク、ハイカロリー食をたっぷり摂るお国柄だからだ。それでもオーストラリアやニュージーランドは、結局あまり大きな被害を出さずにやり過ごすのではないだろうか。ラグビーの一流選手以外では、その他全世界との交流がかなり少ないからだ。

2018年ごろから、アメリカで超の字の付く大富豪のあいだで「何が現代の三種の神器か」が話題になった。答えは、プライベート・ジェットと滑走路を造れる程度の広さのカリブ海に浮かぶ孤島の1島丸ごと買いと、ニュージーランドの地方空港の優先離着陸権だった。

当時は「そりゃまあ、仮に全面核戦争になったとして、ドンパチ派手にやる交戦国も、ニュージーランドに核弾頭を落としてみたら、被害は人間より羊のほうが多かったっていうんじゃ効率が悪すぎる。ニュージーランドにムダ弾《ダマ》を落とすことはないだろう。重度の核戦争パラノイアに陥っている大富豪でさえも、ニュージーランドに逃げこめば安心していられるんだろうな」と嘲笑していた。だが、やっぱり超大富豪の勘はバカにできない。

宗教の社会的規範力を見落とすな

それではサウジアラビア、レバノン、トルコ、エジプトといった成人肥満率のかなり高い中東諸国の人口当たり犠牲者数が少ないのは、どうしてなのだろうか？　肥満率と、豊かさに次ぐ第3のファクターを導入する必要がありそうだ。そこで、人口100万人当たり犠牲者数100人よりちょっと少ない95人台のドイツ、93人台のデンマークのすぐ下に、宗教の違いによる分類がぴったり当てはまる水平線を引いてみた。

すると、この水平線の上はひとつの例外もなく、カトリックとプロテスタントというキリスト教2大宗派で占められている。サンプル国の数をかなり拡大しても、キリスト教2大宗派の圧倒的優位は動かないだろう。一方、この水平線の下は、イスラム教を最大勢力として、キリスト教2大宗派以外のほとんどあらゆる宗派の混成部隊となっている。もちろん、ノルウェーやフィンランドのようにかなりストイックな北欧プロテスタント国も、オーストリアやポーランドのような中東欧のカトリック国も入っているが、ここでは少数派だ。

我々日本人は、「無神論者です」とか、「不可知論者です」とか名乗っても、まったく社会的に迫害されることのないすばらしい世界に住んでいる。なお、不可知論者とは、「この世に崇高な存在があることは認めるが、それが何かはわからない」という立場のことだ。だが、これは地球規模で見渡すと、例外的な少数派なのだ。かなり世俗化が進んでいるように見える中国や韓国でも、祖先崇拝や同姓婚の禁止などの儒教的な戒律はしっかり生きている。同性婚ではない。同じ漢字の姓の人同士の結婚は近親婚になるから、絶対にしてはいけないというタブーだ。

社会全体として何が正しく、何をしてはいけないのかという社会的規範力をもっとも大きく発揮するのは、結局のところ宗教だ。具体的に言えば、日ごろは無宗教を標榜《ひょうぼう》している日本人だって、神社に参詣するときにはひしゃくで手をすすぐ程度の儀礼は守る人が大半だ。ところが、日本以外のほとんどの国では、この宗教が及ぼす社会的規範力が日本とは比較にならないほど強い。日本人がそこを見落としがちなのは、外国として思い浮かべるのは欧米諸国ばかりで、その欧米諸国ではキリスト教の社会規範力が周到に覆い隠されているからなのだ。

じつは、まだ学生時代に、なんとか私をキリスト教徒にさせようと勧誘する友人がいて、その論理がそれまで経験してきた、いわゆる宗派論争とまったく違っていたのに驚いた経験がある。彼は「キリスト教ほど合理的な宗教はない。飲みもの、食べものに関するタブーはいっさいない。

酒はワインが儀式に欠かせないし、牛は食べるなとか、豚は食べるなとか、うろこのない魚は食べるなとか、ごちゃごちゃ言わない。礼拝や食事のときに口をすすげとか、手を清めろとかも言わない。こんなに信者の自由を束縛しない宗教は他にない」と力説したのだ。

「宗教における救いとは何か」とか、「なぜ救いを当てにするような欲得ずくで信仰の道を目指してはいけないのか」といった宗教哲理はいっさい抜きだ。そのときは、珍しい布教法もあるもんだと感心しただけだった。だが、ずいぶんあとになってから、多少キリスト教史を調べてみる機会があった。すると、なるべく日常生活についての戒律を減らすという方針は、ローマカトリック教会を大勢力に育てた、パウロの遠大な戦略にもとづいていたことがわかって、もう一度驚いた。パウロは、積極的に「キリストを磔《はりつけ》にしろ」と騒いだ保守派のユダヤ教徒だったが、十字架上の死を見届けたあと、復活したキリストから直接教えを受けたと称して、キリスト教徒となった人物だ。

パウロは、今後キリスト教が生き延び繁栄していくには、西方や北方の蛮族までふくめるかはともかく、ユダヤ人以外の諸民族を大勢改宗させることが不可欠だと考えた。そこで、本家筋に当たるユダヤ教から引き継いできた食べもの、儀礼に関する細かいしきたりをほとんど全部捨て去るという大英断をした。ユダヤ人以外に「男は割礼をしろ。礼拝や食事の前に手を洗え」などと、うるさいことを言ったら見向きもされないと思ったからだろう。

ただユダヤ教から引き継いだ戒律はほとんどやめたが、自分のライフスタイルは信者に押しつけて、「肉を食うな、酒を呑むな、結婚をするな」といったパウロ流戒律は守らせようとしたらしい。それでも割礼と礼拝・食事前の手洗いの廃止は、ユダヤ人以外の信者獲得のハードルをずいぶん下げたのだろう。その結果、ローマ帝国の国教に採用される以前から、キリスト教はガリア人、ケルト人、ノルマン人、ゲルマン人といったヨーロッパ北西部の蛮族たちの大量改宗に成功していた。

不潔さを誇りとするキリスト教ヨーロッパの伝統

その結果、キリスト教は自分たちより文明の発展が遅れた国々を侵略し、征服するためのお供としては最適の宗教になった。まず食べものや食事と宗教儀礼のタブーがほとんど存在しないので、どんなに文明の遅れた地域でも、日常生活にあまり制約を感じないで済む。半面、礼拝や食事の前に手を洗い清めるという戒律は、長い歴史の知恵から生まれた疫病蔓延に対する予防策でもある。だがキリスト教化したヨーロッパは、大浴場に着物を着たまま飛びこむような蛮族の風習をとがめもしなかったので、疫病大歓迎地域となった。

16世紀初頭の20年間は、ヨーロッパ内部の宗教改革・対抗宗教改革の血みどろの闘争が起き、対外侵略が一回限りの大冒険から植民地経営へと発展した転換点だった。西欧諸国による世界制覇へのキリスト教の貢献を指摘する声は多い。そのほとんどが「汝の敵を愛せよ」といった精神主義的な優位性、つまりは勝利したキリスト教徒たちの自画自賛にとどまる。はるかに重要なのは、宗教が実践的な社会規範の役割を果たすタブーに関する、キリスト教の融通性だろう。

キリスト教を世界中のその他の大宗教と比べたとき、2つの大きな特徴が浮かび上がってくる。キリスト教はもっとも食料・飲料に対するタブーが少なく、事実上何を飲み食いしても大丈夫なので、生命維持に欠かせないカロリー補給についての制約がほとんどない。また信仰儀礼や食事の前後などに手洗い、口すすぎ、沐浴などの手続きを必要とする度合いも低い。カトリックやプロテスタントの信者を見ているかぎりでは、ほとんどないと言ってもいいくらいだ。

ギリシャ、ロシア、ウクライナなど正教系の国々と、明白にカトリック・プロテスタント系の国々を比べると、旧東ローマ帝国の支配下にあったギリシャ正教系諸国では、成人肥満率が高めの割にコヴィッド-19の犠牲者数は少ない。ギリシャ正教については、「斎」という日本語で言えばもの忌《い》みの期間があって、そのあいだは肉、魚、乳製品、ワイン、オリーブ油を飲み食いしてはいけないことになっている。やはり戒律に縛られている国ほど、疫病に対抗するための公衆衛生倫理の浸透度も高いようだ。

西ローマ側のキリスト教を受け継いだ2大宗派に戻れば、まったく生活習慣の違う地域に乗りこんでいって、安定的にカロリー補給をするためには、食料・飲料についてタブーを持たないことは大きな利点だ。たとえばアフリカ大陸の奥地や中南米の山岳地帯まで進出した場合、荘厳な宗教儀礼のために大聖堂を建てることのほうが、宗教儀礼に参加する信者すべてのために清浄な水を絶やさない上水道網を構築することよりはるかにかんたんだ。

ヨーロッパに興起した諸文明の中では例外的に清潔さを美徳としていたローマ帝国の支配は、ラテン語を公用語とする西ローマ帝国の領土だった地域では4世紀末から揺らぎはじめ、5世紀半ばには崩壊する。西ローマ帝国が消滅した直後には、一種の権力の空白状態となった。のちに西欧・北欧諸国に誕生する国民国家群の支配階級を形成することになる「北方の蛮族」、ゲルマン人、ノルマン人たちは、むしろ不潔さを誇りとする生活慣習をもともと持っていた。

ヤマザキマリの『テルマエ・ロマエ』には、異文化激突を描いたすばらしい場面がある。毛むくじゃら、ヒゲもじゃの蛮族たちが悪気はないのだが、ヘルメットに戦闘服のまま泥まみれの靴も脱がずに体を洗い清めることもなく大浴場に飛びこむのを見て、育ちの良いローマ人が嘆き悲しむシーンだ。キリスト教が主要な布教対象としたのは、この手の純朴だが垢《あか》まみれ、ほこりまみれの蛮族だった。彼らにとっても、キリスト教は違和感なく溶けこめる宗教だった。

風呂では体を洗い清める場所と体を温める浴槽を完全に分離するのは、ヤマザキマリも指摘したとおり、古代ローマ人と日本人のみが確立した習慣である。それ自体が文明の域に達した美、清潔、癒やしを尊重する価値観だ。これほど身ぎれいな日常生活を送っている日本国民が、感染率でも感染者中の致死率でも世界各国に比べて、はるかに低い被害にとどまるのは当然なのだ。

免疫力の高さこそ、ヨーロッパ世界征服の秘密兵器だった

一方、不潔さを誇る西欧キリスト教文明圏では、世界中からやって来た病原体が深刻な疫病を

もたらした。世界のあちこちで細々と風土病の地位にとどまっていた病原体が、ヨーロッパに侵入するやいなや大疫病に変身した事例は枚挙にいとまがない。と同時に、世界中からの疫病に正面から立ち向かったヨーロッパは、非常に早くから数々の病原体に対する集団的な免疫を獲得した「微生物戦争」における屈強な戦士たちを育てた。

のちの大航海時代にアフリカ大陸内陸部や南北アメリカ大陸の征服に成功したのは、儒教中国でも、イスラム教オスマントルコ帝国でも、同じくイスラム教のムガール帝国でもなく、キリスト教ヨーロッパ諸国だった。その最大の理由は、近代的自我の確立でも、産業革命でも、近代兵器の開発でもなく、免疫力が高く「文化果つるところ」の日常生活も苦にしないキリスト教戦士たちだった。南北アメリカ大陸の征服において、ヨーロッパ人たちが携行した近代兵器と、免疫体質のどちらが強力な武器だったかと言えば、明らかに後者だろう。

こうして外に向かって攻撃的になったキリスト教ヨーロッパは手も洗わず、風呂にも入らない自分たちこそ気高く純粋な存在だと誇り、ヨーロッパ諸国に住みながら礼拝や食事の前に手を洗う異教徒、異端者たちを排斥し、迫害した。ヨーロッパで疫病が流行するたびに、ユダヤ教徒やイスラム教徒が迫害された。その口実となったのは「我々は神にやましいことをしないから、礼拝や食事の前に手を洗う必要を感じない。だが、彼らはキリスト教徒の井戸に毒を入れる際に汚れた手で神に祈りを捧げたり、ものを食べたりすることを恐れるから、手を洗わずにいられないのだ」という理屈だった。

そして近代医学による細菌の発見が続出するまでのヨーロッパは、最悪の衛生状態をこともなげに受け容れる社会だった。一生に一度も風呂に入っていないことを自慢する医師が「自然に人体を覆う垢が疫病から身を守るのだから、風呂に入ってはいけない」と患者を指導するような不潔きわまる習俗が一般化していた。まあ、大浴場でもめったに湯を入れ替えなかったそうだから、これはほんとうに賢いアドバイスだったのかもしれない。

驚くべきことに現代欧米でも、この不潔さを誇る風潮は生きている。私自身が高度に発展した近代文明と、時代の最先端を行く豊かな文化や芸術を併せ持つ国とあこがれて7年間住むことになったアメリカがどうもおかしいと感じるようになったのも、そのへんがきっかけだった。

1970年代後半というと、日本のテレビではまだアメリカのスポーツ中継を丸ごと録画して放映するようなことはほとんどなかった。だが、ワールドシリーズやオールスターゲームのダイジェスト版などで、投手と打者の虚々実々のかけひきをかいま見ることができた。ときどきピッチャーがサインをのぞきこみながら、手鼻をかむシーンがあった。かむというよりは、鼻の穴ひとつを指で押さえて、もう一方から盛大に鼻水をまき散らすのだ。日本で見ていたころは、あれはめったにボディコンタクトのない野球選手たちが、「オレたちだってこんなにマッチョだぜ」というところを見せるための演出だと思っていた。

ところがアメリカに住んでみると、ごくふつうの社会人であるはずのおとなが歩道や公園、大学のキャンパスなど公共の場所で、平然と大リーグのピッチャーさながらに手鼻をまき散らしている。大学院生という知的水準は最高クラスであるはずの人間が主に入居している学生寮では、まず小用のあとでは手を洗わない。大便のあとでさえ洗わない連中も多かった。さらに風呂はバスタブのすぐ外側は防水も何もないふつうの床なので、やや硬めのプラスチック製カーテンで仕切って中で髪や体を洗うが、栓を抜いて湯を流したあとで改めて湯水で体をすすがない。だから、バスタブのふちに垢と石鹸の混合物が年輪のようにこびりついている。

この人たちは清潔さに快感があることも、不潔でいることは他人に不快感を与えることもまったく教えられないまま、生まれ育ってしまったのではないかと思うようになった。どうやら、このごく個人的な感想は図星だったらしい。コロナ禍のさなか、「自分の身を守るためにも、またもし自分がすでに感染してしまった場合に他人に移さないためにも、外出時はマスクをし、外出から帰ったとき、食事の前には手を洗いましょう」といった公衆衛生に関する呼びかけが、個人の自由を束縛するものとして、すさまじい反発を呼んでいるらしい。

しかし欧米にも、さすがにこれはまずいと感じている人はいるようだ。次ページのグラフをご覧いただきたい。

このグラフは、まだコヴィッド-19感染が世界規模で拡大しはじめたばかりの3月中旬に作成されたので、いくつか不備なところもふくんでいる。人口当たりの比率ではないし、犠牲者数ではなく感染者総数を取り上げている。その結果、イランや韓国が蔓延の深刻な地域に入っている。ただ現在の時点で見れば、やや違和感の残るこのグラフでも、マスク着用圏とマスク不着用圏と

100人の症例を観察してからの各国感染拡大ペース
2020年2月21日～3月19日

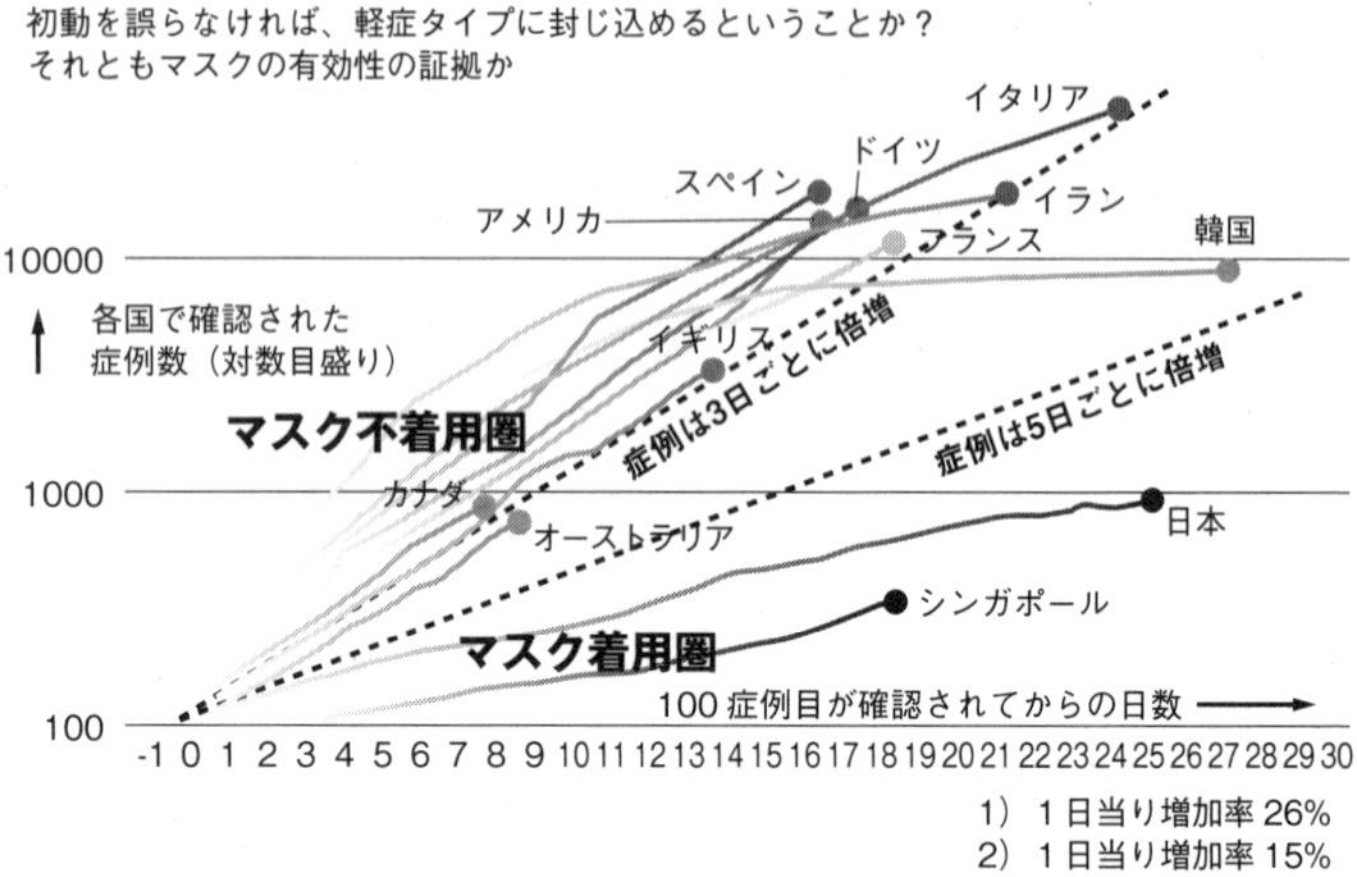

原資料：WHOデータをWorldometers社が作図、ジョンズ・ホプキンズ大学システム科学・エンジニアリングセンター
出所：ウェブサイト『The Automatic Earth』、2020年3月22日のエントリーより引用

に分類して見ると、公衆衛生倫理がどの程度一般大衆のあいだで血肉化しているかが、歴然と浮かび上がってくる。またマスク不着用圏とマスク着用圏というラベルは、そのままキリスト教2大宗派圏とその他全宗教圏と置き換えても不自然ではない。

　不潔で慣れ親しんだ食料の調達もままならない環境をものともせず、疫病に積極的に立ち向かったヨーロッパ諸国民は、かつて七つの海を押し渡って地球上の陸地の大部分を植民地化することに成功した。だが欧米人のあいだでも「発見の時代」と称して海外侵略をしていた当時かけがえのない武器となった強力な免疫体質の利点は、高度な物質文明の快適さの中で心身が軟弱になって失われた。

　逆に、人口の高齢化と慢性的なカロリー過剰摂取による肥満化で、いまや欧米諸国民は疫病に非常に弱い体質になっているようだ。その最大の理由は、欧米人は他人に不快感を与えない身ぎれいさを積極的に評価する価値観を確立できないまま、カロリー過剰摂取と運動不足で肥満率を高めっぱなしで、とうとう没落期を迎えてしまったことにあるのではないだろうか。

やはり、不潔さを賛美する姿勢はいただけない

アランナ・コリン著、矢野真千子訳『あなたの体は9割が細菌——微生物の生態系が崩れはじめた』(2016年、河出書房新社)は、啓発されることも多い本だ。人体の中で人間に有益な働きをしてくれる細菌まで一掃してしまう抗生物質の乱用は慎むべきだという最大の主張は非の打ち所のない正論だ。

だが、堂々と不潔さを賛美する姿勢にはついて行けないところもある。たとえば、人間の体臭のうちでもとりわけ不快感の強いアンモニア臭を防ぐために、アンモニア酸化細菌の一種を適量配合した無色透明、無味無臭の化粧水を開発したベンチャー企業をべた褒めしている箇所だ。

AOバイオームを設立したデイヴィッド・ホイットルック自身も、この一二年間いちども体を洗っていない。それでも彼から体臭は匂ってこない。AOバイオーム社のチーム員の……大半は体を洗うのは週に二、三回でいいと答え、なかには年に二、三回で充分という人までいる。

……ホモサピエンスの歴史において二五万年ものあいだ石鹸なしですませておきながら、いまになってとつぜん毎日石鹸を使ってシャワーを浴びなければ生きていけないと思うほうが、い

よっぽど現実離れしている(コリン、200ページ)。

人間の体臭はアンモニア臭だけではない。ほかにもいろいろ悪臭のもとになるものを分泌している人体が、アンモニア臭を抑えただけで垢まみれのままでも問題はないという発想には、どこか根本的におかしなところがある。それに体を清潔に洗い清めることの重要さに気づいたのが、たかだか過去150年か200年のことだという思いこみは、西方キリスト教の影響下にある地域しか知らない、井の中の蛙のたわごとだ。世界中のほとんどの地域で、それぞれ支配的な宗教は体を清浄に保つことの重要性をきびしい戒律として教えつづけてきた。

AOバイオーム社のホームページには、2018年7月4日に上場のための新株発行増資(IPO)をすると書かれていた。だが、理由を開示しないままこのIPOは無期延期となっている。ソフトバンク・ビジョン・ファンドが目いっぱい評価額を吊り上げていたウィー・ワーク社が、上場直前にポシャって新規上場ブームを壊滅させる1年半前のことだ。むしろ、ブームの最盛期だったと言ってもいい。その時点で「上場の価値なし」と評価されたのは、アメリカの証券業界にとってさえ、無理筋を追求するバイオベンチャーだと判断されたからだろう。

コヴィッド-19禍では、肥満、糖尿病、呼吸器、循環器などの慢性疾患を抱えた高齢者の死亡率が高いことはよく知られている。だが、今回成人肥満率とコヴィッド-19による犠牲者数との相関性を調べてわかったのが、同じような肥満率の高さでも、キリスト教国のほうがイスラム教国、ヒンズー教国、儒教文化圏、仏教圏、そして神道から不可知論、無神論までなんでもござれの日本より、はるかに感染致死率が高いことだ。

アメリカ人に比べれば、現代ヨーロッパの人びとは身ぎれいにしている。だがそれも、たかだか過去200年程度の付け焼き刃に過ぎない。ブルボン朝フランスのピークを体現するヴェルサイユ宮殿にはトイレが1カ所もなかった。そこに群れ集う宮廷貴族たちは男女の別なく、部屋の隅、廊下の薄暗がり、庭の立ち木の陰などで用を足した。フープを入れて開いた落下傘のような半球状のロココスカートは、決しておしゃれであなったわけではない。用便中に自分の体や下着が汚れないように、あのかたちにしていただけなのだ。

街中にしみついた糞尿の匂いに耐えられずパリを脱出した太陽王ルイ14世のつくった理想郷がその程度のものだったのだ。パリや、ロンドン、いや3階建て以上の共同住宅のあるヨーロッパ中のすべての都市がどんなに悲惨な衛生状態だったかは推して知るべしだ。だいたいヨーロッパで中規模以上の都市ならどこでも寝静まった夜中に、おまるに溜めた糞尿を2階以上の窓から道路にぶちまけていたのだ。

貴婦人たちの履《は》いたハイヒールもまた、おしゃれではなく、足を汚さないための必需品だった。遠い昔の話ではない。フランスなら第二帝政のルイ・ボナパルトによるパリ大改造あたり、イギリスなら七つの海を支配する大英帝国のヴィクトリア女王のころのことだ。その前は、歯が鉄製の一枚歯の高下駄のような、オーヴァーシューズなるものを履いていた。10メートル歩くのも拷問と感じるようなしろものだったらしい。

こうして見ると、大疫病流行期に中世ヨーロッパのキリスト教徒たちが「我々は何もやましいところはないから、礼拝前にも食事前にも手を洗わない」と言い放ったのは、理不尽な異教徒迫害を正当化するためのたんなる屁理屈だったのだろうか。清浄をプラスの価値とする世界中のほとんどの文明圏に対する、不潔さをプラスの価値と見る異常な文明圏の宣戦布告だったのではないかとさえ思えてくる。

欧米文明没落は歓迎すべきだが、しわ寄せは社会的弱者に集中

人口100万人当たりの感染者数を見ても、死亡者数を見ても、西ヨーロッパと北米のキリスト教国が他のあらゆる宗教が支配的となっている国々より圧倒的に高い。どうやら世界各地を侵略し、征服しはじめてから約500年という長いときを経て、キリスト教ヨーロッパ各国が世界征服の過程で行った残虐行為の数々のツケを支払う時期が来たのではないだろうか。

だが、そう言って突き放して見ていれば済む問題ではない。2位に2倍以上の差をつけてコヴィッド-19犠牲者数で首位を突っ走っているアメリカで最大の被害を受けているのは、今もなお支配階層として君臨している白人たちではなく、大都市に住む黒人グループなのだ。次のグラフを見れば、この事実が歴然と表れている。

ニューヨーク市やシカゴ市のような典型的な大都市ばかりでなく、ウィスコンシン州最大の都市、ミルウォーキー市を擁するミルウォーキー郡や、工業化の進んだミシガン州、そして深南部《ディープサウス》

ミルウォーキー郡の総人口に占める黒人の比率は26%だが

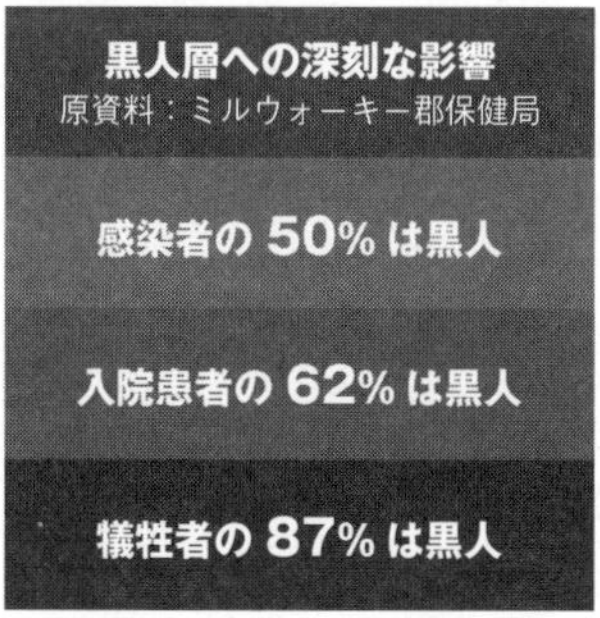

米大都市圏黒人の対総人口比率とCovid-19 犠牲者比率

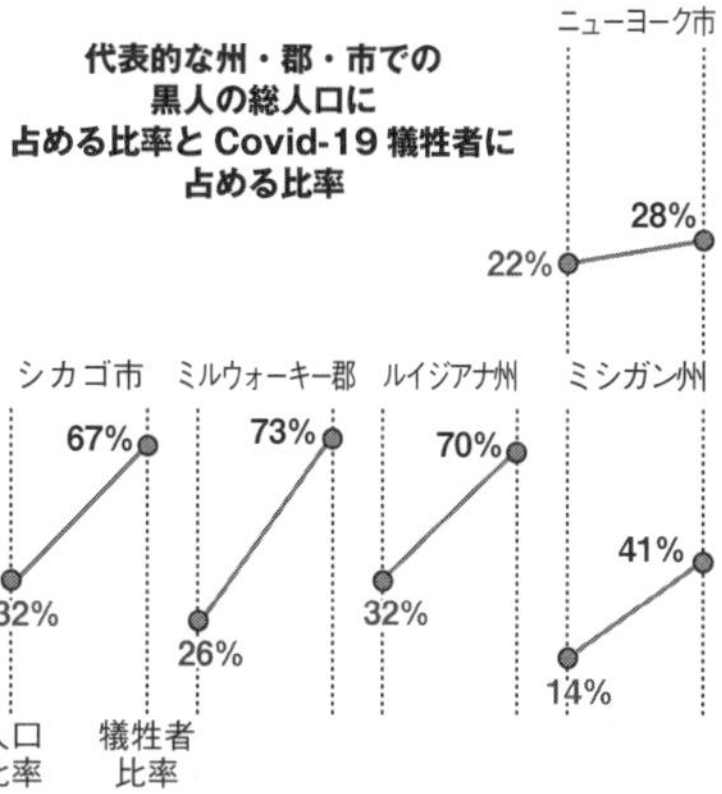

出所：（左）ウェブサイト『The Automatic Earth』、2020年4月5日、（右）『Zero Hedge』、同年4月11日のエントリーより引用

の中では都市化の進んでいるルイジアナ州でも、コヴィッド-19の犠牲者は圧倒的に黒人に集中している。なお、同じミルウォーキー郡の数値が左のデータは87パーセント、右のデータは73パーセントと違っている。これは、たんなる間違いかもしれないし、まだ劇的に感染者死者が増えていた最中だったので、たった1週間でこれだけ数値が動いたのかもしれない。

　黒人に犠牲者が集中する理由の一端は、成人肥満率の高さだ。統計サイト『スタティスタ』の2020年1月17日のエントリーによれば、2018年時点の人種・民族系統別成人肥満率は、白人が65パーセント、アジア系が45パーセント、黒人が73パーセント、ヒスパニックと先住民が同率の72パーセントだった。なお成人肥満率と感染致死率の相関グラフで使った数字と大幅に違っているのは、こちらではBMIが25

以上、30未満の「太り過ぎ」体型の人も30以上の人と一括で肥満として計算しているからだ。それにしても黒人、ヒスパニック、先住民と抑圧されたマイノリティが揃って成人の7割以上が体重過剰なのだ。

すばらしい体型と身体能力を見せてくれるテレビ映像やグラフィック誌などから受ける黒人の印象と、甘くはない現実が、あまりにもかけ離れていることに驚かれる方が多いだろう。だが、この冷酷な数字は、我々日本人がふつうに目にする黒人像が、どんなに強烈なフィルターのかかったものかを教えてくれる。

現代アメリカでも、黒人が輝かしい成功を収められる分野は限定されている。スポーツ選手、歌手、ミュージシャン、ダンサーなどの広い意味でのショービジネスを目指さなければ、ほかの分野では圧倒的に不利なのだ。中でも悲惨なのは、プロスポーツマン、プロのパフォーマーを目指して、高校、大学ぐらいまでは有望視され、目一杯ハイカロリー食を食べて練習に励んできた人たちだ。彼らのほとんどが結局プロになれなかったり、一流には届かなかったりで、他の仕事を選ばざるを得なくなる。体のメタボリズムは高カロリーを要求するのに、仕事や日常生活ではその高カロリーを消費しきれないから、あっという間に肥満化してしまう。

また、今でもアメリカの大都市中心部に住んでいるのは、家族の命と財産を自分で守れる大金持ちと、細々と運行されている公共交通機関に頼らなければ通勤通学ができない貧困世帯だけになってしまった。だから同じ大都市の中でも高級住宅街と、貧困世帯の集中地帯では衛生環境が全然違う。おまけにアメリカは、世界中の先進国でもっとも「行動の不平等」が激しい国だ。

アメリカは男女間で行動の不平等性の大きな国

この「行動の不平等」という発想は、おもしろい。スタンフォード大学メディカルスクールが中心になって行った興味深い調査から導き出された概念だ。それは万歩計が標準装備されたスマートフォンを利用して、1日当たり何歩歩いたかと成人肥満率との相関を調べたものである。

100ページの2枚組グラフをご覧いただきたい。全体として成人肥満率の国ごとの差も、肥満率自体も低めに出ているのは、ボランティア参加の調査で、サンプルが「意識高い」系の人たちに偏っていたからだろう。左側の1人1日当たり歩数と成人肥満率を直接比較した相関図では、あまりはっきりした傾向は浮かび上がらなかった。たしかにアメリカの平均歩数は、先進諸国でいちばん少なかったが、石油成り金の多い産油国や発展途上国にはもっと歩数の少ない国もあった。

そこで「好きなときに行きたいところに行けるか」という質問への答えから、「行動の不平等性」を算出して、それと成人肥満率の相関性を描き出したのが、右側のグラフだ。行動の不平等性が高いほど、成人肥満率が高くなることが浮かび上がってくる。グラフはこの2枚しかご紹介しないが、いろいろおもしろいことがわかる。

1日当たり歩数、行動の不平等と成人肥満率

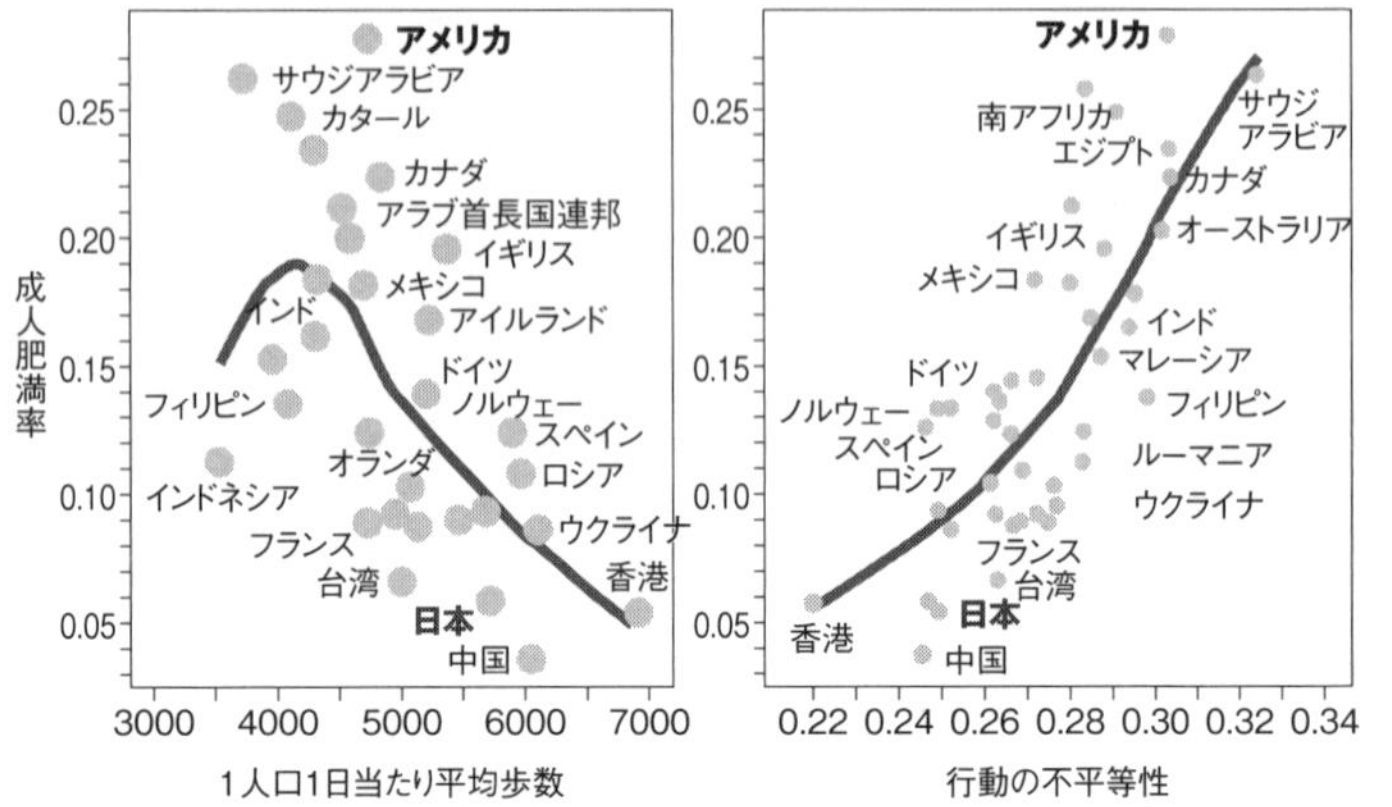

出所：スタンフォード大学メディカルスクール『スマートフォン歩数で肥満度の解明に迫る』（2017年7月14日）より引用

たとえば行動の不平等性に男女格差があり、男性と女性で1日当たりの歩数の差が大きいほど、男女を通じて成人肥満率は全体的に高まる。この行動の不平等性は、アメリカが先進諸国では突出して大きい。エジプトより大きく、サウジアラビアに迫るほど大きい。しかも、この調査が行われた2017年には、サウジアラビアではまだ「コーランにいいと書いてないから、女性が男性の後見なしで自動車を運転してはいけない」という法律が励行されていたのだ。

これは日本人の大半にとって、黒人の体型イメージよりショッキングな事実かもしれない。「アメリカでは、男性も女性も平等に家事や育児にかかわるから、子育て中の女性でも安心してバリバリ仕事ができる」という話をさんざん聞かされてきたからだ。だが、この「アメリカ人は理想の生活を実現している」という印象は、こういう質問

にどんな人間が答えるかの、国民性の違いを反映しているに過ぎない。

テレビのレポーターや新聞雑誌の記者がこういう話題でインタビューをすると、答える人たちの性格が日本とアメリカではほぼ正反対だ。アメリカでは「その件に関して、私は立派な模範だ」と確信している人たちが、とくとくと自慢話をする。「あんまり褒められたもんじゃないなあ」と思っている人たちは、何も言わない。日本では、「ここがダメだ」「あそこがいたらない」と愚痴ばかりぼやく人が答える。両方真に受けていたら、アメリカは明るく楽しくすばらしい社会で、日本は暗くわびしく陰鬱な社会だと思ってしまう。

なお目ざとい読者の中には、このグラフが示す香港と台湾の成人肥満率が76ページにあった肥満率と100万人当たり犠牲者数のグラフと大幅に違うことに気づかれたかもしれない。先ほどのグラフでは香港が約30パーセント、台湾が22パーセントと欧米の水準と比べても、やや成人肥満率が高いほうだった。こちらでは香港が5・6パーセント、台湾が6・6パーセントにとどまっている。いくら「意識の高い」ボランティアを集めた調査だと言っても、それほど成人全体の肥満率と差が出るものだろうか。

私の個人的な印象としては、スタンフォード大の集計したボランティアたちの数値のほうが、『ワールド・ポピュレーション・レヴュー』より実態に近い。東アジア諸国では肥満率の定義がきびしく、正常と肥満とのあいだをBMIが25以上としている国が多い。国際比較のときにはBMI30以上の成人に占める比率を出しているのだが、うっかり国内向けの肥満率の数字をそのまま出してしまったのではないだろうか。ただ、自分の印象だけで、成人肥満率とコヴィッド-19の犠牲者数の相関性についてのデータを、香港と台湾だけ差し換えたりはしなかった。結論全体の客観性に疑問を招くからだ。

もうひとつおもしろい発見がある。アメリカでは、歩きやすい都市に住んでいる人たちほど成人肥満率が低く、歩きにくい都市に住んでいる人ほど成人肥満率が高い。「何がおもしろいんだ。当たり前じゃないか」と思う人が多いだろう。ところが、そうではない。たとえば、共働きで朝から夕方まで忙しく働いている女性が夜、外に出て歩こうとすれば、かなり豊かな都市の高級住宅地にでも住んでいなければ、暴力犯罪、性犯罪に遭遇するリスクが非常に高い。

日本では、たいていの都市は歩きやすい。たまに自治体や大企業が不細工な都市開発計画を押しつけて改造してしまった都市だけが歩きにくい。歩くことは、短距離であればいちばんエネルギー効率よく人間を運ぶ手段である。日本で暮らしていれば、どこに行っても気軽にできる。しかも人前でもあまりうまいへたを気にすることなく、自然にカロリーを燃やすことができるすばらしい全身運動だ。この事実も、日本人は年をとってもほとんど貧富の差なく、肥満体型になってしまう人が少ない理由だ。

だが、アメリカで人間が歩きやすい町並みを維持するには、とんでもない資金をかけてあらゆる市街地をクルマ優先に造りかえようとする都市破壊と戦う覚悟と軍資金が必要だ。だからアメリカの場合、平均所得の高い都市の中には、ニューヨークやサンフランシスコやボストンのように歩きやすい都市もある。製造業の衰退で市民所得が下がっている中西部の工業都市や、平均所得の低い南部の都市は軒並み歩きにくい。まさに、肥満の沙汰もカネ次第だ。

少数民族冷遇を美辞麗句で覆い隠すのは、イギリスも同じ

アメリカだけではない。イギリスでもまったく同じように、黒人、移民系の人たちのほうがコヴィッド-19の犠牲者が出る確率が白人よりずっと高い。白人と比べると、アフリカ系黒人イギリス人の犠牲者率は3・5倍、カリブ海諸国からの黒人イギリス人の犠牲者率は1・7倍、そしてパキスタン系の犠牲者率は2・7倍だった。しかも、この人種差別の動かぬ証拠に対する、英国財政研究所（IFS）の公式見解は、アメリカの大手メディアが流しているものよりひどい。

アメリカのメディアは少なくとも黒人は給与水準も低く、狭くて非衛生的な環境に押しこめられているから疫病被害が大きい程度のことは認めている。ところがイギリスでは、経済分析と経営コンサルタントの分野では一流と言われるIFSでさえ、その程度の現実も認めず、偽善的な言辞でごまかそうとしている。

IFSのリサーチ・エコノミストは「この調査結果を一般論でくくることはできない。アフリカ系黒人は基幹的な労働に従事していることが多いので、犠牲者も多いのかもしれない。バングラデシュ系は、もともと健康障害を持っている人が多いので犠牲者が多いのだろう。パキスタン系の男性は、ヘルスケア関連の仕事をしている比率が白人より90パーセントも多い。また、イン

ド系のイングランド人口全体に占める比率は3パーセントだが、医学博士に占める比率は14パーセントに達する。医療の最前線で働いているので、犠牲者も多くなっている可能性がある」と言っている(BBC放送ウェブ配信版、2020年5月1日付)。

欧米では、いわゆる政治的に正しい発言がまかり通っていて、低賃金の下積み労働というような正直な表現は避けようとする。その結果が「アフリカ系黒人は基幹的な労働に従事している」といった美辞麗句《びじれいく》だ。あるいは、インド系とパキスタン系とを意図的に混同して、双方とも医療関連の仕事をしているので、犠牲者が多いと言いつくろう。

イギリスのインド系国民は、ちょうどアメリカの東アジア系と同じように、数学に極端に弱い連中ばかりの中で数学ができるので、社会的に地位が高く報酬も大きな仕事に就きやすい。だが、イスラム教徒がほぼ100パーセントのパキスタン系には、数学に強いことの恩恵はほとんど及ばない。ヘルスケア関連といっても、大部分が低賃金の重労働である介護の仕事だろう。

日本は大衆レベルの公衆衛生倫理の高さが感染致死率を下げるお手本となれ

日本政府も小池都知事も危機感をあおって人気を得ようなどというさもしい根性で緊急事態宣言とか都市封鎖とかの愚劣な政策を取らずに、希望者全員に感染検査をすべきだ。検体が不足なら、製薬会社を総動員して造らせる。もちろん、一時的に感染者数は激増するだろう。だが、それは実際に感染者が増えたのではなく、今まで感染が確認できていなかった人たちの感染を確認できたというだけの話だ。それでも欧米諸国に比べれば、はるかに低水準にとどまるし、感染者中の死亡者比率もずっと低いだろう。

今回のウイルスは「高齢の持病持ち」のあいだで被害が大きい。だからこそ日本の政治家や官僚は、高齢者の多い日本では検査数を増やすほど感染が確認された人の数が増えることを怖がっているのだろう。だが「頭隠して尻隠さず」だ。感染を隠していればいるほど、自覚症状のない感染者のごくふつうの日常行動で、感染者がだらだら増えつづけるという悪循環が止まらないのだ。「感染者がこんなに多いのか」と怖がるような人たちを怯えさせないために検査実施数を絞りこむのではなく、こんなに感染者が多くても亡くなる人はごく少数にとどまることを伝えて、安心させるために積極的に検査実施数を増やすべきだ。

また日本では高齢の持病持ちのあいだでも、亡くなる人の数は欧米より圧倒的に少ない。これは断言できる。コヴィッド-19犠牲者のほとんどが併発した肺炎や心臓病をこじらせたり、糖尿病がさらに悪化したりして亡くなっている。中でも肺炎の致死率は、じつは高齢かどうか、持病持ちかどうか一般ではなく、肥満や病的肥満かどうかが、生死を分けるポイントになる。

肥満体の人は、生きていること自体で呼吸困難になりやすい。病的肥満とは、BMIが40以上、または35以上で慢性疾患を抱えている人のことを言う。病的肥満まで進行すると、起きているときはともかく、寝るときは人工呼吸器を使わないと呼吸ができずに死んでしまう人もいるくらいだ。だからこそ肺炎を併発する可能性の高いウイルス感染をした場合、呼吸困難が生じやすいのだ。欧米ではとくに高齢者のあいだで、肥満が全体の約6〜7割、その中で病的肥満が3割近いという不健康きわまる体型の人が多い。

この人たちと比べて、高齢化しても肥満はたかだか2〜3割、病的肥満にいたってはわずか3〜4%という日本の高齢者を、同じ持病持ちとして扱うのが間違いなのだ。どんどん検査をすれば感染が確認された人の数は増えるが、犠牲者数はあまり増えないだろう。そうすると、徐々に症例致死率が本来の感染致死率に近づいていく。ますます今回のコロナ騒動は政府、自治体、マスコミが大騒ぎしているだけで、日本で犠牲者が何万人とか何十万人とかの大惨事にはならないことがわかってくる。

それ以上に重要なのは、日本国民全体として高い公衆衛生倫理を持っていることが、いかに疫病に強いかを世界に知らせるいいチャンスだということだ。何も特別なことではない。外出の後や食事の前には手を洗い、風邪を引いたらマスクをするなどの、ごくふつうの日常生活での自分の身を守り、他人に迷惑をかけない行動をちょっと念入りにやればいいだけのことだ。

これまでのところ、もっとも全数検査に近いコヴィッド-19感染検査をした人口集団は、アメリカ海軍航空母艦セオドア・ローズヴェルト号の乗組員約4800名だろう。その結果は、乗組員の約23パーセントが感染していたが、大部分は自覚症状なしか、軽症にとどまっていた。感染が確認された乗組員の致死率は約0・09パーセント、乗組員全員に対する致死率は0・02パーセントで、犠牲者の実数はたった1人だった（ウェブサイト『ゼロ・ヘッジ』、2020年5月12日のエントリーより)。

もちろん中年から初老の高級将校も一部を占めていたが、大半が若く健康な下士官や兵士たちだったから、とくに軽症者が多いという結果だったのだろう。だが間違いなく検査実施数を増やすほど、気付かないまま日常生活を続けてきた人たちの感染を確認することができ、その大多数は軽症で済む。その結果、なるべく大勢に検査を実施するほど、症例致死率は下がるのだ。

検査実施数が多ければ多いほど症例致死率は下がることを、劇的に実証しているグラフがある。108ページでご覧のとおり、約9700万人の人口を擁しながら、いまだに感染者数は300人台、感染症例中の死亡者はゼロという、ベトナムの驚異的な実績にはしっかりした理由があったのだ。4月28日の時点で、ベトナムでは1人の感染者を発見するために800人弱の検査をするほど、徹底的に検査実施数を増やしていた。そして、感染者数がほとんど横ばいになってからもさらに検査実施数を増やして、直近では感染者1人当たり約870人の検査をしている。

ベトナムが今回のコロナ騒動で犠牲者数ゼロの快挙を持続している件については、さまざまな理由が考えられる。すでにご紹介したイベルメクチンが薬局で買えることや、ツベルクリン反応が陰性の子どもたちにはBCG接種を義務づけていることも、たしかに貢献しているだろう。だが最大の理由は、検査実施件数を増やすために最大限の努力をしていることではないか。

感染検査の徹底については、自覚症状のない感染者がどんどん感染を広げることを防ぐためという目的ばかりが強調されている。だがコヴィッド-19自体の症状は、感染者の圧倒的多数が軽

感染確認者1人に対するテスト件数の倍率
2020年4月28日現在

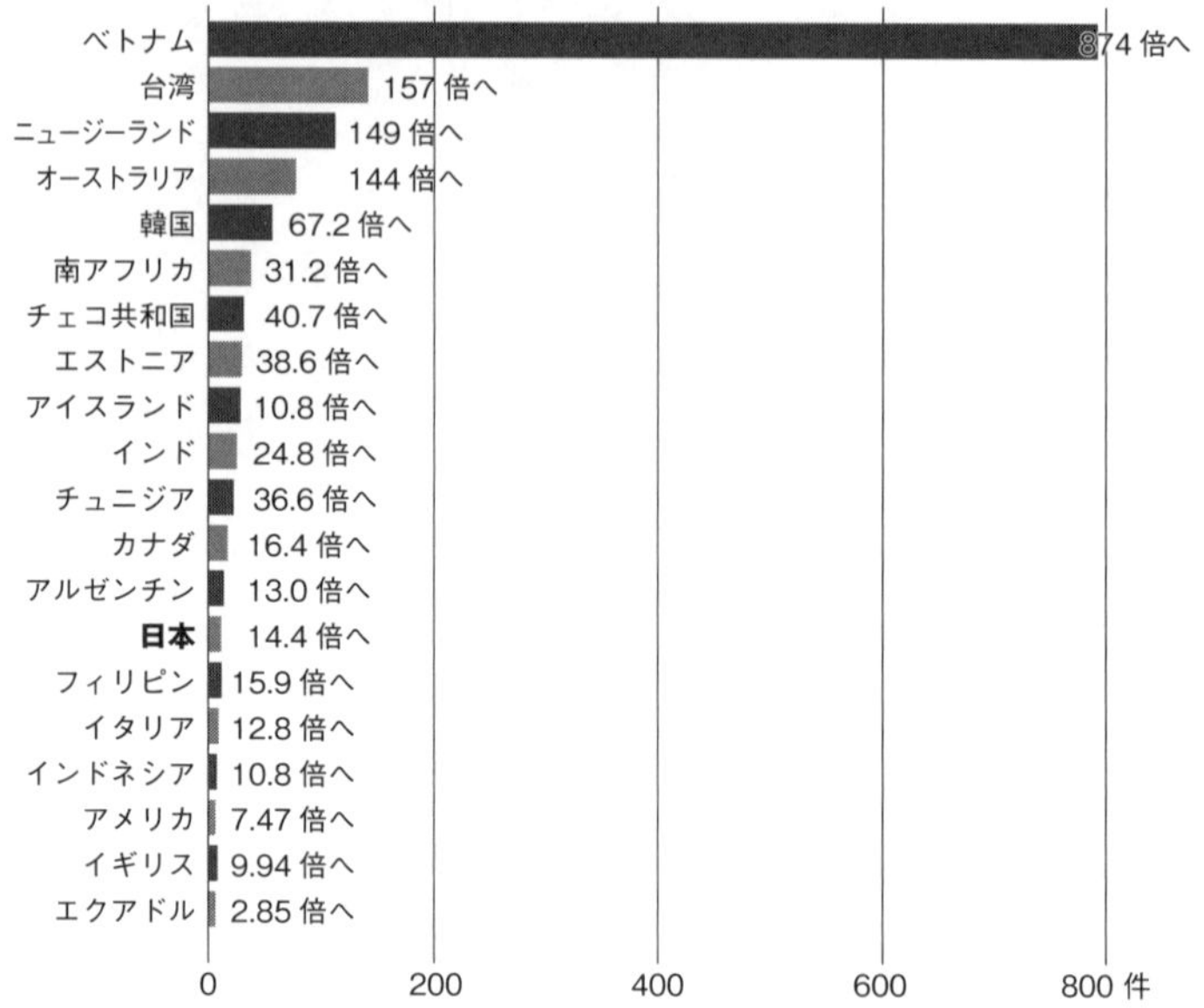

注1：グラフ中の南アフリカ、チェコ共和国、カナダ、アルゼンチン、日本、イギリス、エクアドルの数値は4月27日現在、アメリカの数値は4月26日現在、フィリピンの数値は4月25日現在。
注2：棒グラフの右端に添えた数字は、5月15日現在で各国の検査実施数の感染確認者1人に対する倍率がどう変わったかを示す。
原資料：各国公式発表をロイター通信が集計し、ロイター・グラフィックスが作図
出所：ウェブサイト『Reuters World News』、2020年4月30日のエントリーより引用

く済んでいる。ただし問題は、慢性疾患を抱えた人が感染すると、その疾患をこじらせて重篤化し、亡くなる場合もあることだ。早期検査・早期発見を徹底することの最大の利点は、感染者に慢性疾患を持った人がいたら、どんな症状が悪化しそうか早めに予測できることだ。コヴィッド-19の治療法はまだわからなくても、悪化しそうな持病の治療法は確立されているものが多い。

なぜベトナムだけが、これほど確固たる信念をもって早期大量検査を実施できたのだ

ろうか。理由の一端は過去20年ほどにわたって、東アジア・東南アジアで3～4年に一度は新型コロナウイルスの蔓延が予想されてきたことだろう。だが、そのために防疫体制が整っていたとすれば、近隣諸国にも似たような傾向が見られるはずだ。実際にはベトナム1国が突出している。

ベトナムの人たちはおくびにも出さないが、ベトナム戦争の苦い教訓が今も生きているのではないだろうか。ベトナム戦争末期に、アメリカ軍はとうてい挽回できないほど劣勢になってからも、悪あがきを続けた。毒ガス兵器、微生物兵器なども使っていた。そのころ、ベトナムの人たちは疫病の蔓延を防ぐには徹底した検査が重要だということを、身に染みてわかったのだろう。中国とのあいだが犬猿の仲となり、アメリカに頼らざるを得ない国際情勢のもとでは、正直にそう言うことはむずかしいだろうが。

このグラフの上位は、ベトナムほどではないにしても、人口100万人当たりの犠牲者数の少ない国が多い。ほぼ確実に早期大量検査の実施は、感染の蔓延だけではなく感染者の重態化を防止するためにも役立っているのだろう。そこで、先ほどの相関グラフ（76ページ）でサンプルにした60カ国を使って、感染者1人を発見するために何人に検査を実施しているかと、症例致死率の相関性も調べてみた。次ページのグラフをご覧いただきたい。

今度は、横軸に感染者1人当たりの検査実施数を対数目盛りで示し、縦軸に症例致死率、つまり感染が確認された人たちの中で何パーセントが亡くなったかを取ってある。こちらは全体とし

感染者1人当たりテスト実施数と症例致死率、5月16日現在

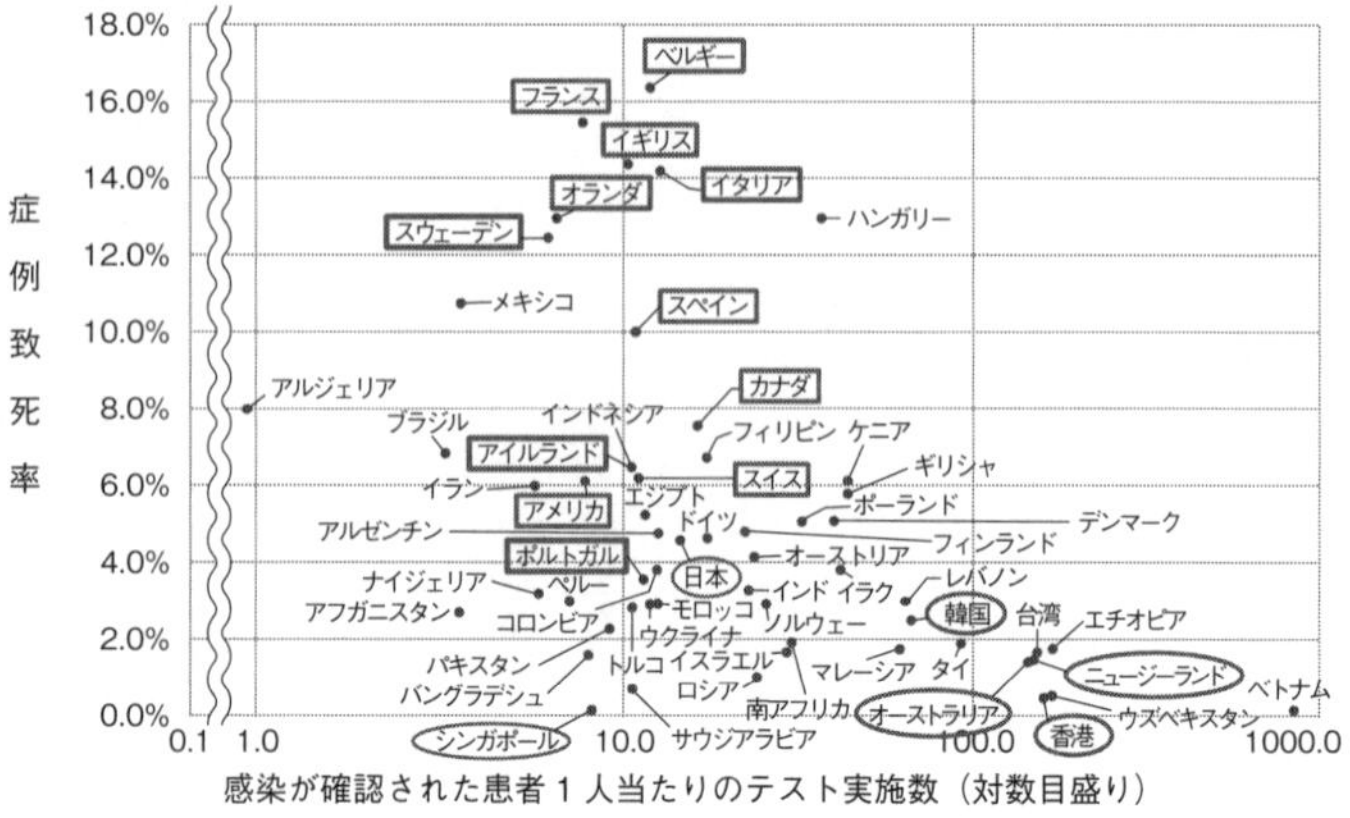

出所：人口、Covid-19による感染者数・死亡者数・テスト実施数はウェブサイト『Worldometer』、「Covid-19」、2020年5月17日グリニッジ標準時午前零時時点での数値を採用して、著者作成

て右肩下がり、つまり感染者1人当たりの検査実施数が増えるほど、症例致死率は下がる構図になっているはずだ。結果として、ほぼそのとおりに各国が配置されている。

なお、このグラフでは、先ほどの60カ国のうち中国、コンゴ民主共和国、スーダンの3カ国が、検査実施数を公表していないため、サンプルが57カ国に減っている。コンゴ民主共和国やスーダンは検査の実施も、件数の集計もきちんとやりたくてもできない情勢なのかもしれない。だが最初にクラスター感染が起きた中国が検査実施数をまったく公表していないのは、おかしい。「武漢封鎖解除後は、ほとんど新規感染者も新規犠牲者も出ていない」という公式発表とは明らかに矛盾するべら棒な数の検査が実施されていて、それを隠したいのだろうか。

2020年5月18〜19日に、WHOは予定どおり第73回「世界保健総会」を開催した。この会議で基調演説をした中国の習近平国家主席は、20億ドルの資金拠出を確約して太っ腹なところを見せた。2018〜19年の拠出額は1億ドルにも達していなかったので、様変わりの大盤振る舞いとも言える。しかし、これだけ深刻な疫病騒動のまっただ中で、感染検査の実施件数さえ公表していないのは異常だ。札束で口封じを図っていると勘ぐられても、しかたがないだろう。

四角の枠で囲ったアメリカ、カナダと西欧10カ国は、爆発的感染拡大が始まってからあわてて検査件数を増やしたので、人口100万人当たりで見ると検査件数が多くなった。だが、それでも感染者数の爆発的拡大には追いついていない。だから感染者1人当たりの検査実施件数では今もなお低水準にとどまっていて、その結果、症例致死率も高止まりしている。

だが、それ以外の国々では、感染者1人当たりの検査実施数が増えるほど症例致死率は下がる傾向を示している。これは、なるべく多くの人に検査を実施して、確認漏れの感染者数を減らしていけば、コヴィッド-19本来の致死率はかなり低いことを示唆している。たぶん季節性インフルエンザの0・1パーセントよりちょっと高めどころか、もっと低めの数値に落ち着くだろう。

とくにご注目いただきたいのは、日本と香港の好対照ぶりだ。香港は感染者1人当たりで160人に検査を実施した結果、症例致死率を0・4パーセントにまで押し下げている。感染しても1000人に4人しか亡くなっていない。これなら国民も平常どおりの生活に戻っても、大した危険はないと安心していられるだろう。

一方、日本は富裕国の中では、お恥ずかしいほど感染者1人当たりの検査実施数が少ない。たった15人弱だ。そして感染者の中でも検査をしてもらえるのは、もう重症になってしまった人が多いから、症例致死率は4・5パーセントを超えている。感染すれば100人のうち4〜5人が死ぬというのでは、やはりふだんどおりの日常生活に戻るのが怖いと思う人が多いだろう。

さいわい政府も大型連休明け直後の5月7日にやっと重い腰を上げて、検査実施指針から「37・5度以上の熱が4日間続いていること」という条項を削除することにした。遅きに失するとはこのことだが、とにかく良い方向への転換として歓迎したい。どんどん検査をすれば、感染の拡大を防ぐだけではなく、感染者の致死率を確実に下げることができるのだ。

第3章

「これは戦争だ！」「でも、第二次大戦中でさえバーは開いてたぜ」

もし微生物を使った戦争なら、コロナウイルスは兵器として絶好だ

ありとあらゆるメディアが危機意識ばかりあおり立てた結果が、第二次世界大戦のころを覚えていらっしゃるまだご存命の方々の「戦争中だってバーは開いていて、その日の憂さを晴らしたり、気分転換をしたり程度のことはできたのに、それさえできないのか」という嘆き節だ。今回の騒動が米中両国のからんだ微生物戦争だったとすれば、いったいどのくらいのシナリオが想定できるだろうか。そして、どれならありそうな話、どれは問題外と仕分けすることができるだろうか。

あさはかにも人類の指導者を自任している大国のエリートたちが、難敵ウイルスを使って自国の利益を追求しているとしよう。通常兵器での戦争でも核戦争でも同じことだが、微生物を兵器とする戦争ではとくに、どちらか一方が悪玉で、もう一方は正義の味方だという単純な決めつけは間違いのもとだ。今回の騒動も、米中どちらかが相手国を滅ぼすために仕掛けたと考えると、いろいろ不自然なことが出てくる。それよりは米中共同で日本を潰すために、あるいは高額医療を必要とする高齢者を大量死させるために仕掛けたと考えるほうが、はるかにつじつまが合う。

とにかく、先入観を捨てて、「もしこれが微生物兵器を使った大国同士の戦争だったとしたら、どんなシナリオが考えられるか」を列挙してみたい。だが、その前に微生物兵器を使うとしたら、コロナウイルスは理想的な性質を持っているというところから話を始めよう。

大別すると、ウイルスにはデオキシリボ核酸（DNA）で遺伝子を伝えるタイプと、リボ核酸（R

NA)で遺伝子を伝えるタイプがある。このデオキシというのは分子がズラズラ鎖状につながった構造の中に入っている酸素の数が、デオキシの付かないリボ核酸よりひとつ少ないことを意味する。遺伝子は、さまざまなアミノ酸がらせん状につながった長い分子複合だ。その構造を比べると、DNAはこの鎖が2本絡み合っている(二本鎖)のに対して、RNAは1本だけ(一本鎖)なので、遺伝子の構造はDNAのほうが安定しているのだ。

親世代のウイルスから子世代に遺伝子を伝えるとき、DNAウイルスはそっくり同じコピーが付いた2通の送り状で伝えるので、どこかが欠損してもコピーを参照して同じものをつくりやすい。だから、何世代も同じ構造を保ちやすい。RNAウイルスは送り状が1通しかないので、どこかで欠損が生じると、適当にそのへんにあるタンパク質やアミノ酸を見つくろって補うので変異が発生しやすい。つまり、非常に不安定なタイプだということになる。

ただ、DNAウイルスの中にもまれに一本鎖のものもあり、RNAウイルスの中にもまれに二本鎖のものもある。ウイルスの世界はほんとうに複雑怪奇だ。ここでは、私の手に負えない問題にはあまり深入りせずに、RNAウイルスは不安定で変異の頻度が高く、DNAウイルスは安定していて変異の頻度が低い程度に押さえておこう。

RNAウイルスの不安定性は、ウイルスの生き残り戦略として不利ではない。変異が起きる頻度が高いので、環境の変化にうまく適合できる変種が発生するチャンスが大きいからだ。

典型的なDNAウイルスを列挙すると、天然痘ウイルス、水疱瘡・帯状疱疹ウイルス、ヘルペスウイルスと昔からおなじみのメンバーがあまり変わり映えせず揃っている。遺伝子の送り状が2通あるので、ウイルスの性質も何世代も変わらずに維持されていることを示している。

一方、RNAウイルスのほうは、日本脳炎ウイルス、インフルエンザウイルス、麻疹（はしか）ウイルスあたりは昔からおなじみだ。しかしコロナウイルス、HIVウイルス、デングウイルス、ジカウイルス、エボラウイルスと次々に新顔も登場してくる。またインフルエンザウイルスの中でも、鳥インフルエンザウイルス、豚インフルエンザウイルスとさまざまな新種が枝分かれしている。

コロナウイルスとはRNAウイルスのうちで、宿主の体内に侵入するために野球やサッカーで使う靴のスパイクのような突起、S型タンパク質に覆われたものを呼ぶ。そのコロナウイルスの最新流行タイプがコヴィッド-19なのだ。コロナウイルスの代表的な事例を挙げておこう。2002～03年に東アジアで症例が続出したSARS（重症急性呼吸器症候群）。2012年に存在が確認され、中東と韓国、中国で症例が続出したMERS（中東呼吸器症候群）。

1970年代末ごろから未知の疫病として世界中を恐慌に陥れたエイズ（AIDS、後天性免疫不全症候群）の病原体として1983年に発見されたHIV（ヒト免疫不全ウイルス）は、コロナウイルスではない。だが大きく分ければコロナの親類筋に当たるRNA（リボ核酸）ウイルスの一種だ。なおHIV-1は、チンパンジー固有の免疫不全症候群が人間に伝播《でんぱ》したもので、全世界的に拡散し、急性で症状も重いので急速に医療体制も整った。一方、HIV-2はテナガザルの免疫不全症候群が人間に伝播したもので、症例が西アフリカに限定され、症状も緩慢なので現在にいたっても治療法は確立されていない。

近代医学は細菌やウイルスが宿主にとってやっかいな病気の原因となり、ときには死に至る健康障害を起こすことの発見から始まったと言っても過言ではない。こうした人体に深刻な害を及ぼす微生物を発見し、その被害から人体を守る方策を講ずることが研究の最優先課題だった。ただ近代医学が確立された19世紀後半以降は、34ページの大疫病ワースト20のリストに載るほどの大疫病でも古代から中世に起きた大疫病と比べると、犠牲者の数がほぼ1〜3ケタ小さくなっている。それだけ疫病の病原体や予防・治療策の研究が進んだわけだ。

戦争やかたくなな社会通念が疫病被害を深刻にする

ただし、ここに2つ顕著な例外がある。ひとつは第一次世界大戦中に、主として交戦国の若く健康な青年たちのあいだで猛威をふるったスペイン風邪だ。もうひとつは1970年代末から1980年代を通じて比較的進歩的で性的倫理も寛容になっていた人たちのあいだで大勢の犠牲者を出して、欧米先進国を震え上がらせたエイズだ。

どんな社会環境がスペイン風邪をこれほど深刻な疫病にしたのだろうか。第一次世界大戦の参戦国はほぼすべて、徴兵制によって大量の兵士を動員した。そして汽船や列車の中にその兵士たちを長時間にわたってすし詰めにして戦場に送りこみ、戦場でも塹壕戦という半拘禁状態に置いていた。接触や飛沫感染で繁殖する病原体にとって願ってもないほどの好環境だったので、犠牲者数も20世紀以降では突出した4000～5000万人に達してしまったわけだ。なお、これはやや低めの推計で、実際には1億人近い死者が出たとする説もある。

なお何がなんでもコヴィッド-19を大疫病に仕立て上げたい人たちは、「たとえ今年の夏に一時的に感染者の拡大が下火になっても、秋から冬にかけてが怖い」と主張する。「寒さの訪れとともに第二次の急拡大があって、そちらのほうが規模は大きい」とか、「第一次で被害が小さく済んだところほど、第二次の被害は大きい」と危機感をあおるのだ。彼らの論拠は、インフルエンザは毎年秋から冬に流行するという一般論をのぞけば、たった1枚のグラフに尽きると言っても過言ではない。

このグラフを見せて第二次拡大のほうが怖いという人たちが、意図的に恐怖心をあおろうとしているだけなら、むしろまだマシだ。本気でそう思っているなら、数字を見てもその数字の意味がわからない、思考力の非常に低い人だと自分から暴露しているからだ。1918年6月末から1919年4月末とはどんな時代だったか、考えてみようともしないのだろう。

1917年4月にアメリカが英仏露の協商国側に立って参戦してから、一時戦局は大きく協商国側に有利に傾いた。だが、同じ1917年の10月革命で成立したロシアの共産主義政権がドイツとの単独講和を目指すようになって、独墺《どくおう》の枢軸国側に巻き返しの機運も見られた。

1917年末から18年初めにかけての冬は、戦場では厳寒の中での塹壕戦、外交ではドイツと

スペイン風邪の人口1000人当たり犠牲者数推移
1918年6月末〜1919年4月末

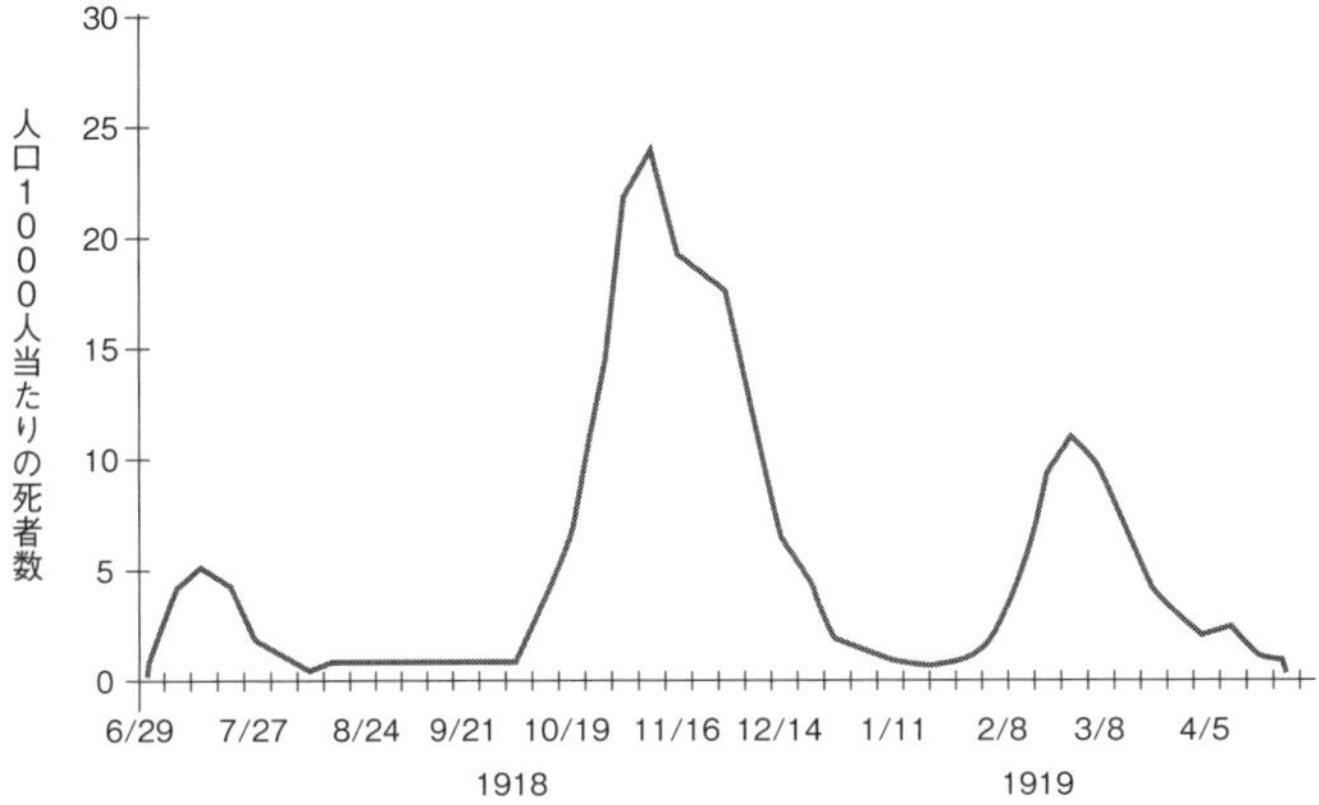

原資料：アメリカ疾病予防管理センター（CDC）
出所：ウェブサイト『Zero Hedge』、2020年4月8日のエントリーより引用

ロシア間で単独講和が成立してロシアが戦線から離脱したら、戦局がどう変わるのかをめぐる虚々実々の神経戦が展開されていた。

まさにその1918年冬、北米大平原のほぼまん中、カンザス州フォートライリーの駐屯地に召集された若く健康な兵士たちのあいだで、異常に症状の深刻なインフルエンザが流行した。この時点で、フォートライリーに集結した部隊だけでもヨーロッパ戦線に送らなければ、第一次世界大戦はあれほど悲惨な戦いにならなかっただろう。だが彼らはヨーロッパの戦場へと送りこまれた。

春先には、まだこの新種のインフルエンザ、スペイン風邪の深刻さがわかっていなかった。塹壕戦や野戦病院の密集の中で感染者も死者も激増したが、7月半ばごろまではインフルエンザの犠牲者数は比較的正直に公表されていた。

だがドイツ軍が第二次マルヌ攻防戦で結局は西部戦線最後の攻勢に出るころから、協商国側でも枢軸国側でも感染者数、死者数は明らかに利敵情報として統制された形跡が濃厚だ。8月下旬から10月半ばまでの不自然に均一な1000人当たり1人弱の犠牲者数は、この情報統制のたまものだろう。

9月中旬にドイツ軍西部戦線守りのかなめ、ヒンデンブルク線を協商国軍が突破し、10月初めにイギリス軍がダマスカスに入城したころ、ほぼ勝負はついていた。このあとから交戦国でも、巻き添えになった中立国でも、前線での勝った負けたより、猛威をふるうスペイン風邪の犠牲者数がセンセーショナルに報道されるようになる。10月20日には、ドイツ海軍が潜水艦による無差別攻撃を停止する。そして11月11日に全面休戦が実現する。戦時検閲から解放された各国の新聞紙面では、スペイン風邪の被害状況のほうが大見出しとなる。

つまり10月下旬には交戦国でも検閲がかなり弛緩《しかん》していたし、11月11日には検閲が解かれたことが、10月から11月にかけてのスペイン風邪犠牲者激増の最大の理由なのだ。また、初夏の第一次ピークで被害が少なかった地域のほうが、第二次ピークでの被害は大きかったというのも、理由は同じことだ。軍紀の乱れを気にして感染者数・死者数を早くから内輪の数字で公表していた地域ほど、野放し状態の感染者が多く存在した。正直な数字が集計されるようになったとき、それまでの積み残しが表面化したはずだ。

コヴィッド-19がインフルエンザ系の感染症であるかぎり、秋から冬にかけて流行が再燃する可能性はある。だが、スペイン風邪の感染者数グラフだけを頼りに、第2波は第1波より深刻だという主張は危機感をあおることを目的とした、ためにする議論の可能性が高い。

エイズは、単純に性的な放縦さが招いた疫病だったとする見解も、いまだに見受けられる。たしかにこの流行がピークに達した1980年代には、アメリカや西欧諸国で従来なら法律で処罰されたり、社会的な指弾を受けたりしていた性的マイノリティの存在が少なくとも表面的には認知され、許容されるようになっていた。だが実際にはアメリカや西欧諸国でも、自分が同性愛者という性的マイノリティに属することをカミングアウトすれば、キリスト教保守派などから反道徳的な人間というレッテルを貼られることが多かった。

この要因も大きく影響して、エイズの犠牲者数も約2500～3500万人の範囲に達したと推計されている。とくに男性のあいだで、エイズ検診を受けることは自分が性的マイノリティに属していることを認めるに等しく、それによって受けるであろう社会的制裁が怖いので受けられないという心理がかなり深刻だったと思われる。往年のハリウッドスターの中でもとくに体格が良く、典型的な二枚目俳優だったロック・ハドソンや、クイーンのリードボーカル、フレディー・マーキュリーでさえ、もう少し検査を受けるのが早ければ助かっていたかもしれない。

1980年代、人類はどんどん開明的になり、多様性に寛容になるといった単純な進歩派史観に陰りが見え、保守派が勢いを盛り返した時期だった。この点に関しては、よくソ連東欧圏の内部崩壊が大きく影響していると言われる。だが、そもそもソ連東欧圏がアメリカ西欧圏に比べて寛容で進歩的だったかというと、はなはだ疑問だ。むしろエイズ禍が「人類はどんどん明るく豊かになっていく」という進歩派史観に対する信頼感を揺るがしたことの影響のほうが大きいのではないだろうか。

「抗生物質が人類対微生物の休戦をもたらした」説の致命的誤り

ただ、20世紀にいたってもスペイン風邪、エイズという多くの犠牲者を出した感染症の大流行があったにもかかわらず、20世紀末から21世紀初頭にかけて欧米の微生物学者たちの見解はあまりにも楽観的だった。医療ジャーナリストのアランナ・コリンは「二一世紀は、微生物との戦いがいわば休戦状態になっている。予防接種、抗生物質、水質浄化、医療現場の衛生習慣で感染症を抑え込めるようになり、私たちはもはや感染症の発生に脅かされることはなくなった」（コリン、48ページ）とまで断言している。

だが感染症との戦いでひときわ貢献度が高かった抗生物質は、原則としてウイルスには効かないことは、すでにご紹介したとおりだ。抗生物質のほとんどは、細菌の細胞膜を突破して繁殖能力を破壊したり、宿主の体内で複製した細菌がその体外に出ることを阻止したりする効能がある。だが、そもそも細胞を形成していないウイルスには突破すべき細胞膜がないからだ。大疫病ワースト20を見ても、現代に近づくほど細菌性よりウイルス性の疫病のほうが多くなっている。アランナ・コリンの「休戦宣言」はあまりにも時期尚早だったのではないだろうか。

コヴィッド-19がイタリア、スペイン、アメリカなどですさまじいペースで感染者、死者を増やすまでは、欧米人のあいだにウイルス性感染症は、清潔で近代的な医療制度の整った「文明国」で大きな被害は出ないという思いこみがあったような気がする。その一因となったのがウイルスはあまりにも小さく軽いので、ほとんどの病原ウイルスはタンやつばや鼻水などの飛沫に乗った状態でなければ感染しないし、飛沫感染も約2メートルの「社会的距離」を保てばほぼ完全に防げるものが多いという経験則だった。

スペイン風邪は、戦争で狭い空間に封じこめられた人たちのあいだで蔓延した。エイズは、性的な接触の機会が多い人たち、白血病で定期的に輸血を必要とする人たちなどの「特殊な条件」のもとで多数の感染者を出した。だが「ふつうの暮らし」をしている人たちは、「特殊な」人たちとの接触さえ避ければ、大丈夫だと思いこんでいたわけだ。

さらに第二次世界大戦後に流行したウイルス性感染症のうちで被害が大きかったのは、エイズ以外ほとんど全部東アジアから中東までの諸国だった。このことも、欧米人にとっては「ウイルス感染症なんか怖くない」の思いこみを強化してしまったのだろう。この地理的な特徴が偶然だったのか、意図的にもたらされたものかの判断が、のちに米中で微生物兵器開発に関する協力と競争の関係にも、微妙な影響を与えているフシが見受けられる。

現代にいたっても、欧米の知識人たちが人口稠密《ちゅうみつ》なアジアの大都市と聞いて思い浮かべるのは、往々にしてインドのコルカタやムンバイのスラム街だとか、取り壊し前の香港九竜城だとかのすさまじい狭さの中に人があふれかえる情景だ。その一方で、欧米の人たちは日常的なあいさつとして初対面から、握手やハグ、ときにはキスまでしているので、飛沫感染どころか接触感染の危険も、こうした生活習慣がない東アジアの人たちより高いことは都合よく忘れ去っている。また、東アジア圏やイスラム圏の人たちのあいだでは、食事やお祈りの前、小用の後に手を洗う習慣が普及しているが、欧米人のとくに男性にはほとんどこうした習慣がない。

コロナウイルス一般と、今回コヴィッド-19と命名された新型コロナウイルスに関する主要な動きを、「テロとの戦争」の展開ともからめて計5枚の年表にまとめておいた。最初の4枚は日付順だ。5枚目はビル・ゲイツとビル&メリンダ・ゲイツ財団の動きに焦点を絞ってあるが、論旨の都合により次章で紹介する。

なんと言っても気がかりなのは、1956年という中国共産党による中国本土の統一からまだ間もない時期に創設されていた武漢ウイルス学研究所の動向だ。かなり大ざっぱな推計ながら100~300万人の犠牲者を出したとされているアジア風邪の勃発と、ほぼ同時に設立されている。アジア風邪が西側諸国の微生物兵器によって引き起こされた可能性に危機感を覚えて、緊急課題として当時の中国共産党首脳部が設立した研究機関なのかもしれない。

ただ、その後中ソ間の対立が激化するとともに、冷戦の主要敵をソ連東欧圏と考えていたアメリカは、この主要敵を叩くために中国に急接近する。そして1972年のニクソン大統領訪中以

テロと微生物戦争関連年表1　的確な予測か?

1956年	中国湖北省**武漢にウイルス学研究所が設立**される。
1977年~	おそらく旧ソ連**微生物兵器研究所**から流出した**H1N1型豚インフルエンザウイルス**が**旧ソ連領内**に**蔓延**。季節性インフルエンザは乳幼児や高齢者に深刻な被害を出すが、これは**青年から40代に感染者が多かった**。
1980年代~	のちに**DARPA**(高等国防計画局)から「**疫病防止要綱**(Pandemic Prevention Platform :P3)」の研究委託を受ける米**デューク大学**と中国**武漢大学**が緊密な**協力関係を構築**。
1994年	オーストラリアで、世界初の発見としてコウモリを宿主とし、人畜に被害を与える**病原体、ヘンドラウイルスが発見**され、のちに**ヘニパウイルス**と総称されるウイルスの**研究が始まる**。同種の**ニパウイルス**はその後**マレーシア、バングラデシュ、インドで数百名の犠牲者**を出す。
1999年9月	北アメリカ航空宇宙防衛司令部(NORAD)が**ハイジャックされた旅客機による国際貿易センタービル激突を想定した軍事演習を実施**。
2000年9月	ネオコン中心の**「アメリカの防衛再建(RAD)計画」**が発表された。趣旨は「冷戦は2極構造だったが、**21世紀はアメリカを唯一の超大国とする1極構造**になるので、**アメリカの防衛を強化しなければならない**」という、**NATO対ワルシャワ条約機構**の対立は**八百長**だったと考えなければ支離滅裂なもの。
2000年10月	同じくNORADが**ハイジャック機がペンタゴンに激突**し341名の死者を出したとの想定で**軍事演習を実施**。
2001年7月	NORADが翌2002年6月実施の予定で**民間航空機と米海軍兵員輸送機計2機が**アラスカ州アンカレッジとカナダ・バンクーバーの標的に**自爆テロを図るところを乗客の協力で鎮圧**という**軍事演習を立案**。
2001年9月11日	アルカーイダ所属とみられるテロ実行犯19名が、**民間航空機4機をハイジャックし**、2機は**国際貿易センタービル2棟**に激突、**1機はペンタゴンを一部破損し自爆**、1機はペンシルバニア州シャンクスビルの**草原に墜落。計約3000名の犠牲者を出す**。
2001年9月18日以降の数週間	**ペンタゴン**など数カ所宛に**炭疽菌を封入した手紙が送られ、5人の犠牲者**と17人の感染者を出す。
2002年11月~2004年	新型コロナウイルスによる**SARS**(重症急性呼吸器症候群)**が中国中心にアジア諸国で流行**。※

※のち(2020年1月20日)に中国人研究者6名が「東アジア系の男性1名の肺細胞が他の臓器移植用に肺を提供した白人・黒人男女7名よりはるかに多くのACE-2レセプター細胞を持っていた」とする論文を『ウィルス学ジャーナル』誌に投稿。

降は親中国路線を推進し、ついには国連の常任理事国の座も中華人民共和国に譲り渡して、中華民国＝台湾を国連から追放するところまで中国との提携を強める。あのインターネット開発の元締めとなったアメリカ高等国防計画局（ＤＡＲＰＡ）から２０１７年に「疫病防止要綱」の研究を受託するデューク大学と、武漢大学のあいだに緊密な協力関係が結ばれたのは、１９８０年代のことだった。

中国では微生物研究といえば武漢という定評があって、その国家重点大学である武漢大学とデューク大学には長年の交流があった。２０１３年には、両大学と江蘇州崑山市の３者が共同でデューク崑山大学を設立している。あとでくわしく見るように、アメリカと中国は微生物研究の分野で、かなり長期間にわたる協力関係を築いてきた。両国の長年の協力関係を考えると、相互に研究材料を提供しあって、ライバルとして研究成果を競ううちに暴走した結果が、今回のコロナウイルス騒動ではないのかという疑問も湧いてくる。だが、あまり結論を急がずに、年代を追ってチェックしていこう。

１９９４年にオーストラリアと東南アジアで、のちにヘニパウイルスと総称されるウイルスの一群が発見されたという項目がある。その下には、６項目にわたって２００１年９月11日のハイジャックした旅客機を使った同時多発自爆テロ事件関連の記事が続く。場違いな感じを抱く読者もいらっしゃるだろうが、事件のピークにいたる経緯が今回のコロナウイルス騒動と非常によく似ているのだ。

「テロとの戦争」と微生物戦争には不気味な共通点がある

もう20年近く前の話になってしまったが、9・11事件の印象は今も鮮烈に記憶に残っている。当時、某外資系証券会社のアナリストをしていた私は、年に2~3回のアメリカの顧客回りで、前日はニューヨークで投資顧問会社などを5~6カ所訪ね、そのうちひとつは翌日の自爆テロで崩壊することになる国際貿易センタービルだった。その夜モントリオールに入り、一夜明けてルームサービスで朝食をとっていたホテルのテレビ画面に、信じられないような光景が映し出されていた。昨日訪ねたばかりの国際貿易センタービルが、ジェット旅客機の体当たり攻撃で崩れ去ろうとしている。

当然、当日のミーティングは全部キャンセルになり、次の目的地トロントに向かおうとしたのだが、旅客便は全部運航停止で結局5~6日足止めを食わされたと思う。仕方なく、テレビニュースを見たり、新聞を読んだりして暇をつぶしていた。どの報道を見ても「これほどすさまじい狂気の行動に出るテロリスト集団が現れるとは、政府高官もCIAもFBIも、まったく想定していなかった。虚を突かれて組織的な対応ができなかった」という論調一色に染まっていた。

だが、あとから調べてみると、まるで推理小説作家が巧妙に伏線を張るように、このクライマックスに向けて着々と準備が進んでいた、としか思えない軍事演習が重ねられていた。そもそも、アメリカ連邦政府はまさにこういう自爆テロに備えて、それを事前に防ぐか、最小限の被害で封じこめることを任務とした、北アメリカ航空宇宙防衛司令部(NORAD)という組織をすでに設立していた。すでにどころか、その創設は1957年となっていて、武漢ウイルス学研究所とほぼ同時期だ。

NORADは9・11事件のちょうど2年前に当たる1999年9月に、ハイジャックされた民間旅客機が国際貿易センタービルに突っこむという想定の演習をしていた。翌2000年10月には同じくハイジャック機がペンタゴンに突っこみ、300人を超える犠牲者を出すという演習もした。そして事件の2カ月前には西海岸で、民間機と米海軍兵員輸送機がそれぞれ、アラスカ州アンカレッジと、カナダのバンクーバーの標的に突っこませようとするテロリスト集団に乗っ取られたが、乗客の協力によって取り押さえるという演習計画を策定し、翌年2002年6月に実施する予定となっていた。

これだけ短期間のうちに、すぐ後で起きるテロ事件と酷似したテロ対策演習を次々に行っていたのだ。こんなことが完全な偶然で起きるものだろうか。いくらなんでも事件全体がアメリカ政府の自作自演ではないだろう。3000人を超える犠牲者というあまりにも大きな代償を払ってまで、こんな暴挙を実行してしまうほどの利点があったとは、とうてい思えないからだ。ただ、もう少し小規模にとどまってくれることは願っていただろうが、こんな事件が起きてほしいという切実な要求が、アメリカの軍産複合体にあったことは間違いない。

これまでずっと莫大な費用で軍備を強化しつづけてきたアメリカ国防関係者にとって、1990年代初頭でソ連東欧圏が消滅してしまったことは、大きな痛手だった。強大な軍事力を正当化

郵便はがき

料金受取人払郵便

牛込局承認

9410

差出有効期間
2021年10月
31日まで
切手はいりません

162-8790

東京都新宿区矢来町114番地
神楽坂高橋ビル5F

株式会社ビジネス社

愛読者係 行

ご住所　〒 TEL：　（　　）　FAX：　（　　）		
フリガナ お名前	年齢	性別 男・女
ご職業	メールアドレスまたはFAX メールまたはFAXによる新刊案内をご希望の方は、ご記入下さい。	
お買い上げ日・書店名 年　月　日	市区 町村	書店

ご購読ありがとうございました。今後の出版企画の参考に
致したいと存じますので、ぜひご意見をお聞かせください。

書籍名

お買い求めの動機

1　書店で見て　2　新聞広告（紙名　　　　　　　）

3　書評・新刊紹介（掲載紙名　　　　　　　）

4　知人・同僚のすすめ　5　上司、先生のすすめ　6　その他

本書の装幀（カバー），デザインなどに関するご感想

1　洒落ていた　2　めだっていた　3　タイトルがよい

4　まあまあ　5　よくない　6　その他(　　　　　　　)

本書の定価についてご意見をお聞かせください

1　高い　2　安い　3　手ごろ　4　その他(　　　　　　　)

本書についてご意見をお聞かせください

どんな出版をご希望ですか（著者、テーマなど）

する仮想敵国が、突然地上から消え去ってしまったからだ。だからこそネオコン系のシンクタンク、アメリカ新世紀プロジェクトが「ソ連東欧圏が消滅して、世界が二極構造から一極構造に変わったので、アメリカの国防力はさらに強化しなければならない」という『アメリカの防衛再建計画』を公表した。その彼らのテコ入れによってジョージ・W・ブッシュがクリントン政権の副大統領だったアル・ゴアに僅差で勝って、第43代の大統領になったわけだ。

　かりに、アメリカ資本主義の本拠地を衝《つ》きたいと考えているテロリスト集団がいたとしよう。その存在をかぎつけた諜報機関のアドバイスで、「誘いのスキ」を見せてテロリスト集団を一網打尽にする作戦が立案された。アメリカ国民がテロリスト集団の脅威を身にしみて感じる程度には暴れさせておいて、その後の国防予算の獲得に大いに役立てようという思惑だ。実際にはテロリスト集団のほうが一枚上手で、誘いのスキに乗って大変な成果を挙げてしまった。そうなったら、誘いのスキを与えた側としては、責任を取らされるのを避けるために「まったく想定外の事件だった」と言い張るしかないだろう。

　今回のコロナウイルス騒動にしても、同じような印象を受ける。実際にコヴィッド-19をばら撒いて感染者を増やそうとまでした陰謀家は、おそらくいなかっただろう。とはいえ、疫病騒ぎの勃発を心待ちにして着々と準備していた人たちがいたことには、疑問の余地がなさそうだ。どのように着々と準備を進めていたかは、年表を追って見ていくが、このへんで1枚目の年表最後の項目、ＳＡＲＳが世界中の医師、疫学者、微生物学者に与えた衝撃をふり返っておこう。

SARSこそコロナウイルス騒動の原点だった

今回のコヴィッド-19で大ブレークしたコロナウイルスの存在は、1960年代には感染症専門医のあいだでは認知されていた。だが基本的にふつうの風邪程度の穏やかな症状しか起こさないとして、あまり注目されていなかった。

季節性インフルエンザも、コロナウイルスと同類のRNAウイルスが病原体だ。インフルエンザの代表的な症状は、咳、くしゃみ、発熱、鼻詰まり、鼻水、のどの痛み、筋肉痛、関節痛といったところだ。たいていの場合、特に治療をしなくても5〜10日ぐらいで自然治癒する。だからインフルエンザウイルスも、深刻な疫病をもたらす病原体とは考えられていなかった。

コロナウイルスとは、RNAウイルスのうちで、宿主の体内に侵入するために野球やサッカーで使う靴のスパイクのような突起、S型タンパク質に覆われたものを呼ぶ。コロナウイルスが、疫学や公衆衛生の分野で大きな関心を惹くようになったきっかけは、年表1の最終項目、SARSの蔓延だった。そのコロナウイルスの最新流行タイプが、コヴィッド-19なのだ。

コロナウイルスの代表的な事例を挙げておこう。2002〜03年に東アジアに集中して症例が出たSARS（重症急性呼吸器症候群）。2012年に存在が確認され、中東と韓国、中国で症例が続出したMERS（中東呼吸器症候群）。医学・医療サイトであるメディカル・トリビューンが2014年に公開した『ウイルスを知る』という啓蒙的な資料では、コロナウイルス科に属すのは、この2つしか取り上げていなかった。インフルエンザ系がすべて属しているオルソミクソウイルス科とか、デング熱、日本脳炎、黄熱病、C型肝炎といったつわもの揃いのフラビウイルス科に比べると、いかにも地味な扱いだった。

1970年代末ごろから未知の疫病として世界中を恐慌に陥れたエイズの病原体として1983年に発見されたHIV（ヒト免疫不全ウイルス）は、コロナウイルスではない。だが大きく分ければコロナの親類筋であることは、すでにご紹介した。

コロナ系の病原ウイルスは、いずれもS型タンパク質が動物やヒトの表面に存在するACE2（Angiotensin-Converting Enzyme、アンジオテンシン変換酵素2）レセプターという受け皿に付着して体内に侵入し、いったん自分は宿主の中に溶解して、自分の複製を製造する工場を宿主の体内で形成し、複製したウイルスを外部に放出することによって伝染する。人体に侵入してから複製工場を稼働させるまでが、潜伏期間となる。

51ページの「主要感染症の伝染性と致死率比較」グラフをご覧いただくと、SARSがいかに深刻な脅威と考えられたかがわかる。感染致死率は第一次世界大戦末期に大流行したスペイン風邪とほぼ同じ約10パーセント、再生産数、つまりひとりの感染者が何人の新規感染者を生むかの数字は、スペイン風邪が2・1ぐらいなのに対して、2・7となっている。すさまじい被害が出ると予想されたが、結果的にはっきりSARSが原因で死亡したと記録されている人数は1000人未満にとどまった。

SARSは初期症状としては、ふつうのインフルエンザに似ているが、肺炎を併発しやすく、しかもその肺炎が急激に重篤化する傾向があった。そのため季節性インフルエンザの0・1パーセントの100倍に当たる、約10パーセントの致死率と推定されたわけだ。2003年12月31日時点では中国全土で8096人の患者中、774人が亡くなっていた。ほぼ推定どおりの数字だ。それとも、この感染事例と犠牲者数から、感染致死率を推計したのだろうか。

SARSがごく狭い地域内の流行にとどまった理由は、いくつか考えられる。第一次世界大戦当時に比べて、世界中で暮らし向きはかなり豊かになっている。少なくとも先進国と東アジア新興国では栄養不良による免疫不全より、栄養過剰による健康障害のほうが深刻な時代になってきた。清潔な生活習慣を育てるだけの経済的余裕のある国が増えている。生活環境も大戦争のまっただ中に比べれば、はるかに良好だ。

だが最大の理由は、インフルエンザ類似の感染症に共通の特徴として、それ自体が死に至る重症となることはめったになく、さまざまな病気を併発したり、もとから抱えていた慢性疾患が重症化したりして亡くなる人が多いことではないだろうか。また感染者を迅速に隔離し、院内感染以外は感染の広がりを早期に遮断できたことも、大疫病に発展しなかった理由だ。それと同時に感染者の約2割に当たるおそらく肺炎を併発しやすい体質の人たちが重症化した以外は、ほとんどの患者が軽症で済んでいたことも大きいのではないか。

とにかくコヴィッド-19の感染致死率は、ほぼ確実にSARSよりずっと低い。だから新種のコロナウイルスだと確認された直後に、感染者の完全隔離ができていれば、ここまで大きな疫病に発展することはなかったと思われる。今回の大騒動をめぐる最大の謎も、そこにある。

2019年の早ければ10月、遅くとも12月には武漢で大クラスター感染が起きていたにもかかわらず、翌2020年1月、中国の習近平国家主席は、WHOのテドロス事務局長にこのコヴィッド-19が疫病《パンデミック》だという認定を1カ月待って欲しいと頼みこんだ。中国がアフリカ諸国の票をとりまとめてくれたからこそ事務局長になれたテドロスは、この非常に危険な申し出を受け容れた。

じつは2002〜03年のSARSのときも、中国政府からWHOへの疫病発生報告は2〜3カ月遅れていた。ただSARSの際には、WHOへの報告は遅れても、広東省仏山市で最初の症例が発見されてからの現場の対応は迅速で、結局患者のほとんどは広東省と隣接の香港特別行政区にとどまり、結局犠牲者の総数も1000人未満で済んだ。

今回は、たんにWHOに疫病発生の公式声明を1カ月待たせただけではなく、発生源と目される武漢市内での対応もかなり遅かった。そこから、あとで説明するように「これは中国が開発した二段階生物兵器で、初期には軽症で伝染性も弱いが、感染が拡大するにつれて症状も重く、伝染性も強いものに変異するタイプではないか」といった憶測も流れたわけだ。

私には、習近平の地位が身内であるはずの中国人民にかなりの犠牲者を出しても積極的に微生物兵器を実用化するほど安泰だとは思えない。2018年に自分で国家主席の就任期間の制限を取り払って事実上の永世主席になったのは、決して強さの表現ではなく、弱さの表現だろう。もし共産党官僚、国家官僚を完全に掌握して、自由に操れるほどの権力を持っているとしたら、まったく不要の冒険だからだ。永世国家主席に成り上がることによって、習近平は跡目を争うライバルたちに、「あいつの寝首を掻かなければオレの出番はない」と思わせてしまったのだ。

だからこそ潜在的批判派に「国家主席の首をすげ替えなければいけない」と思わせるような失政は許されない。そこでSARSのときも大丈夫だったから、今回もなんとかなるだろうと思って、WHOの公式発表を1カ月遅らせたり、武漢市内の防疫体制強化も目立たないようにやったりしたのだろう。だがSARSのグラウンドゼロとなった仏山市が広東省の中でも人口600万人弱の中国基準でいえば中規模地方都市だったのに比べて、武漢市は湖北省の省都で人口も1000万人を超える大都市だ。目立たない程度の防疫体制では、感染の爆発的な拡大を防げなかったというのが真相ではないか。

なお2020年1月20日に、中国人研究者6名が「臓器移植用に提供した合計8人の肺の細胞調査をしたところ、東アジア系の男性1名の肺細胞が他の白人・黒人男女7名よりはるかに多くのACE2レセプター細胞を持っていた」とする論文を『ウイルス学ジャーナル』誌に投稿していた。中国内ではコヴィッド-19が深刻な疫病に発展することが確実視されていたが、世界的にはあまり注目されていなかった時期のことだ。

今にして思うと、当然出て来るであろう微生物兵器説に対して、予防線を張った論文だった可能性が高い。つまり、のちに世界的流行になった場合、中国が発生源として非難されることを予期して、「もしこれが微生物兵器だったとしたら、中国は攻撃を仕掛けた側ではなく被害を受けた側だ」という主張ではなかっただろうか。

2003年初頭には、SARS騒動は終息していた。当時の国際情勢で最大の注目を集めたのは、「イラク軍が大量殺戮《さつりく》兵器を実戦配備している」と主張する子ブッシュ大統領のもと、アメリカを中心とする有志軍がいつイラクに攻めこむかという話題だった。そして2003〜13年の重要事項をまとめた関連年表2で最初の項目が示すとおり、3月には米軍中心の有志軍によって、国連決議という大義名分のない「フセイン討伐戦争」が始まった（次ページの関連年表2参照）。

この第二次湾岸戦争に比べれば、SARSはあまり一般の関心を惹かなかった。だが狭い地域内とはいえ、かなり急速に蔓延したので、2003年ごろから世界各地でSARSの病原ウイルスに似たウイルスを発見するための研究競争が勃発した。とくにSARS蔓延の中心地となった中国では、早くも2003年にキクガシラコウモリというコウモリを宿主とするSARS類似ウイルスが発見された。この時点では疑似SARSウイルスのS型タンパク質は、人体のACE2レセプターに付着する能力はないと断定されていた。

コヴィッド-19は微生物兵器だろうか?

2007年には、武漢ウイルス学研究所内に中国人とオーストラリア人の混成部隊でSARSウイルス、SARS類似ウイルス、HIV-1に関する研究センターが設立された。そして同年12月には早くも「コウモリを宿主とするSARS類似ウイルスの中で、SARSウイルスやHI

テロと微生物戦争関連年表2　自作自演か?

2003年 3〜4月	**炭疽菌攻撃を口実として、米英中心の有志軍がイラクに侵攻**し、サダム・フセイン政権を倒し、占領下の後継政権のもとでの裁判によって**フセインに対する死刑執行**（2006年12月）を招く。
2003年	世界各地で、SARS類似のコロナウイルス発見競争が進展し、**中国でもキクガシラコウモリをホストとするSARS類似ウイルス**が**発見**された。だが、**このウイルスはヒトのACE2**（Angiotensin-Converting Enzyme 2）に**付着して人体に侵入する能力がない**とされていた。
2007年	中国とオーストラリアの疫病学者たちが1956年創設の**武漢ウイルス学研究所内にSARS、同類似コロナウイルス、HIV-1の研究センターを設立。**
2007年 12月	武漢ウイルス学研究所から、**「SARS類似のコウモリをホストとするコロナウイルス**の中に、**SARSコロナウイルスやHIVシュードウイルス（pseudovirus）**との接触によって**ヒト**、コウモリ、ジャコウネコ**のACE2レセプターに付着する能力を持つ新種が出現した」**という**研究結果が発表**された。なお、この研究にはS（スパイク）型プロテインを破壊すると、SARSコロナウイルスもACE2レセプターに付着する能力を失うという観察が注記されていた。American Society for Microbiology、『Journal of Virology』にて2007年12月12日刊行
2009年 4月7日	同研究所は「SARS類似のコロナウイルスは自力でSARSコロナウイルスのようなACE2付着能力を持つことはない」と予測し、SARS類似コロナウイルスをHIVエンベロープに包みこむ実験に成功し、この **SARS類似ウイルスは**、SARSコロナウイルス同様に**ACE2付着能力を得て、コウモリの体内に侵入**した。※
2010年 6月	**アメリカ空軍**が**『生物テクノロジー：遺伝子工学によってつくり出す病原体』論文を公刊**。本文には**「二段階生物兵器」**、**「ステルスウイルス」**、**「宿主交換型疾病」**、**「デザイナー遺伝子病」**などが**列挙されている。**
2012年 6月13日	60歳の**サウジアラビア人が**、7日間続く発熱と咳、たん、息切れの症状でジェッダの病院に入院。検査の結果、患者は**2002〜03年のうちに終息したはずのSARSに感染している**と診断された。
2012年 9月〜現在	中東でヒトコブラクダが感染源とみられる呼吸器疾患**MERSが流行**、中東諸国で多くの借款付きビッグプロジェクトを展開する**中国・韓国**にも波及。**SARSとはウイルスが違い、治療法未確立。**
2013年 5月4日	前年発病したサウジアラビアの患者から採取した**SARSコロナウイルス**が、ロッテルダムのエラスムス医療センターのロン・フーチェール教授経由で、カナダ、**ウィニペグ州の国立微生物研究所に搬入された。**

※医師や微生物研究者のあいだから「機能獲得」リサーチ禁止を求める運動が起きている。

Vシュードウイルスとの接触によってコウモリだけではなく、ヒトやジャコウネコのACE2レセプターにも付着する能力を持つようになったS型タンパク質を発見した」という研究成果の発表にこぎつけている。シュードウイルスというのは、ウイルス全体を包むエンベロープ（封筒）タンパク質を本来のものから、他のウイルスのものに置き換えることによって、毒性や伝染性を弱めて実験に使いやすくしたウイルスのことだ。

武漢ウイルス学研究所が今回のコヴィッド-19蔓延に果たしたかもしれない役割について、ネット空間で「根も葉もないデマ」だとか「フェイクニュースだ」という論調の記事が続出した。だが2007年12月の研究成果に関する論文は、この研究センターがアメリカ微生物学会の『ウイルス学ジャーナル』という由緒ある学術誌にピアー（同じ分野専攻の学者集団）査読を経て寄稿しているのだ。

さらに2009年には同研究センターが「SARS類似のコロナウイルスは、自力でSARSコロナウイルスのようなACE2付着能力を持つことはないであろう」と予測していた。またSARS類似のコロナウイルスをHIVウイルスのエンベロープに包みこむ実験に着手したこと、この実験によってSARS類似のコロナウイルスがSARSコロナウイルス同様のACE2付着能力を持ったこと、さらにコウモリの体内に侵入することに成功したことも報告している。

武漢ウイルス学研究所自体は、このあと約10年間めぼしい研究成果を発表することのない沈黙期間に入る。その一因は、年表2の最終行の注記にある、良心的な医師や微生物学研究者たちから「機能獲得（gain of function）」研究を禁止しようとする運動が起きていたことかもしれない。機能獲得研究とは、たとえばウイルスを研究する際にどんな毒性があり、どういう予防法・治療法が望ましいかという研究ではなく、そのウイルスに新たな機能を獲得させる研究のことだ。

細菌については、いろいろ「善玉」菌、つまり人間と平和な協力関係を築ける細菌の属性、特徴が解明されている。そうした善玉菌をもっと人間にとって有益なものにしようという発想で研究するのも理解できる。だがウイルスの場合、まだわかっていないことのほうがはるかに多くて、あまり「善玉」ウイルスの話も聞かない。そういう状況で、「本来ACE2レセプターに付着する能力のないS型タンパク質をHIV-1ウイルスのエンベロープタンパク質に包みこむことによってACE2レセプターに付着する能力を獲得させた」と主張しているのだ。

もしこれが「SARS類似ウイルスの中にも、ヒトや動物のACE2レセプターに付着できるS型タンパク質を持ったものがあったから、宿主となったヒトや動物への生命・健康への被害を最小にとどめながら、このS型タンパク質を破壊する方法を研究する」ということなら理解できる。だが、今まではヒトのACE2レセプターに付着する能力を持たなかったウイルスに付着能力を与えることに成功したと手柄顔で公表するのは、いかがなものだろうか。まったくの門外漢である私には、微生物兵器を開発しようとする意図が見え透いているとしか思えないのだが。

さて武漢ウイルス学研究所が沈黙期間に入ったあとも、さまざまな微生物兵器関連のニュースが散発的に報道されていた。たとえば、2010年には、アメリカ空軍の公式文書として『生物テクノロジー――遺伝子工学によってつくり出す病原体』という論文が発表された。「ステルスウイルス」とか「宿主交換型疾病」とか「デザイナー遺伝子病」とか、専属のコピーライターがいるのかと思うほどキャッチーな微生物兵器が列挙されている。その中で比較的地味な名前の「二段階生物兵器」構想が、コロナウイルス騒動の渦中で俄然《がぜん》脚光を浴びた。

微生物兵器研究は想像以上に進んでいる

二段階生物兵器のコンセプトは、いたって単純だ。微生物兵器を敵地で散布する実戦部隊に、あまりにも大勢の死者や重症者が出てしまったのでは具合が悪い。決死の覚悟をした志願者だけで実行部隊を編成しても、過度のストレスが失敗を招きやすい。だが散布直後は致死率も低く、伝染性も弱いが、ウイルスにとっての何世代かを経過すると致死率も高く、伝染性も強いものに変異する病原体を育成すれば、実行部隊の損傷は小さく、敵地に与える損害は大きくなる。

もしこれを通常の機械式兵器でやろうとしたら、莫大な資金をかけた研究開発が必要だろう。たんなる時限起爆装置付きの爆薬類では、防衛側の検知器もかなり性能が良くなっていて効果的ではない。時限起爆装置を使わずに、兵器自身が実行部隊と敵地の国民をどう識別するのかという難関が待ち構えている。

イメージセンサーを付けて、実行部隊と敵地国民との人種や民族の差異を識別する程度では、誤認・誤爆が多すぎて使いものにならないだろう。最低でも、断片的な言葉から発音の違いでどの言語が使われているかを推論する機能を持った、音声センサーが必要になってくる。だがＡＩがこれほど進んだと言われる現在でも、二こと、三ことの言葉から使用言語を特定できる音声センサーは開発済みなのだろうか。

微生物兵器は、この難関を軽々と突破できる。まず致死率がかなり高く、伝染性も適度に強いウイルスを何種類か選び出して、何世代も継代培養を続ける。さまざまに変異した株の中で、致死率も低く、伝染性も弱まった変異種をさらに継体培養してみる。そこから派生したいろいろな変異種を調べると、平均回帰（mean reversion）の法則どおりに、元のように致死率も高く、伝染性も強い方向に変異するものが多いとしよう。あとは致死率の低いほうに感染してできた抗体が先祖返りして強くなった変異種にも通用することが確認できれば、開発終了だ。

このへんのお手軽さが、アメリカ三軍プラス海兵隊も、中国人民解放軍も、あれほど微生物兵器開発に執着する最大の理由だろう。そこで現在進行中のコヴィッド-19騒動との関連で次ページの模式図をご覧いただきたい。

「これって、もろ二段階生物兵器じゃないか」と驚かれた方が多いだろう。そう、偶然の一致にしてはあまりにも類似点が多すぎるのだ。ということはコヴィッド-19は中国が開発した二段階生物兵器で、あまりにも多くの国で中国の外交官やその周辺からの感染経路が発見されたのでは具合が悪いから、いっそのこと致死率が低い変種をまず自国で蔓延させたのだろうか。

「中国から世界への蔓延過程で2タイプに分離」説
武漢中心の初期タイプは弱く、ヨーロッパ中心の後期タイプは強烈

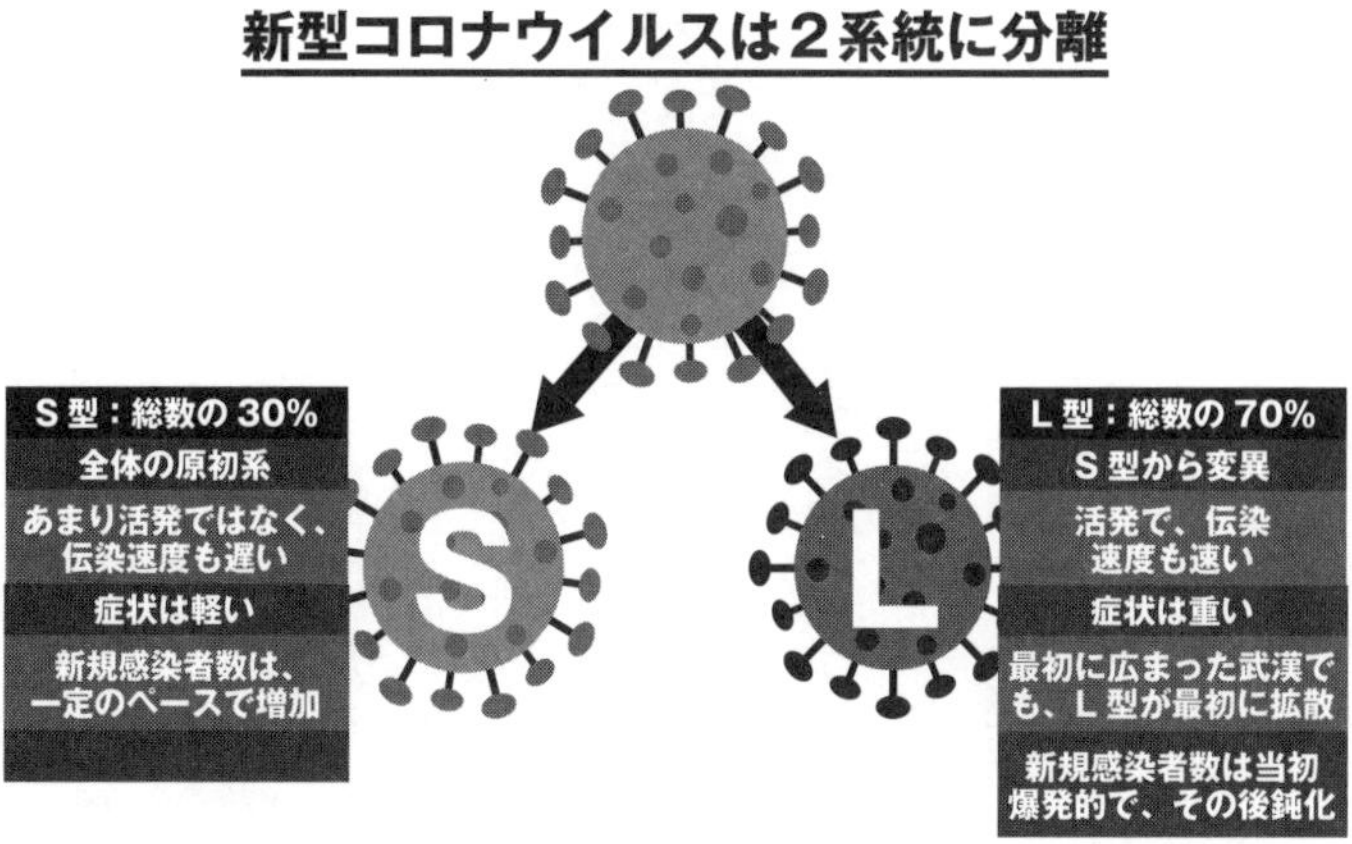

出所：ウェブサイト『Zero Hedge』、2020年3月4日のエントリーより引用

ただコヴィッド-19が微生物戦争の武器だったと仮定した場合、戦端を開いたのが中国だと決めつけるのは早計だ。また仮に今回は中国による微生物兵器攻撃だったとしても、中国としては、自国および東アジア諸国を狙い撃ちにした微生物兵器が次々に実戦使用されたと見ていて、その報復として、やむにやまれず実行にいたったという可能性もある。国共内戦終結からベトナム内戦激化までのつかの間の平穏な時期に勃発したアジア風邪、その約10年後の変異種である香港風邪、SARS、MERSと、あまりにも多くの感染症が中国を標的にしているように見えるのは事実だ。

関連年表2に戻ると、2012年6月には2003年に終息したはずのSARSに感染した人がサウジアラビアで発見された。その3カ月後の9月から、SARSによく似たタイプのコロナウイルスを病原体とするMERSが中東諸国を中心に蔓延した。当時、中東各国では、中国や韓国が官民一体となって借款付きの大型プロジェクトを手がけていた。おそらく、現場作業員もかなりの人数を自国から派遣していたのだろう。その結果、MERSは中国や韓国にも飛び火している。勘ぐればSARSの変種を開発した何者かが、この新種をばら撒くときに、うっかり元のSARSウイルスまで撒いてしまったとも考えられる。

翌2013年には、前年に感染したSARS患者から採取したウイルスがオランダ経由でカナダ、ウィニペグ州の国立微生物研究所に送られた。このへんにも6年後、ほとぼりがさめたころに、中国に運び出すためにわざわざいったんカナダに送られていたのではないかという疑惑がつきまとっている。

2014年以降は流行する疫病も、研究もRNAウイルス一色

ここで次ページの関連年表3に移ろう。2014年の西アフリカ諸国でのエボラ熱大流行を皮切りに、実際に勃発する疫病も、研究関心もRNAウイルス一色に染め上げられた感がある。

最初の項目、エボラ熱は感染致死率が50パーセント弱で、再生産数も2を超えるというすさまじい疫病だ。広まったのが西アフリカの最貧国が密集している地域でなければ、世界的にも当然もっと大きな関心を集めていただろう。

そして、2018年5月にジョンズ・ホプキンズ大学医学部パブリックヘルス大学院から、「今

テロと微生物戦争関連年表3　それとも八百長相撲か?

2014〜16年	コウモリを宿主とするウイルス性感染症**エボラ熱が西アフリカで約1万1000名の犠牲者**を出す。なんとかヒトからヒトへの感染は食い止めたが、**コウモリからヒトへの伝染経路はまだ特定されていない**。
2018年5月	**ジョンズ・ホプキンズ大学医学部**公衆衛生スクールが**『疫病病原体の特徴』**を刊行し、**「今後の最有力疫病発生源は、コロナウイルス**などの**RNAウイルス」と予測**。コロナウイルス感染の常時調査監視を提言。
2018年秋〜2019年末	**中国でアフリカ型豚コレラが蔓延し、豚肉供給量が30〜40%減少**した模様。
2018年10月	**DARPAホームページで**ブレーク・ベクスタイン医学博士が、自然災害や微生物戦争の被害に備えて**疫病**に対する**抵抗力の高い種苗**を**開発**する**「虫を同盟軍に」計画**を解説。
2018年10月4日	ウェブ版ニューズウィーク誌に、「多くの研究者が**DARPAは疫病病原体**を持つ**昆虫**類を、**微生物戦争の新兵器**として積極的に**開発**していると批判」との記事が掲載される。
2019年3月	**カナダ国立微生物研究所で培養・保管されていた毒性の強いウイルス数種類が中国に搬入された**。のちに微生物戦争専門家間で、「なぜカナダは猛毒ウィルスを中国に輸出したのか」という議論が沸騰。
2019年7月	カナダから中国へのウイルス搬送事件の4カ月後、ウィニペグ国立微生物研究所にて研究活動をしていた**中国人ウイルス学者4人が細菌戦争関連のスパイ行為容疑で、強制的に国外退去させられた**。
2019年7月	オモテのCDCに対してウラの微生物戦争統合司令部とされる**USAMRIID**(米陸軍感染症医学研究所)が汚染物質の管理不備により、**突然の活動停止を命じられる(NYタイムズ紙、8月5日付)**。抜本的な**改善のないまま、同年11月に部分的な活動再開**。USAMRIIDと**武漢ウィルス学研究所は長年にわたる提携関係に**。
2019年10月18〜27日	**武漢にて**第7回**「世界ミリタリー・ワールドゲームズ**(軍人兵士だけで競う国際スポーツ競技会)」開催。第7回にして初めて専用の**オリンピック村が開設された**。中国政府内の「米軍兵士がCovid-19をこの競技会に持ちこんだ」との主張は、**事実無根の言いがかりとは言い切れない**。
2019年10〜11月(?)	Covid-19蔓延のグラウンドゼロは**「おそらく武漢海産物市場」**というのが、現状での「通説」。
2019年12月	**MIT**、**中国科学院**、**ゲイツ財団出資の特許ベンチャー企業**合同で**「ワクチン免疫履歴埋め込みマイクロチップの実用化**が近い」と公表。**疫病監視社会の巨大市場化**を示唆。
2020年1月20日	インド、デリー大学の生物情報研究者グループが**「Covid-19 のS型タンパク質とHIV-1のS型タンパク質には偶然の一致としては不自然な類似性がある」**とする論文を公表。
2020年1月末以降	**この論文に対する反論や批判が相次ぎ**、デリー大学グループは、**上記論文**を一時**取り下げる**。

後の大疫病の病原体最有力候補は、コロナをふくむＲＮＡウイルス」というレポートが刊行される。これが純然たる予測にもとづく提言だったとしたら、あまりにもタイミングが良すぎる。私の知り合いの医師はごくふつうの開業医をしているが、今も医学学術誌の老舗、『ニューイングランド医学雑誌』を定期購読している勉強家だ。コロナウイルスが話題になり始めたころ会ったら、「ここ１～２年、つい最近まで陽の当たらない分野だった感染症に関する論文が激増して、不思議だなあと思っていたら、こういうことだったんですね」と感心していた。

次の「中国で豚コレラ蔓延」は珍しく、細菌性感染症の話だ。これは中国でも狭い豚舎にすし詰めで豚を肥育しているけれども、人工的に体重増加を促進するために飼料に大量の抗生物質を混ぜていないことを示す。その意味で食肉用家畜肥育では、むしろ中国のほうがアメリカより健全な証拠だと言ってもいい。アメリカでは牛、豚、鶏を問わず、食肉用家畜は狭い畜舎で肥育促進の抗生物質を大量投与されている。だから細菌性の感染症はほとんど勃発しなくなってしまった。だが、抗生物質の効かないウイルス性感染症の温床になっている危険性はかなり高い。この点は、次章でくわしく論じる。

そのすぐ下は、ＤＡＲＰＡが「天災にせよ、微生物戦争という人災にせよ、疫病蔓延に備えて、免疫性の強い種苗や昆虫を開発している」とホームページで公表したという項目だ。この情報にはすぐさま反響があって、『タイム』と並ぶ総合ニュース情報誌『ニューズウィーク』が、「ＤＡＲＰＡは昆虫までホストに使った微生物兵器を開発している」と批判する疫学者、微生物学者の声を特集した記事を掲載した。

2019年に入ってから、事態は急展開する。まず3月にカナダ国立微生物研究所で保管・培養されていた毒性の高いいくつかのウイルスが中国に持ちこまれた。そして7月には、この事件の首謀者として中国人研究者4人が国外退去処分となった。カナダ政府の発表によれば、この4人の研究チームのリーダーは邱香果博士で、夫である成克定博士とともにバイオ兵器をめぐるスパイ活動をしていたという。

邱博士は河北省医科大学卒、天津医科大学大学院で免疫学を専攻。成博士もエイズ、SARS、大腸菌に関する研究論文を書いていた。また邱博士は少なくとも5回、武漢ウイルス学研究所を訪問していたことが確認されている。さらにカナダ政府による微生物戦争スパイ活動調査では、2006～18年にわたってカナダと中国のあいだで危険な細菌やウイルスの搬出入が行われていたかを検証したが、明確な結論は出なかった。

バイオスパイ事件には、情報独占を巡る米英対中国のさや当てもからむ

ちょっと怖い話がある。武漢ウイルス学研究所内に設置されたSARS、SARS類似ウイルス、HIV-1を研究する機関に、中国だけではなくオーストラリアの研究者も参画していた。この事実と、カナダから中国への毒性の高い病原ウイルス搬入の話は、関連しているかもしれない。もちろんオーストラリア政府の公式見解は「国家はまったく関与していない。あくまでもウ

イルス学者個人の資格で参加しているだけだ」ということだろう。そしてカナダ政府は後追いで、中国への病源ウイルス搬出をウイルス密輸事件に仕立てた。

だが下手をすれば（あるいはうまくやれば？）人類の存続を脅かすほどの研究への参加の可否に国家権力が介在していないということがあり得るだろうか。どう見ても、オーストラリア政府の暗黙の承認のもとにオーストラリア人ウイルス学者も、この研究に関与していると考えたほうが自然だ。あるいはカナダ政府がバイオ兵器の「スパイ・カップル」を、かなり自由に自国の研究施設と武漢ウイルス学研究所のあいだを行き来させていたのも、かなり怪しい。

ふり返れば、オーストラリアという国は、あれだけ豊富な天然資源を持ち、広々とした大地から先住民を絶滅寸前に追いこんでまで自由に使える土地を奪い取っておきながら、いまだに天然資源分野以外では世界に通用する大企業は1社たりとも育てていないというお国柄だ。半面、高卒の学歴で際立った知的能力も身体能力も持ち合わせない人間が1日に3～4回炭鉱と石炭積出港のあいだで貨物列車の往復運転をするだけで、日本円にして1500～2000万円の年収になるという永続的資源バブルの国でもある。国民全体が、パンのどち側にたっぷりバターが塗ってあるかは重々承知しているはずだ。

だとすれば、「もし米中微生物戦争が起きたら？」という問いにオーストラリアがどう答えるかは、訊くだけ野暮かもしれない。世界最大の天然資源浪費国家、中国に付くに決まっている。

過去2～3年にわたってオーストラリア政府は、これ見よがしに中国人民解放軍海軍艦船の寄港を拒否するなど、派手なスタンドプレーを続けてきた。だが今どき通常兵器、はては核兵器まで使ったほんものの武力戦争が起きると考えている人は、時勢の変化というものをご存じない。

イランイラク戦争を最後にほんものの戦争は消滅し、現在ときおり勃発するのは武力行使によって、いかに国際世論に自国の主張が妥当だと認めさせるかという「戦争もどき」でしかない。だからこそ通常兵器や核兵器をめぐる合従連衡《がっしょうれんこう》でどう動こうと、それは見せかけに過ぎない。ほんとうに起こりうる戦争としての諜報戦争や微生物戦争でこそ、各国政府の旗幟《きし》が鮮明になり、国民がそれに従うか否かもわかってくる。あっと驚くような番狂わせがあるだろうが、コヴィッド-19騒動は、その片鱗《へんりん》をかいま見せてくれた。

カナダ国立微生物研究所から危険な病原体ウイルスが中国に搬入されたことも、この文脈で読み解くことができる。情報が漏洩《ろうえい》してしまったので、カナダ政府としてはまさか微生物戦争で中国に肩入れしていることを認めるわけにもいかず、ほんとうにスパイ行為だったとすれば異例に軽い国外退去処分で容疑者を解放したのかもしれない。オーストラリアもカナダも、中国による大量の天然資源輸入と、中国共産党要人や大金持ちの亡命地としての不動産購入で潤っているのは周知の事実だ。

さらに注目すべき事実がある。米英両国と旧大英帝国植民地諸国(オーストラリア、ニュージーランド、カナダ)を中心とするエシュロンという国際組織が、太平洋横断海底ケーブルをほぼ独占支配している。そこを経由する情報を大量に傍受し、国家機密や企業秘密に関わるビッグデータを蓄積しているという要因もからんでくる。これはエドワード・スノーデンが暴露した、アメリカ国家安全保障局（NSA）傘下の国際的監視網、PRISMの最重要任務のひとつだ。

中国が世界最大の資源購入国という地位を利用して、オーストラリア、カナダを手駒に使って米英2カ国の情報独占に揺さぶりをかけたとしても不思議ではない。前もって微生物戦争の戦略指示書をオーストラリアやカナダにある自国の大使館や領事館に送付しておいて、そのとおりに実行して米英の反応を見る。もし戦略指示書を傍受解読していたことがわかれば、この巨大スパイ機関の存在を認めたも同然なので、外交的に苦しい立場に追いこむことができるわけだ。

今もなお英米2カ国が握りつづけている国際情報網の独占権に揺さぶりをかけるために、中国が自国民から多数の犠牲が出るのも覚悟して、予告付きで病原菌をばら撒いたというのは、あまりにも突飛な発想と考える人も多いだろう。あるいはアメリカがその情報を傍受済み、暗号も解読済みなのに、できていないふりをして自国民のあいだに厖大な感染者、死者を出す疫病の水際防疫に踏み切らなかったというのは、もっと信じられないかもしれない。

だが、第二次世界大戦中にドイツ空軍のコベントリー市空襲計画を察知した秘密情報機関MI-6からの報告を、当時のイギリス首相ウィンストン・チャーチルは自分の責任で握りつぶし、コベントリー市に特段の防衛措置を講じなかった。その時点では、ドイツ軍の暗号を解読できていると知られる損失のほうが、コベントリー市民数千人の命より重要だったからだ。

微生物戦争のスパイ容疑で邱博士などの4人がカナダから国外退去を命じられた2019年7

月、アメリカの微生物戦争総合司令部とも言うべき陸軍感染症医学研究所（USAMRIID）が突然、しかも汚染物質の管理不備を理由に活動停止命令を受けた。11月には活動を再開するのだが活動停止期間は、武漢ウイルス学研究所周辺地域で10月ごろ携帯電話の受発信が全面的に途絶えた時期とほぼ一致している。しかもUSAMRIIDと武漢ウイルス学研究所は、長年にわたる提携関係を持っていたのだ。

そしてついに、コロナウイルス騒動が勃発した

2019年の10月か11月からコヴィッド-19が病原となった急性で重症の肺炎が武漢中心に蔓延し、とくに70代以上の高齢者のあいだでは非常に高い致死率が観察された。同研究センターから揚子江を隔てて約20マイル（32キロメートル）の距離にある武漢海産物市場で売られたコウモリを購入して食べた人物が、コヴィッド-19による最初の感染者ではないかと見られている。

次ページの地図でもわかるとおり、武漢ウイルス学研究所と武漢海産物市場のあいだはやや離れている。だが、どちらも人口1000万人を超える省都の市街地中心部にあって道路網も整備されているので、自動車でほぼ15～20分程度の距離だろう。

左下の小さな挿入図からは、アメリカで言えば疾病管理予防センターに当たる部署が、これまた武漢市中心部に設置されていることが見て取れる。中国各省の省都の中で武漢はとくに政治的・経済的に重視されている都市ではない。だが微生物戦争が勃発した際には、もっとも重要な役割

武漢海産物市場と武漢ウイルス学研究所の近接性

原資料：グーグル・マップ
出所：ウェブサイト『Zero Hedge』、2020年3月3日（左下隅は同年3月4日）のエントリーより引用

を果たすはずの部署が、２つともこの武漢市内に存在している。コヴィッド－19が蔓延しはじめてからの、武漢市と湖北省内のその他地域との交通遮断、そして次の段階での湖北省を完全封鎖して他省との行き来をストップする手際の良さには、こうした事態を想定していたフシがうかがえる。

なおグーグルマップでは、武漢ウイルス学研究所の所在は完全に抹消されている。武漢海産物市場にいたっては、たんに閉鎖されただけではなく、建物自体が跡形もなく撤去されてしまったようだ。だが中国政府の拙劣で必死の隠蔽工作は、ますますこのウイルスが微生物兵器であり、何らかの理由でこれが研究所内から流出したことが世界的な疫病騒動の元凶となった証拠だという見方もあり得るのではないだろうか。

しかし、アメリカ側の微生物戦争総合司令部

USAMRIIDも武漢ウイルス学研究所とほぼ同時に臨時閉鎖されていた。だとすればコヴィッド-19という微生物兵器を開発したのは、中国ではなくアメリカだった可能性もある。あるいは、両者が提携して開発した証拠を示し合わせて隠滅したのかもしれない。

「武漢ミリタリー・ワールドゲームズ参加の米兵起源説」は、荒唐無稽ではない

年表3にも収録したように、2019年10月、武漢で第7回世界ミリタリー・ワールドゲームズが開催された。しかも7回目にして初めて、報道陣をシャットアウトした選手村が設営されている。中国政府高官の「コヴィッド-19はこの競技大会に参加したアメリカ兵士が感染源となった」という発言は、ほとんどの人が荒唐無稽《こうとうむけい》な言いがかりと感じただろう。だが疫病学や感染症の研究者のあいだでは、オリンピック村が感染症勃発の大クラスターとなる危険性が高いことが以前から指摘されてきた。

第二次世界大戦後の性的に寛容な風潮に便乗しての話だろうが、一流アスリートの「プロとしてなら巨額報酬を稼げるのに、金メッキのメダルと国の名誉のために選手生命を縮めるほどの真剣さで競い合うのはイヤだ」という不満をなだめるために、競技開催中の選手村ではフリーセックスを認めて、大量のコンドームを無償提供してきた。社会的距離とは正反対に、性的距離はこれ以上密着しようがないほどの接近がふつうなので、疫病を蔓延させるには絶好の環境だ。

なお、オリンピックは参加資格からアマチュアのみという条件を外して、完全にオープンで世

界各国が最強の選手団を送りこむようになっている。ところが地球上でもっとも人気のある男子サッカーだけは、開催予定年の1月1日に23歳以下という条件によって、参加選手を縛りつづけている。各国のトップリーグでレギュラーを張っている選手たちの資産価値が高すぎて、感染症で死亡とか、1シーズンだけでも欠場となった場合の金銭的なリスクが大きすぎるからだ。

貿易戦争で全面降伏寸前の中国経済をもう一押しで崩壊させるために、米軍がコヴィッド-19に感染した兵士をミリタリー・ワールドゲームズの競技者として送りこんだのかもしれない。そう考えれば、2020年の東京オリンピックが少なくとも1年延期となったのは、ほんとうに幸運だった。

コヴィッド-19のアメリカ起源説には、有力な傍証もある。台湾の地上波テレビ局のニュース報道番組が、まだウイルスを特定できる感染者の人数が世界中で数十人という時期に、詳細な系統樹分析によって病原体の発生源を調査したのだ。その結論は、5つの変種と50以上の亜種があるうちで、5変種の原型がすべて揃っている国はアメリカだけだということだった。

台湾は、世界中でいちばんアメリカに不利で、中国に有利な報道をしそうもない国だ。チャイニーズ・タイペイという屈辱的な国名とはいえ、なんとか国として存続していられるのは、アメリカの庇護《ひご》があってこそだ。その台湾の報道機関が「コヴィッド-19の発生源はアメリカだ」と断言しているのだから、信憑《しんぴょう》性は高い。

なぜ「新型コロナウイルスは人為的につくられた」説への反発が強いのか

ここで不思議なことに気づく。大手マスメディアにせよ、ネット論壇にせよ、中国製かアメリカ製かを問わず、コヴィッド-19の病原体であるSARS-CoV-2が人為的に創出されたという見解自体を「陰謀説」として非難する論調が多い。2019年12月にマサチューセッツ工科大学、中国科学院、ゲイツ財団出資のベンチャー企業が合同で、「感染症に関する免疫履歴を記憶させたマイクロチップを人体に埋めこむ技術の実用化が近い」と公表したことなどを見ると、コヴィッド-19微生物兵器説を「陰謀論」と切り捨てるほうが、よっぽど真実を覆い隠そうとする陰謀の匂いがきついと思うが。

関連年表3の最終2項目が、人為発生説に対する不自然なまでの反発をよく表している。インドのデリー大学の生物情報研究者グループの「コヴィッド-19のS型タンパク質には、偶然の一致とするには不自然なほどHIV-1のS型タンパク質と高い類似性がある」とする論文には発表直後から批判が続出し、発表者もこの論文を一時取り下げた。だがアミノ酸基配列の不自然な類似性について納得のいく説明が提起されているわけではない。むしろコヴィッド-19誕生の秘密が、元来はヒトのACE2レセプターに付着する能力を持たないSARS類似コロナウイルスを、HIV-1のエンベロープに包みこんで付着能力をつけた人工的なコロナウイルスだということにあるのではないかという疑惑は、一層高まったように思える。

「ピアー査読を経ていない」とか「すでに2013年に野生コウモリのあいだでヒトのACE2

レセプターに付着する能力のあるS型タンパク質を持つコロナウイルスが発見されていた」といった枝葉末節と言うべき批判ばかりなのだ。偶然の一致と言うには不自然なほど類似性の高いアミノ酸基配列が見られることへの納得のいく説明は、まだだれも提出していないようだ。

デリー大学グループの論文にはアミノ酸基配列を詳細に論じた部分があって、インサート1〜4がとくに不自然な加工の形跡が濃厚だとしている。中でも、それぞれ6つのアミノ酸がまったく同じ順番で並んでいるインサート1とインサート2だ。インサート1では、アミノ酸の1字符号表記でTNGTKRという配列がコヴィッド-19では71番目から76番目にかけて、HIV-1では404番目から409番目にかけて並んでいる。

人体を構成するアミノ酸は全部で20個あるので、偶然に6つ同じ順番で並ぶ確率は20の6乗分の1、つまり12億8000万分の1だ。インサート2では、HKNNKSという6個の配列が、同じく12億8000万分の1の確率で並んでいる。インサート3では、あいだにちょっと違う部分が挟まるが、じつに11個のアミノ酸が同じ順番で登場し、インサート4では8個のアミノ酸がやはり少しあいだを置いて同じ順番で登場する。偶然そうなる確率は、インサート1やインサート2より小さい。

そんなことが偶然であり得るだろうか。コヴィッド-19が人為的に「改良」された微生物兵器だという主張を一笑に付す人たちは、この素朴な疑問にまったく答えていない。

ふり返ってみれば、デリー大学研究者グループによる指摘を待つまでもなく、そもそも武漢ウイルス学研究所の人体に付着する能力のないSARS類似ウイルスをHIV-1ウイルスのエンベロープタンパク質でくるんで、人体への付着能力をつけようという問題関心のあり方が異様ではないだろうか。そして、この研究所と長年の提携関係にあって、資金援助もし、雲南省昆明付近の洞窟でのコウモリ狩りで捕獲したコウモリの一部を受け取っていた形跡があるUSAMRIIDの研究スタンスも異様だ。

やはり米中共同の微生物兵器開発対人類の戦いだ

アメリカ政府からのコウモリ狩りへの資金拠出については、イギリスの大衆紙デイリー・メイルのウェブ版『メイル・オンライン』が2020年4月11日付記事で暴露している。次ページ関連年表4の下から4番目の項目だ。

最初の5項目のうち、ひとつは現実がアメリカ空軍の「二段階生物兵器構想」を忠実になぞっていることを指摘したものだ。残り4項目は、いわゆるクラスター感染の爆発的拡大にはそれなりの理由があって、むやみに恐れるより余計なリスクを招かないようにすることが肝心だと教えてくれる。

次の2項目は、いわば当事者国である中国やアメリカばかりではなく、シンガポールやスウェーデンの学者たちの時流への関心の高さと、日本の学者たちの「のんきな父さん」ぶりをよく示している。これは皮肉でも批判でもなく、大衆の賢さに見合った知識人の愚鈍さだと褒めている

テロと微生物戦争関連年表4　やはり人類の存亡をかけた戦いだ

2020年 2月20日	**韓国**新興宗教教団「**新天地**」**信者**が**感染隔離中に病院を抜け出し**て集団礼拝に参加し、**感染者激増**。
2020年 2月25日	ニューオリンズ恒例の**マルディグラ**を例年どおりの規模（約40万人の人口に対して観光客約140万人）で開催。パレード参加者から観衆に向かって投げられるビーズ玉の取り合いで**濃厚接触頻発**、**感染拡大**。
2020年3月 初旬	**Covid-19** が感染源となった武漢を中心に流行し、伝染のペースも遅く、比較的軽症にとどまる**S型**と、ヨーロッパ・イラン・アメリカなどで流行し、伝染ペースが速く、重篤な症状になりやすい**L型にわかれた**との観測が浮上。米空軍「**二段階生物兵器構想**」との**類似性が話題**となる。
2020年3月 中旬～	**大学の春休み**にともない、アメリカ中の**大学生がフロリダなどの観光地に**押しかけ、例年同様の**水着のままのビーチパーティ**などで、**感染者数、死亡者数の急増**を招く。
2020年3月 15～19日	**バレンシアの火祭り**に大勢の観光客が集まり、その後**スペイン**における**バレンシア・カタロニア**地方中心の**感染者数、死亡者数の急増**を招く。
2020年 3月20日	シンガポール、スウェーデンの**微生物学者12名**連名で「**SARS CovとSARS Cov2**はコウモリによく寄生する**batRaTG13**との遺伝子の**共通性が高い**」という未査読論文をネット上の生物学アーカイヴに投稿。
2020年 3月21日	同月中旬までの**コロナウイルス関連論文130本**の執筆者所属研究機関の**国別内訳は中国が43%、アメリカが18%、イギリスが8%、イタリアが7%、日本が1.5%**だった（『日経』2020年3月21日付記事）。
2020年 3月24日	モディ首相、**インド全域の完全封鎖＝外出禁止令を発令。警官による暴行や虐殺**が横行。なお、**だまし討ち的な現金廃止**措置によって**数十万単位の企業破綻と自殺**を招いたモディは、**ゲイツ財団によって**人道的な行動を顕彰する**ゴールキーパー賞を授与されている。**
2020年 4月11日	ウェブ版デイリー・メイル紙『メイル・オンライン』が**武漢ウイルス学研究所**による**雲南省昆明でのコウモリ捕獲**には、**アメリカ政府からの370万ドルの研究助成**があったことを暴露。
2020年 4月12日	ウェブサイト『ZD Net』が**Covid-19**による被害は**高齢・肥満体質の患者**で**甚大**という調査結果を報道。
2020年 4月14日	ワシントン・ポスト紙が「**米国の在武漢総領事**は2015～18年に**武漢ウイルス学研究所**を訪れ、**SARS類似ウイルス**を用いた**実験**には、SARSのような**疫病を惹き起こす懸念がある**」と本国に打電していたと報道。
2020年 5月9日	主要国で死亡者数ピークアウト中国4633人；日本（ダイヤモンドプリンセス乗客・乗員ふくめ）601人；韓国256人；アメリカ7万2944人；イタリア3万395人；イギリス3万1587人；イラン6589人など、計7万9244人。

のだ。ほんとに。少なくとも感染者の実名や顔写真を暴露して「社会的制裁」を加えることが「正義」だと信じている、プチ知的エリートたちよりはるかにマシだ。

次はインドという国の悲惨さ、グロテスクさを象徴する項目だ。インドは以前からゲイツ財団の資金で開発した危険なワクチンの人体実験場とされてきた。だが2014年にナレンドラ・モディが首相に就任してからは、中小企業や銀行口座も持てないような貧しい人たちに対する経済的迫害が常軌を逸したペースで進んでいる。この男と、ビル・ゲイツがお互いに相手を称賛している構図こそ、もはや「規模の経済」が適用できる市場は後進国、発展途上国、最貧国の人命以外になくなっていることを示す。

「コウモリ捕獲は米中共同作戦だった」という『メイル・オンライン』のすっぱ抜きからわずか2〜3日しか経っていない4月14日に、アメリカの武漢総領事が露骨なアリバイ工作をやっている。おん自ら、何度も武漢ウイルス学研究所に「危険な研究をやめよ」と勧告しに行っていたというのだ。あまりにもドロ縄過ぎて笑える。これでお互いに相手の能力を高く評価するライバル同士が時々敵情視察をしながら、のちにコヴィッド-19として結実する微生物兵器の開発競争にいそしんでいたと確認できる。

この2つの米中共同作戦を立証するニュースに挟まれた「高齢・肥満体質の人たちが大きな被害を受ける」というニュースがほとんど注目を惹かなかったのは理解に苦しむ。私はこのニュース配信を見た瞬間に、これで欧米では幕下クラスの疫病であるコヴィッド-19は、日本では序の口、序二段クラスにとどまると確信したのだが。肥満率も病的肥満率も欧米に比べれば、驚異的に低い国で暮らしている日本の知識人たちが、この疫病が日本で猛威をふるうわけがないと気づかないのは、のんきを通りこして首の上に頭が付いているのか心配になる。

名前まで同じ、まぎらわしい双子の物語

昔むかし、と言ってもそれほど遠くない昔、あるところに姿かたちが瓜二つなばかりか、名前まで同じ双子の兄弟がおりました。でも、まわりの人たちはちっとも困りませんでした。ひとりは、どこに行っても「ハイ、ジーン」と声をかけられる人気者、もうひとりはどこに行っても「またお前か（ユー）、ジーン！」と怒鳴りつけられる厄介者だったからです。ところが、表面的には優等生と持てあましものという両極端のふたりは、意外に本性が似通っていたのです。

そう、ハイジーン（公衆衛生学）と言えば、今や医学研究者のあいだでも花形分野だ。一般大衆を疫病の危険から守るためという錦の御旗を振りかざせば、堂々と他人の行動を抑制する権限を持っている。一方のユージーン（優生学）とくれば、もはや学問の皮をかぶった人種的・民族的偏見のかたまりとして、完全に権威が失墜している。だが同じｇｅｎｅ（遺伝子）の名を持つこの2つの分野は、ほんとうにそれほど違うことを主張しているのだろうか。

アメリカやヨーロッパ諸国でも、感染者数が増加してからは公共交通機関を利用した東アジア系の人たちが白眼視されたり、遠巻きの人だかりの中で注視の的とされたり、面と向かって国外

退去を迫られたりといった事例も増えてきた。パリでは、ある和食レストランが「コロナウイルスは出ていけ」というスプレイの落書き被害に遭っている。

これを、無知な下層民の反応だとか、不良少年のうっぷん晴らしだと考えるのは危険だ。『VDARE』というウェブサイトがある。今までそれほどひどいサイトだは認識していなかったのだが、コヴィッド-19騒動をきっかけに露骨に人種差別を正面から打ち出して、どうやら支持層を増やしている。まず東アジア人全般に対する明らかに事実無根、と言うより事実と正反対のキャンペーンを張った。

先ほど要旨を引用した「臓器移植待ちの肺たった8人分から得た詳細な細胞分析の結果が、アジア系の肺細胞に含まれるACE2の数は白人や黒人の肺にふくまれる数の2〜3倍だった」という論文の悪用だ。この一般論を引き出すには、あまりにも限定されたサンプルから、「現在までに確認されたコヴィッド-19感染者はすべてアジア系で、白人や黒人からはひとりの感染者も出ていない」というとんでもない結論を導いている。しかも「人種による疫病感染率の差などという議論をすると『政治的に正しくない言説』というレッテルを貼られて社会的に葬られる危険があるから、各国政府や疾病対策機関はこの明白な事実を隠蔽している」とまで主張していたのだ。

人種的には完全に白人(コーカソイド)であるイラン(=ペルシャ)人やイタリア人のあいだで、感染者や死亡者が激増しても、この白人優越主義に凝り固まったサイトは、まったく動ずる気配も見せなかった。「イランは古代ギリシャ・ローマ時代から自由で民主主義的な白人文明に抵抗していたアジア的専制の国であり、イタリアは第一次世界大戦末期から直後にかけて当時最大の疫病だった『スペイン風邪』で大量の感染者を出したような国だから、これまた外見的には白人でも、実際には劣等なアジア人に違いない」と言い張った。つまり、このサイトの主宰者にとって白人とは疫病に感染しない優越人種のことであり、アジア人とは疫病にかんたんに感染してしまう劣等人種のことだったのだ。

東アジア諸国は感染率も致死率も低く、欧米諸国は感染率も致死率が高いことが明白になった現時点で、このサイトは人種差別攻撃をあきらめただろうか。とんでもない。さすがに、コヴィッド-19に感染するのは東アジア人種だけだという歴然たるウソを主張したことについては、知らんぷりを決めこんでいる。だが今度は黒人やヒスパニックに矛先を向けて、同じように一見しただけだと医学的、生物学的根拠がありそうな人種的偏見をあおっている。

彼（ら）に言わせると、人種上の優劣のすべてを決めるのは、ビタミンDなのだそうだ。サイトの名前も、ビタミンDと「敢えて～する」という意味のｄａｒｅを引っかけたものだ。つまり「他の奴らは政治的に正しい意見ではないから、この歴然たる真実を押し隠そうとするが、我々は敢えて言うぞ」ということだ。その主張は、「人間は肌の色が白いほどビタミンDの吸収率がいい。そして、ビタミンDの吸収率がいいと、頭も良く、性格も明るく、社会的な地位・名声も得やすくなる半面、肥満にはならない。肌の色が濃くなるほど、頭も悪く、性格も粗暴で、社会的に高い地位・名声も得られず、肥満にもなりやすい」とまとめられる。

だから、「もっとも優秀な民族は白人であり、次いで東アジアの黄色人種、その下に東南アジアや中東やアメリカ大陸先住民などの茶色の肌の人種、そしていちばん下にアフリカ大陸やオセアニア諸国の黒人と続く。これは自然の摂理で決まった序列なので、どうあがこうと変えることはできない」と主張するのだ。ここまでくれば、典型的な「トンデモ理論」だということが、ほとんどの読者にはおわかりいただけるだろう。

だが、これは白人にとってかなり魅力的な議論なのだろう。だれか「立派な人」が支持してくれれば、パッと燃え広がってもおかしくないのだ。ちなみにアドルフ・ヒトラーがユダヤ人問題の「最終解決(=絶滅)」を正当化する国家イデオロギーとして優生学を採用したのは、有名な話だ。

だが、それ以前に、いちばん派手に優生学理論にもとづく少数民族や劣等人種に属すると見なした男性の強制断種や女性の合意なき不妊手術をやっていたヨーロッパの国は、あのスウェーデンだった。アメリカでいちばん劣等人種の根絶のために優生学を「有効利用」した州は、カリフォルニアだった。そしてイギリスでもっとも熱烈に優生学を支持した思想家は、ミュージカル『マイ・フェア・レディ』の原作『ピグマリオン』を書いた「漸進的社会主義者」ジョージ・バーナード・ショーだった。

今また、「公衆衛生」という社会的正義を振りかざして、コヴィッド-19感染者を裏切り者、スパイ、テロリストとして指弾する風潮がまかり通っている。ここから、「そもそも感染するのが、きちんと清潔な日常生活をしていない証拠であって、感染は自己責任だ」とか、「感染者は劣等人種だ」という決めつけまでは、ほんの一歩の距離しかない。

意図的な放出か、流出事故か

今回の騒動は、明らかに開発当事者とは思えないベトナム政府を唯一の例外として、あまりにも防疫体制を確立するための初動がずさんで、おろおろしていただけという印象が強い。各国首脳のうちのだれかが意図的に惹き起こしたものではなさそうだ。もしそうだったとしたら、中国にしても、アメリカにしても手際が悪すぎる。

中国は1950年代以降のウイルス性インフルエンザの大部分が中国中心に蔓延したことをアメリカによる微生物戦争と見ていて、反撃のチャンスをうかがっていたのかもしれない。そして武漢市とその他全地域とのあいだを完全封鎖する手順だけは、要領が良かった。だがWHOのテドロス事務局長に頼みこんで、疫病勃発宣言を1カ月待ってもらったという事実は、明らかに予期せぬできごとだったことを物語っている。

仮に中国政府が、本気でコヴィッド-19を二段階生物兵器として開発し、世界中の軍人兵士が集まり、夜は乱交パーティをするミリタリー・ワールドゲームズの選手村に感染を広めるために、前もって毒性の弱い菌を武漢市内に蔓延させていたとしよう。軍人兵士は狭い兵舎で共同生活をすることが多いから、自国に病原体を持ち帰ってくれたら、2次、3次のクラスター感染源になってくれる。しかも、そのころには毒性の強いタイプに変異している確率はかなり高い。だが、それだからこそ、記録に残ってしまうかたちで疫病宣言を待たせるなどという不手際をするはずがない。

純然たる事故の可能性もあるが、それはウイルス学研究者としては、いくらなんでも軽率すぎるだろう。中国製だとすれば、流出ケースの中で最大の可能性があるのは、武漢ウイルス学研究所の研究員による自爆ならぬ自爆テロではないだろうか。研究スタッフの中に中国共産党一党独裁に深い憤激を抱き、自分から進んで危険なウイルスに被曝して感染者となる、つまり微生物戦争における自爆テロを敢行した人がいたのではないか。

完全隔離の実験棟と外界との出入りのたびに感染状態をチェックするシステムが確立されていても、自爆テロを完全に防ぐことはできない。すでにウイルスが体内に侵入している人でも、そのウイルスが自分の体の中で溶解してから、そっくり同じウイルスを複製する工場が稼働するまでは、感染チェックで陽性と出ないはずだからだ。

こうした自爆テロを決行する人間にとって有利なのは、たとえ感染が広がらなかったとしても、その段階で自分の挙動が不審視される理由は何もないことだ。成功するまで何度でもテロをくり返すことができるし、それに対する有効な防衛策はなさそうだ。だとすれば今回の騒動は、微生物兵器開発を試みているいくつかの国々が自爆テロへの有効な対策の欠如という理由で、敵国に危険な病原ウイルスを大量散布する方針を放棄するきっかけになったかもしれない。結果として、この自爆テロが微生物戦争の本格化を未然に食い止めることに大いに貢献する可能性もある。

今回のコヴィッド-19による累計死者数はすでに30万人を超えた。ほぼ確実に50万人台に達するだろうし、ひょっとすると100万人台に及ぶこともあり得る。だが、この事件がきっかけで微生物兵器開発を思いとどまる国が出てきてくれれば、多数の犠牲者に対するいくばくかの慰めにはなるかもしれない。これが微生物戦争が勃発したという仮定のもとでは、ベストシナリオだろう。

アメリカ製だとすれば、どんな筋書きが考えられるだろうか。中国の某高官が指摘したとおり、すでに感染済みの兵士を武漢ミリタリー・ワールドゲームズに送りこんだ可能性はあるだろうか。通常であれば考えられない事態だが、現職大統領ドナルド・トランプと民主党・共和党を問わず確固たる利権集団を築いて、のうのうと暮らしてきた政治の「プロ」たちとのあいだの深い溝を考えれば、一笑に付すことはできない。「トランプは放言癖で自滅し、なんとか1期だけはよたよたやり通しても、2期目は絶対ない」というのが、大方の政界通の共通見解だった。

ところがどっこい、トランプはしぶとく粘っている。「台所洗剤や漂白剤を皮下注射すれば、コヴィッド-19を防げるのではないか」などという珍妙な発言は、もし他の大統領がしたらそれだけでアウトだろう。その前にも、他の大統領なら一発退場だろうという失言や外交上の失策を、トランプはいくつもしてきた。

だがトランプを大統領に押し上げた有権者たちは、彼ががさつで粗野で無教養な人間だということは十分承知の上で、トランプに投票していたのだ。2大政党の大ボス、小ボスたちは「これはもう、政治・経済・社会を同時に揺るがす大震災級の災害を起こすしか、トランプを大統領の座から追い落とす手はない」と思ったかもしれない。だとすればこれも一種の自爆テロだ。

アメリカは、コヴィッド-19の感染者数でも犠牲者数でも世界一になった。だが彼らにとって、アメリカ国民の100万人や200万人感染しようと死のうと、トランプさえ失脚させられれば、痛くもかゆくもないのだろう。とはいえ、この大激震の中で、トランプ支持率が暴落したかと言えば、そうでもない。世論調査機関によって小幅上昇とか小幅下落とかの差はあるが、大暴落していないことだけは間違いない。

一方、我が身をふり返れば、カネで買えるモノならなんでも手に入る生活に慣れきった連中が、孫や子の代ではなく、自分の余生をカリブ海の孤島やニュージーランドの田舎町でひっそり送らざるを得ない可能性も出てきたのだ。これは痛い。今ごろ、アメリカのディープステートのそのまた奥の院では、いったいだれの責任なのか、そいつにどう責任を取らせるのかで、けんけんごうごうの非難合戦が始まっているかもしれない。

米中合作だとすれば敵はどこのだれか？

どう考えても、武漢ウイルス学研究所員の孤独な自爆テロ以外は、リスクと利益のバランスが悪すぎる。やはりここでは米中が協調しながらも、お互いに相手を出し抜こうと手柄争いをしているうちに、つい自分たちの扱っている材料の危険性への配慮がおろそかになって、ポロッと流出したというシナリオが、いちばん説得力がありそうだ。

どちらにとっても明白な勝利とは言えない米中貿易戦争の膠着《こうちゃく》状態から自国民の目をそらすために、米中共同で比較的被害の小さい疫病の蔓延を狙った可能性もないではない。「中国にとってこの貿易戦争が悲惨な敗北なのはわかるが、アメリカにとっては圧勝じゃないか」とおっしゃる方もおいでだろう。だが、アメリカの製造業大手にとって、付加価値の小さい工程は全部中国企業に薄利多売でやらせて、自社が付加価値の大きなところを独占するのは、笑いが止まらないほど儲かる構造だった。金融業界も中国から金利ゼロで借りたカネを中国に高金利で貸して、ボロ儲けをしてきたのだ。その構造が崩れてしまったのは、大損害だ。

このシナリオの難点は、アメリカ政財界の大物たちにはこの仕組みがよくわかっているが、まったくの経済音痴のトランプは「勝った、勝った」と喜んでいたという事実だ。長年自分ひとりの稼ぎで家族全員を養ってきたことを誇りにしている、今やプアホワイトになってしまった元工場労働者たちも、アメリカ市場から中国製品を閉め出せば、また工場労働者が高給取りでいられる時代が戻ってくるという幻想を捨てきれないでいるだろう。ということは、これは実際的な行動ではディープステートによるトランプ追い落とし戦術に合流していき、結果が惨憺《さんたん》たるものだという事実もまったく変わらないことになる。

米中共同作戦で開発した微生物兵器だったとすれば、敵はどこの国、あるいはだれだろうか。30年にわたる自信喪失状態に苦しんできた日本の知識人諸氏には、とうてい受け容れがたい結論だろうが、国単位で言えば敵は日本しかない。1990〜2010年代の30年間を通じて、日本は米中とはまったく違う健全な道を歩んできた。日銀こそ中央銀行バブルの先陣を切って突っ走ったが、金融市場でも不動産市場でもバブルが起きなかった。

中央銀行バブルが自然崩壊するのを待っていれば、金融・不動産市場が壊滅状態になる米中欧諸国に対して、軽症で済む日本がその後の世界で主導的な立場を取るのは自明の理だ。それぞれに強固な利権集団が国を牛耳っている米中両国は、世界経済の主導権が日本に渡るのを非常手段に訴えてでも阻止する必要を感じていた。

ほとんど世界中の主要経済圏が実体経済よりはるかに高い株価で推移していて、突発事象に脆弱となっている中で、世界中でただ1国、過去30年間にわたって実体経済より株価が低迷しているのが日本経済だ。だから金融崩壊などの事態が起きれば、日本経済の相対的割安感が際立つ。

その日本経済を潰すために、米中共同で仕組んだ疫病禍だった可能性もある。日本の政治家、官僚、企業経営者、学術研究者の愚鈍さを見ていれば、日本経済を疫病で崩壊させるのはたやすいことに見えるはずだ。ところが日本の大衆は世界最高水準の公衆衛生倫理をわきまえていて、このもくろみは見事にしっぺ返しをくらい、日本より米中のほうがはるかに大きな被害を出した。今のところ世界各国の中央銀行と米中両国の利権集団が結託して、自ら墓穴を掘る愚行にふけっても、微生物兵器攻撃を受けても、超然かつ泰然としていられるのは、公衆衛生倫理を血肉化した日本の大衆のみだろう。このへんについては第5章、第6章で詳述する。

敵を国家ではなく、「だれか」として考えてみよう。ともに高齢者に対する医療保障や年金制度がずさんだったり、なかったりする米中両国のどちらかが、あるいは双方共同で慢性疾患を抱えた高齢者を大量死させるためにつくり出した微生物兵器が、コヴィッド-19だったのかもしれない。さすがに積極的にばら撒きはしないが、いつかなるべく自然なかたちで流出してくれて、カネのかかる慢性疾患持ちの高齢者を狙い撃ちで抹消してくれることを心待ちにしていたのだ。

これはけっこうありそうな話だ。国民皆保険制度も、国民の大多数をカバーする年金制度もない米中両国は貧困で病苦を抱えた高齢者が増えても、何の負担もせずに切り捨てて行けそうに思える。しかし、いくらなんでも、道ばたに行き倒れの死体がゴロゴロ転がっている情景はインスタ映えしすぎる。

こういうとき、もとからの制度があって、「現行制度では負担しきれないから、なんとか新しい合意点を見出すために交渉しましょう」と言える国では現実的な妥協点が見つけやすい。だが、まったくなんの制度もない国とか、メディケア、メディケイドのように医療機関や医療保険会社は儲かるが国民には負担が重すぎる制度しかない国では、切羽詰《せっぱつ》まってどうにもならなくなる。

そうなってから、新規に制度を立ち上げるという非現実的な難題に取り組まなくてはならない。

「それにしては流出のさせ方がちっとも自然に見えないじゃないか」というご批判もあるだろう。そこに登場するのが、オフィス用PCアプリパッケージ、ウィンドウズによってニッチ型ガリバー寡占企業の地位を確立し、現在は世界有数の「慈善財団」を率いるビル・ゲイツだ。

救世主《メシア》妄想にとり憑かれたビル・ゲイツが長年、疫病恐怖を煽《あお》ってきたのにちっとも反応しない大衆を懲らしめるために、自分で起こした自作自演の疫病蔓延劇というのは、うがち過ぎだろう。だがゲイツが米中双方の微生物兵器開発陣に、「中規模程度でいいから、印象の強烈な疫病の病原体を早いところ実用化してくれ」とせっついていたのは明白な事実だ。ビル・ゲイツはコヴィッド-19の蔓延をチャンスと見て、検疫済みのマイクロチップを埋めこんだ人しか外出できず、またそのマイクロチップには既往症や前科ばかりか金融情報まで内蔵させる体制を築こうと画策している。

そこで、次章は2つの問題を解明する。ひとつ、ビル・ゲイツが数十億人という市場規模を想定して着々と進めてきた、「すべての疫病にカスタムメードのワクチンを! 提供はビル&メリンダ・ゲイツ財団でした」キャンペーンの実情。2つ、あらゆる感染症の温床となっている悲惨なアメリカ畜産業界の実態。

第4章

「微生物戦争」は大不況のきっかけだが、真因ではない

——資本の自己増殖衝動が、ウイルスの自己複製衝動に負ける！

あらゆる疫病騒動を覆うビル・ゲイツの長く黒い影

２０２０年1月23日、ビル・ゲイツ率いる防疫対策革新連合（Coalition for Epidemic Preparedness Innovations、ＣＥＰＩ）が、コヴィッド-19用ワクチン開発のための３つのプロジェクトへの出資を発表した。ＭＥＲＳとラッサ熱治療用のＤＮＡワクチン候補から有効なものを探し出す研究と、さまざまな病原体に有効なワクチンの分子構造を固定することによってワクチン開発のスピードアップを可能にする「分子万力」研究と、コヴィッド-19用に照準を合わせたｍＲＮＡワクチンの開発研究だ。

この初動の速さは、さすがと言うべきだろう。1月下旬というと世界各国に中国の大都市、武漢で何やら大変な疫病が蔓延しているらしい程度の情報は広まり始めていた。だが、ほとんどの人は、中国だけのローカルニュースと見ていたはずだ。

３つのプロジェクトに関して、不思議なことがある。すでに感染して回復し、抗体を持った人の血清を使うことは初めから考慮に入っていない。通常であれば、血清注射で慢性疾患を持った高齢者のようなリスクの高い人たちを守りながら、健康な人たちには平常どおりの生活をしてもらうことが最初の選択肢になるはずだ。コヴィッド-19に関しては疫学者、公衆衛生学者、臨床医のあいだで、感染した人の大部分が自覚症状なしか、軽症で済むことについては見解が一致している。専門家の中には、「感染者の99パーセントは軽症で特段の治療なしに自然治癒する」と考える人もいるほどだ。

ところがビル・ゲイツの発想には、抗体を持った人からの血清注射という選択肢は初めから排除されている。「そうかんたんな話ではない。我々が造れる薬品としてのワクチンに比べると、感染者から血清を取って、それを陰性の人に注射してという手間をかけつづけるのは量産したときのコストが段違いだろう」と言うのだ。「ワクチンが造れる」というのは、少なくとも今のところ捕らぬ狸の皮算用だ。一方、感染して回復した人の血清はすでに存在している。本気で「少しでも早く、少しでも多くの命が救えるように」と考えているとしたら、いつ実現するのかわからない量産化時点でのコスト比較をここでするのは場違いだろう。

血清無視・ワクチン最優先の発想は、どこから出てきたのだろうか。感染によって抗体ができた人の自然免疫は病原体が非常に大きな変異をしないかぎり、長続きする強力な免疫だ。それに比べてワクチンや抗ウイルス剤は薬価が高く、効果も短期的にとどまる上にさまざまな薬害のリスクもつきまとう。一方、製薬会社にとっては、ワクチンや抗ウイルス剤は対症療法だから、流行が再燃するたびに前回の流行で自然免疫ができなかった人からの新規需要が見こめる。つまり自然免疫を持つ人の数が増えるほど、将来ワクチンが完成したときにワクチンを投与する必要がある人口が少なくなることを恐れているのだとしか思えない。

さらに世界最大級のコンピューターソフトウエア会社創業者としての本音も出る。「将来的には、だれが回復した感染者か、だれがワクチン投与済みかの証明ができない人たちを自由に動き回らせてはいけないという合意が形成されるだろう。世界中には疫病を完全にコントロールできないとか、しようとしない国もある。残念なことだが。そういう国との交流だって完全に遮断できないとすれば、全員が免疫性に関するデジタル化した証明書をつねに持ち歩く体制が整うまでは、全世界で封鎖を解除することはできないだろう」

ここにはもう、どの病気はどの程度の危険性を持っているのかといった理性的な判断はかけらもない。とにかく人から人へと感染する病原体があるかぎり、免疫証明の携行を義務づけて「社会を疫病から守る」ことが、個人情報を守る権利や行きたいところに好きなときに行く権利より優先するのだ。ありとあらゆる人間の行動を、自分が最良と考える方向に統制したいという権力志向もむき出しになっている。

ちなみに、この発言はアメリカやカナダを中心に著名人がプレゼンテーションをするカンファレンス主催団体、「テクノロジー・エンターテイメント・デザイン（TED）」でのビル・ゲイツの発言だ。ゲイツはTEDを疫病対策の必要性を訴える場として何度も使っている。奇妙なことに、最後の免疫パスポート構想は、2020年3月31日の時点でTEDの公式記録からは削除されている。

いつごろ、どのようにしてビル・ゲイツは公衆衛生一般、中でも疫病対策についてこれほどの影響力を発揮できるようになったのだろうか。前章で4枚をご紹介した関連年表とは別に、ビル・ゲイツとゲイツ財団の動向に焦点を絞った最後の1枚をここでご覧いただこう。

この年表の最初の項目は、とくに注目する必要もなさそうな財界人の動静に関するありきたり

テロと微生物戦争関連年表5　聖人？　救世主妄想の権力亡者？

1997年	**ゲイツ・ライブラリー財団設立**。
1999年	著名な**疫病学者**、ウィリアム・フォージ博士を同財団の**上席顧問**に迎える。
2000年	**ビル&メリンダ・ゲイツ財団設立**。
2002年	サハラ以南のアフリカ諸国で**ゲイツ財団**の支援で開発した**髄膜炎ワクチン**を数千名の子どもたちに**接種**。500名のうち約50名が発症という薬害を惹き起こす。
2005年1月	**ゲイツ財団が**2000年創設の**ワクチン・免疫のための世界連合（GAVI）**に**7億5000万ドル**拠出。
2007年9月	**ビル&メリンダ・ゲイツ財団が拠出した**1億500万ドルの**資金をもとに**ワシントン大学に**健康指標評価研究所（IHME）**が**設立**される。**2018年**時点での**運用資産総額400億ドル**、うち**WHOへの寄付**累計**15億ドル**。
2009〜10年	インドで勃発したパピロマウイルス感染用にゲイツ財団の資金で製薬大手のGSKとメルクが開発したワクチンが、**投与された9〜15歳**の**少女7人**の**死亡**という**薬害事件**となる。
2010年	**ビル・ゲイツ**が、**WHOに総額100億ドルを投じて**「**2010年代をワクチンの時代に**」と提言。
2014年	ケニアのカトリック医師団が、**WHO配布**の**破傷風ワクチン**に**不妊化成分**が含まれていたことを暴露。
2015年4月	**ビル・ゲイツ**が、バンクーバーで開催されたTED Talkで「**疫病危機**」説を唱え始める。
2017年1月	**ゲイツ財団**、ドイツ、日本などからの4億6000万ドル出資で**疫病予防革新連合（CEPI）**を**創設**。
2017年	**ゲイツ財団**が**IHME**に2億7900万ドルの**資金を追加拠出**。
2017年	**ゲイツ財団支援**の「**ポリオ撲滅ワクチン**」により**49万人の子どもたちが非ポリオ性マヒを発症していたと判明**。
2018年4月	ビル・ゲイツがマサチューセッツ州内科外科学会で、「**疫病脅威**」**説**を再論する。
2019年8月	2015年に公表された**ロリータ・エクスプレス搭乗者リスト**に、**2013年3月**の便に**ビル・ゲイツ**の記載があることが話題に。ゲイツはジェフリー・**エプスタインとの面識を認める**もロリータ・エクスプレスには言及せず。
2019年10月18日	World Economic Forum、**ビル&メリンダ・ゲイツ財団**、**ジョンズ・ホプキンズ大学保健センター**、**CIA**共催でニューヨークのホテル・ピエールにて「**Event 201**（地球規模の**疫病蔓延**に関する机上演習）」を**開催**。
2020年初頭	**ゲイツ財団**、イギリスの慈善財団、ウェルカム、マスターカードと共同で**Covid-19治療法開発を加速する**プロジェクトを立ち上げる。
2020年3月31日	**ビル・ゲイツ**、疫病蔓延期には**免疫を証明**するデータを**マイクロチップ**で**携行**している**人間以外**の**外出禁止**を**全世界**で**導入**することを提唱 。将来的にはこの**マイクロチップ**に**当人**の**年齢・人種・健康状態・政府登録番号**ばかりか**財政状態**に関する**情報**も**蓄積**しておくべきだと発言。

のニュースだ。のちにビル&メリンダ・ゲイツ財団に改組されることになる、ゲイツ・ライブラリー財団が1997年に設立された。大富豪にとって、節税対策として慈善病院や美術館や専任研究員を抱えた図書館を運営する財団を設立するのは定番だ。設立当初は規模も小さくて、超の字がつく大富豪が設立した財団にしてはケチくさいのではないかとの陰口まできかれた。

だが、2年後の1999年に著名疫学者、ウィリアム・フォージ博士を上席顧問に迎えてから、この財団は規模も急拡大し、研究内容も通常の図書館専任研究員がするような古文書の鑑定や、稀覯《きこう》手書き本の執筆年代推定といったものとは大きくかけ離れていく。そして翌2000年に規模も拡大して、華々しくビル&メリンダ・ゲイツ財団として再出発する。

極端なワクチン優先姿勢

しかし、その後の展開は、ほぼ一貫して論争のタネだった。まず、この財団の資金で開発された髄膜炎《ずいまくえん》ワクチンが2002年にサハラ以南の最貧国の多い地域の子どもたち数千人に投与される。ところが、そのうちひとつのグループで投与された500人から50人もの髄膜炎発症者が出た。

髄膜炎とは、脳と脊髄のあいだの髄膜にウイルスや細菌が侵入すると起きる病気で死にいたることも多い。治癒しても、てんかんなどの恒久的な障害を残すこともある怖い病気だとされている。15~20歳で寮や寄宿舎などで集団生活をしている少年少女にクラスター感染の危険が大きい

ビル&メリンダ・ゲイツ財団支援の主なワクチン開発研究
2020年3月現在

ワクチン	対象となる病状・病原体
ヒトパピローマウィルスワクチン	ヒトパピローマウイルス
ポリオワクチン	ポリオ
日本脳炎ワクチン	日本脳炎
髄膜炎菌ワクチン	髄膜炎菌（髄膜炎A菌）
はしか・風疹ワクチン	はしかウイルス・風疹ウイルス
肺炎球菌ワクチン	肺炎球菌感染症
チフスワクチン	チフス
コレラワクチン	コレラ
ロタウイルスワクチン	ロタウイルス
黄熱病ワクチン	黄熱病
5病対応ワクチン	ジフテリア、破傷風、百日咳、ヘモフィルス「インフルエンザ」菌（B型インフルエンザと呼ばれるが、ウイルス感染するインフルエンザではない）、B型肝炎

原資料：『ワクチン支援』誌、2020年3月12日時点の記載
出所：ウェブサイト『Wikipedia』、「Bill & Melinda Gates Foundation」に関する2020年4月8日のエントリーより引用

と言われている。ただ、このワクチンを開発したワクチン市場シェア世界第2位のサノフィのホームページを見ると、過去約15年間で日本の発病者は最大でも年間43人、最小では7人だった。アフリカ、インドなどの貧しい国々で大勢に投与する必要があるのか、そしてゲイツ財団は貧困な国の少年少女を人体実験用に使っているのではないかといった疑惑が、この財団の支援するワクチン開発プロジェクトには、つねにつきまとうことになる。

こうした疑惑を招く一因が、とにかくワクチン開発優先の研究助成だ。上の表が示すように、この財団の資金がいかに多くのワクチン開発プロジェクトに投下されてきたかがわかる。

この姿勢に対するもっとも根源的な批判は、ほとんどの感染症の先進国での死亡率はワクチンが開発されるはるか以前に激減していたとい

う事実だ。代表的な事例ははしかだ。20世紀初頭には人口10万人当たりの死者数が15人近い深刻な感染症だった。だが第二次世界大戦後には、10万人当たり1人にも達しないほど犠牲者の少ない感染症になっていた。そして、はしかワクチンが開発されたのは、はるかのちの１９６３年になってからだった。つまり感染症の犠牲者を減らすには、何よりもまず栄養バランスの良い食事が取れる豊かさ、清潔な上下水道などの生活インフラの整備が重要で、それに比べればワクチン開発の貢献度はずっと低いのだ。

ワクチン開発によって貧しい国々の人たちの命を救うのは、いちばん重要な貧困そのものの解消から目をそらす行為だという批判は昔からあった。またゲイツ財団のプロジェクトには、すでに実用に供されているワクチンがあるのに、改良版を出して既成商品から市場シェアを奪おうとするものも多い。そのうちでも、とくに悲惨な事態を招いたのが１７５ページ下から6番目の項目だ。２０１７年に、ゲイツ財団の支援で開発された「ポリオ撲滅ワクチン」が、じつに49万人の子どもたちに非ポリオ性のマヒを起こしていたという事件だった。

ワクチンは対象とする病原体の毒性を弱めたものが多い。ポリオワクチンであれば、ポリオを発症するのは不幸なことだが、わからないでもない。だが非ポリオ性のマヒが、しかもこれだけ大勢の発症者を出すというのは異常だ。臨床試験などがよほどずさんだったか、そもそも実用化の初期にいろいろ不都合があることを承知で、臨床試験のつもりで投与していたのではないかと叩かれることになった。

GAVIという不透明きわまる国際組織

年表に戻ると、2005年にはゲイツ財団が、すでに2000年に設立されていた「ワクチンと予防接種のための世界同盟（GAVI）」に7億5000万ドルを拠出する。その後も巨額資金を投じつづけて、2020年までの累計では約41億ドルに達している。この拠出額がいかに巨大だったかは、次ページのグラフが鮮明に示している。

ご覧のとおり、ゲイツ財団の拠出額は総額209億ドル中の19・66パーセントで、アメリカ政府の11・83パーセントの2倍近い金額だ。ゲイツ財団より大口の出資をしているのは23・44パーセントのイギリス政府だけだ。

イギリス政界では珍しく、ポッと出の成り上がり政治家として首相になってしまったボリス・ジョンソンが騒動勃発当初に「たいして大きな疫病ではないから、特段の防疫措置は講じない」と言ったときには、イギリス版ディープステートはさぞかし慌てただろう。「苦しい懐事情の中で、これだけ巨額の投資をしているのに、こいつ何を考えているのか。一服盛ってやろうか」ということで集中治療室入りする重症患者になったという憶測が出ている。

ネット版CNBCニュースの2020年2月23日付記事によれば、世界のワクチン市場は過去20年間で6倍に成長して、今や350億ドルの大市場になっている。つまり、ちょうど20年前に設立されたこの組織に設立5年で大金を投入したゲイツ財団は、見事に市場全体の上昇気流に乗ったことになる。

GAVIへの寄付・献金内訳、2000～20年
総額:209億米ドル

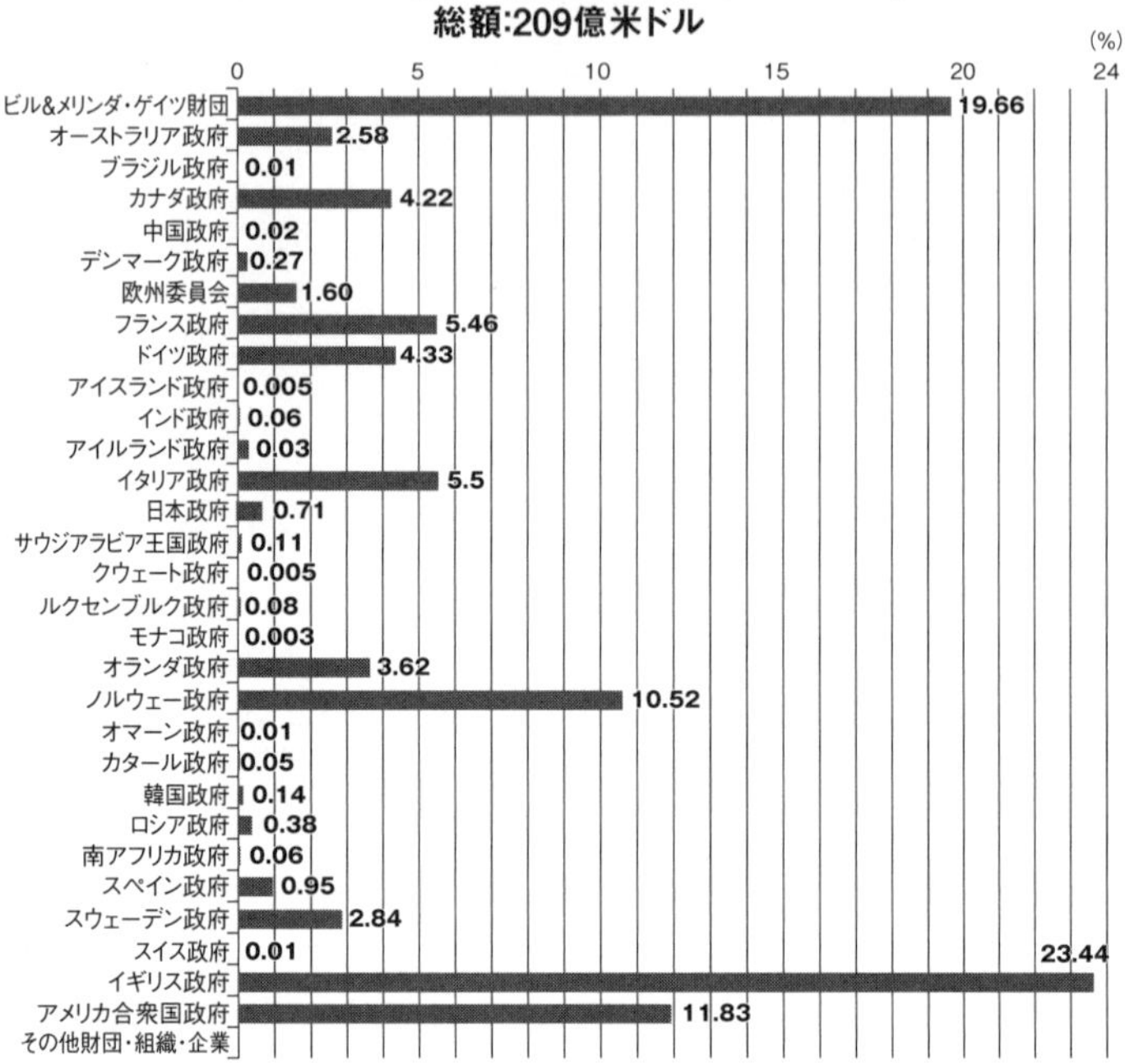

原資料：GAVI開示資料
出所：ウェブサイト『Off Guardian』、2020年5月8日のエントリーより作成

しかも、あとでくわしく説明するようにワクチン市場の約8割を4大グループで占めていて、研究開発に巨額の資金を投下できない競合企業はどんどん脱落していく。資金投下をする際に勝ち馬が予想しやすく、大型商品になったときの収益も莫大な分野なのだ。ゲイツ財団の資金運用部は、この世界的寡占ワクチン製造業者団の大株主ともなっている。

さてGAVI自体は、いったい何をどうするために結成された組織なのだろうか。発展途上国、後進国、最貧国などで自国ではワクチン投与や予防接種の

資金を捻出できない国もある。そうした国々のために、富裕国、新興国政府の拠出金、民間団体の寄付・献金、そしてIMF・世界銀行によって認可された免疫促進債の発行などで調達した資金を融通して、とくに子どもたちのためのワクチン投与・予防接種を推進するのがGAVIの役割となっている。

「手の届くお値段で子どもたちの感染予防を」は、ほんとうか？

この資金を受け取った国々は、あとで返済を迫られるわけではなく、「そのうち経済発展が進んで自前でワクチン投与や予防接種ができるようになったら、それからは資金拠出側に回ってくださいね」という道義的な要請があるだけだ。一見いいことずくめだが、次ページに掲載したGAVIの組織図を見ると、「これは透明性の高い取引になるはずがない」とわかる。

まずワクチン投与・予防接種という「商品」の売り手と買い手が、とうていビジネスライクな交渉ができる立場に置かれていない。製薬会社と資金拠出国に「これ以外に貴国の子どもたちを救う道はない」と言われてしまえば、資金を受け入れている弱みがある側としては言いなりになるしかない。正直なところ、「まあ国民が自腹を切って払わされるわけではない。どうせどこかの国か、財団が肩代わりしてくれるカネだ」という割り切り方もするだろう。だが、こうして事実上「無償供与」されるときの価格が、その後の国際市場での相場を左右してしまうのだ。

また、この「取引」の公正さを監視するべき機関、モノが医薬品であるだけに安全性を監視す

WHOの大スポンサー、GAVIとはどんな組織か？

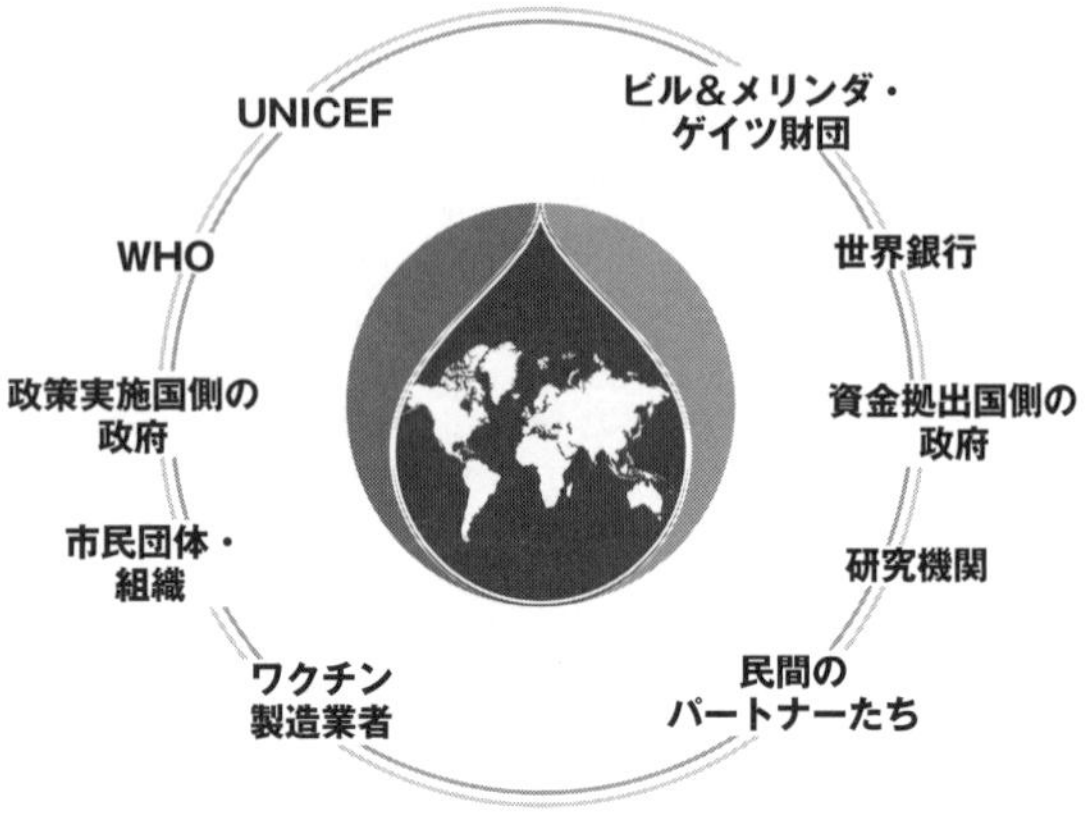

原資料：GAVI開示資料
出所：ウェブサイト『Lockdown Sceptics』、2020年5月9日のエントリーより引用

るべき機関がおよそチェック・アンド・バランス（監視と均衡）を達成できる仕組みになっていない。この中では唯一監視機関となる資格がありそうなＷＨＯは、完全に英米政府とゲイツ財団に首根っこを抑えられている。ゲイツ財団とその傘下に入ったＧＡＶＩは、民間団体としてはＷＨＯの２大スポンサーだ。アメリカ政府の約15パーセントに続いて、ゲイツ財団が９・76パーセント、ＧＡＶＩが８・39パーセントとなっているからだ。次ページのグラフでわかるとおり、断固たる監視機関として機能するにはＷＨＯの資金力はひ弱すぎる。

薄い色で示した加盟国政府の義務的拠出金の占める比率が、濃い色の民間団体からの任意の寄付や献金に比べて非常に低い。大ざっぱに言って、ＷＨＯは各国政府の拠出金１対任意の民間寄付・献金３という資金比率で運営されている組織なのだ。これは国連傘下の国際協調組織の中でも最低

WHOへの資金拠出額トップ10カ国、2018～19年合計
2010～19年の累計ではアメリカ連邦政府と政府系機関のみで35億ドルを拠出

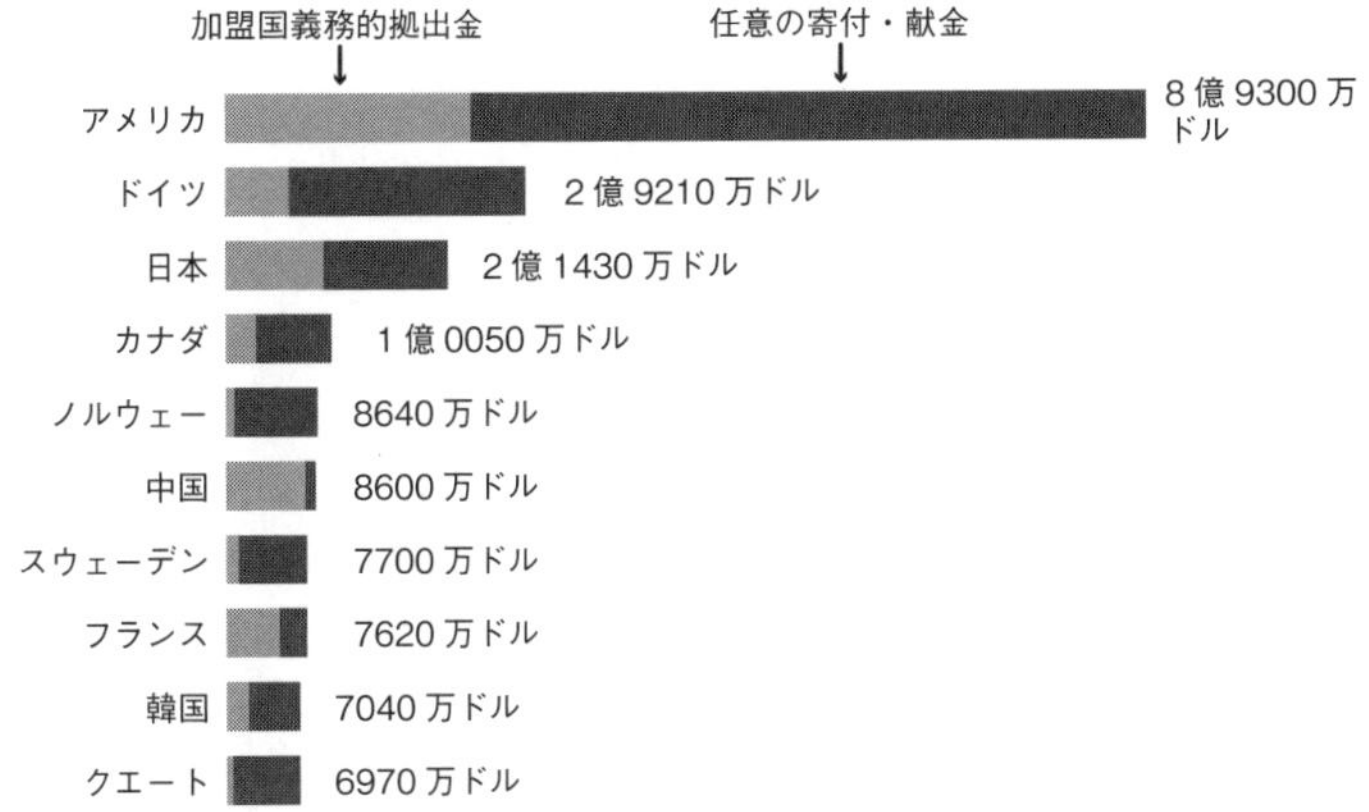

出所：ウェブサイト『Zero Hedge』、2020年4月15日のエントリーより引用

に近い比率だろう。昔からそうだったわけではない。国際金融危機以前には加盟国政府がもっと大きな金額を拠出していた。世界各国が一斉に手元不如意になる中で、もっとも大幅に予算を削られたのが、ＷＨＯへの拠出金だったという国が多かったのだろう。

そこに、まさに救い主として登場したのがゲイツ財団だった。ＷＨＯは2年１コマで予算を組んでいるので、国際金融危機直後の最初の予算は２０１０～11年度ということになる。各国政府からの拠出金大幅削減通告が飛びこむ中で、「いったいこれからどうやって職員の給与を工面しようか」と困るほど資金が枯渇していたＷＨＯに、ゲイツ財団が１００億ドルの巨額資金の拠出提案と込みで、「２０１１～20年をワクチンの年代にしよう」と持ちかけたのだ。

おまけに当時も今も、ゲイツ財団以外の民間の大口献金者はグラクソ・スミスクライン、バイエル、サノフィ、メルク、ギリアド・サイエンシズとずらっとワクチン製造大手が並んでいる。２００８～09年度のＷＨＯ予算で民間団体中最大の貢献をしたのは、８４００万ドルを拠出したスイスの製薬大手ロシュ社だった。「偶然」にも当時は、Ｈ１Ｎ１型豚インフルエンザの大流行が懸念されていた。またまた偶然にもロシュ社にはタミフルという、このインフルエンザに顕著な効能があるはずの新薬があった。

結局、豚インフルエンザ自体はごく小規模な流行にとどまった。だが８４００万ドルの投資でＷＨＯから「Ｈ１Ｎ１疫病宣言」を引き出せたおかげで、タミフルは全世界で30億ポンドというとんでもない売上を達成した。当時の１ポンドは約１・５ドルだったから45億ドル、投資効率は54倍となる。

この２００９年の「豚インフルエンザ」騒動については、かなり早くから「ＷＨＯが民間からの寄付・献金を集めるために、もともと大した疫病にはならないことを承知で大騒ぎしたのではないか」という推測や批判が出ていた。それぐらい世界各国から拠出金が削減されて、ＷＨＯは困っていたのだ。

２０１０年当時のＷＨＯ事務局長はテドロス・アダノムの前任で、香港人のマーガレット・チャンだった。だが、だれが事務局長をしていようと、「２０１０年代をワクチンの10年代に」というゲイツの申し入れを呑まざるを得ない環境だったのだろう。結局、その後のＷＨＯはゲイツ財団、製薬大手、英米政府の言いなりになって、それまで以上にワクチン開発優先の疫病対策になだれこむ。

今回のコヴィッド-19対策にしてもWHOが音頭取りになって、ワクチンが開発されるまではなるべく対人接触を避けて、感染を拡げないようにと呼びかけていることの効果は大きい。その結果、世界中で都市封鎖や外出禁止を罰則規定のある法律で強制する国が続出し、対人接触なしにはほとんど成立しない零細サービス業者がバタバタと潰れていった。大手メディアの報道では、このワクチン開発優先は疫学者や公衆衛生学者のコンセンサスのように語られている。だが、それは事実と反する。ワクチン開発優先は製薬会社とゲイツ財団にとって、もっとも儲かる方針というだけなのだ。

当然、「貧困国にも手の届くお値段でワクチン投与や予防接種の機会を」という理想と、GAVIの現実の姿はちっとも接近しないどころか、むしろ遠ざかっている。国際的にも非常に評価の高いNGO「国境なき医師団」は、2014年に児童ひとりに必要な免疫を施すのに必要な費用は、2001年に比べて68倍になったというショッキングなレポートを出している。

WHOは中国ではなく、製薬資本とビル・ゲイツの操り人形

この価格急騰には、ゲイツ財団の幹部とメルクやグラクソ・スミスクラインの経営者は、往々にして同一人物が役割交換をしているという事情も介在する。先ほど引用したCNBCニュースの続きを見ると、ワクチン大手が世界でもっとも国民1人当たり所得の低い94カ国で稼ぎ出した

収益は、なんと投下資金1ドルに対して収益44ドルのべらぼうなボロ儲けになっているのだ。

2010年からの10年間で、アメリカ連邦政府と政府系機関の資金拠出総額は35億ドルだったが、ゲイツ財団は2000年からの20年間と2倍の期間に24億ドルも拠出した。そしてゲイツ財団と英米政府の3者で切り盛りするGAVIからも、巨額の資金を受け取っている。

WHOの中にも、ゲイツ財団のお達しどおりに「対人接触大幅減」とか「どこでだれと会うときも2メートルの社会的距離を保て」と言いつづけるのを苦々しく思っている人もいるだろう。いつ完成するかわからないワクチン開発を待って萎縮しているより、健康な人たちは積極的に感染して症状なしか軽症にとどまって抗体をつくるほうが、はるかに被害を小さくできるのだ。

ワクチン開発優先方針のもうひとつの難点は、どうしても臨床試験がずさんで拙速になり、薬害事件を起こしやすいことだ。先ほど紹介したポリオワクチンもそうだが、2009~10年にはインドの少女たちに投与したワクチンが大規模な薬害症状を呈し、そのうち7人が亡くなっていた。ゲイツ財団は資金援助をして開発させたワクチンの薬害事故については、全面的に免責されるという条約を世界各国と結んでいる。このへんもビル・ゲイツの権威・権力は、すでに国家並み、しかもG7級という批判の根拠になっている。

2009年には、結局空騒ぎに終わった豚インフルエンザ騒動も起きていた。例によってニール・ファーガソンはイギリスだけで6万5000人が死亡すると予測していたが、死者457人にとどまったのは、すでにご紹介済みの数字だ。だが、この過大な予測にあおられて、イギリス政府は2006年にすでに特許取得済みのグラクソ・スミスクラインのパンデムリクスというワクチンを供用することにした。

結果は惨憺《さんたん》たるもので、60人の子どもに脳障害が生じた。グラクソ・スミスクラインは免責され、実用化を急がせたイギリス政府が総額6000万ポンドの補償金を支払った。のちの調査でパンデムリクスに、1万6000人当たりにひとりの確率で睡眠発作や脱力発作などの脳機能障害を発症する副反応があると判明した（最近の医学用語では、「副作用」というと、いかにも悪者感があるので副反応というらしい。薬害という事実に変わりはないのに）。

60人への補償金が6000万ポンド、1人当たりで100万ポンド、約1億5000万円だ。この数字をよく覚えておいていただきたい。たとえば今製薬大手が懸命に開発中のコヴィッド-19用ワクチンを、各国政府がきちんと時間をかけた臨床試験もせずに実用化しろとせっついたとしよう。製薬各社は薬害について完全免責を約束されなければ、そんな怖いことはしないだろう。当然、急げば急ぐほど薬害が出る確率は高まるはずだが、被害者への補償金は国民の税金で払うことになる。

年表中段にある、「WHOが配布した破傷風ワクチンに不妊化成分が含まれていた」事実を、2014年にケニアのカトリック医師団が暴露したというニュースはもっと深刻だ。ビル・ゲイツは父親が全米家族計画協会の理事をしていたことにも影響されて、昔から「貧困国は人口を削減しなければ豊かになれない」というのが持論だった。またメリンダ・ゲイツは「貧困国の若い女性たちは、避妊したくても恥ずかしくて、あるいは男性に嫌われたくなくて避妊具を付けてくれと言えずに、望まない妊娠をしている。だから避妊具を使わなくても避妊ができるようにしてあげるのが人助けだ」と主張しつづけている。

カトリック医師団は不妊化成分の混入は事故ではなく、意図的な強制不妊化計画の一環だったと主張している。もちろん、ゲイツ財団側はたんなる事故だと反論している。だが、なぜ破傷風ワクチンに不妊化成分が混入するような事故が起きるのだろうか。

そこで興味深いのが、トランプ大統領のWHOへの資金拠出停止宣言だ。表向きは「テドロスは中国びいきでけしからん」という理由でやったことだが、ほんとうにそれだけの子どものけんかのような話なのだろうか。現職のアメリカ大統領といえども、ビル・ゲイツ、製薬資本、英米政府官僚の大多数が結託した利権集団に正面から立ち向かったのでは勝ち目がないと思って、最近アメリカ国民に浸透しつつある中国叩きの風潮に便乗して、彼らに戦いを挑んだのではないか。5月29日にトランプはWHO脱退を宣言した。

トランプのことだから、勘と反射神経で動いただけだったという可能性もある。だがテドロス個人がアフリカ票をまとめてくれた中国に頭が上がらなくて、明らかなデータ秘匿《ひとく》を非難することさえできないのは、それほど大きな問題ではない。一方、テドロス以前からWHOが一貫して製薬会社の売上向上に貢献するために、無用の空騒ぎをし続けてきたのは深刻な問題だ。

ゲイツの思惑どおりにことが運べば、究極の監視社会が実現する

2015年以降、ひんぱんに疫病の脅威を唱えつづけてきたビル・ゲイツは、武漢ミリタリー・ワールドゲームズ開会式の当日、ニューヨーク市の一流ホテル・ピエールで「ウイルス性感染症蔓延を想定した防疫対策机上大演習、イベント201」を行う。ゲイツ財団とこのイベントを共催したのは、ワールド・エコノミック・フォーラム、ジョンズ・ホプキンズ大学パブリックヘルス大学院、CIAなどだった。さすがに自分たちでコヴィッド-19の病原体、SARS-CoV-2をばら撒きはしなかっただろう。だが、もう何年もこういうチャンスを狙っていたのは事実だ。

何をするチャンスかと言えば、我々がまさに今経験している、世界中で都市封鎖や外出禁止を励行して、ウイルス開発まで非感染者集団を最大に保ち、ウイルス量産体制が整ったところで、大量頒布するチャンスだ。ついでに、この機会に免疫履歴、個人識別番号、金融情報などを詰めこんだマイクロチップを本人の体に埋めこんでしまう。疫病流行期間中はこのマイクロチップで陰性または免疫獲得済みでなければ、道を歩くことも公共施設に出入りすることもできないという制度を導入することも狙っていた。

疫病はどんなに小さなものでも数え上げれば、3〜4年に一度は起きつづけている。つまり、マイクロチップの免疫履歴は、ひんぱんに更新しつづけなければならない。製薬会社にとっては尽きることのない需要の源泉となる。監視システム運用を受託した企業にも、莫大な収益が上がりつづけるだろう。

ゲイツは「自分がだれかを証明することができるのは基本的で普遍的な人権だ」と、この究極の監視社会を正当化している。どなた様に対してか知らないが、「自分は決して怪しいものではございません。最新のワクチンもちゃんと投与していただいております」と言わなければ道も歩けない社会にすることの、いったいどこが「人権」なのか。

このマイクロチップに銀行口座まで盛りこんで、貨幣交換は全部自分の体に埋めこんだ銀行口座の出入金で行うことにすれば、完全キャッシュレス社会も実現できる。免疫履歴と個人識別番号と銀行口座の出入金を全部政府が監視し、管理しているとなってしまったらプライバシーなどあり得ない社会になる。それがビル・ゲイツにとっては、理想の社会なのだ。

ただ2019年夏以降、どうもビル・ゲイツの言動に焦りのようなものが感じられる。もちろんイベント201の開催予定は、ずっと前から決まっていたはずだ。だが免疫履歴と個人識別番号をマイクロチップに入れて人体に埋めこんで、この「バイオパスポート」なしには日常生活ができないようにするという主張は、いくら何でもイベント201共催者のあいだでさえ、異論もあったのだろう。

当然、全質問事項を質問者に教えこんでやったであろうインタビュー番組で、「もしあなたが地球全体の元首だったら、今何をしますか」という質問に得々と答えたのが、この埋めこみ型マイクロチップによる全面監視社会化だった。そもそも「もし自分が地球全体の元首だったら」という発想が、異様だが。

なぜゲイツは焦っているのか？

ビル・ゲイツは、何か悪いニュースで自分の権威が失墜すると予感しているのではないか。突飛なようだが、幼女売春組織の首謀者ジェフリー・エプスタインとの「交流」が意外に深かったことが、そろそろ露見すると警戒している可能性もある。

エプスタインがマンハッタンの豪邸と、フロリダの別荘、カリブ海の風光明媚《ふうこうめいび》な避暑地のあいだを結んで運航していた「ロリータ・エクスプレス」に政財官学界の著名人が多数搭乗していたことは、よく知られている。ちなみに機体はちゃちなプライベート・ジェットではなく、本物のボーイング727を広々としたベッドルーム数室に改装した特注機だった。

このロリータ・エクスプレスに関連して、エプスタインともビル・ゲイツとも交流があったマサチューセッツ工科大学理事のニコラス・ネグロポンテは、次のように正当化している。ちなみに彼は同大学有数の人気研究機関、「未来工場」の通称でも親しまれているメディア・ラブ（愛のほうではなく、実験室のほう）にエプスタインの資金を導入した決断を下していた。「大金持ちばかりが集まる資金集め（fund-raising）の世界では、カネでは絶対に買えないような接待、供応をするのは日常茶飯事だ。ビジネス上の関係をフイにしてしまうほどの大ごとじゃない」というのだ。

だが聖人君子の仮面をはがされたくないビル・ゲイツにとっては、この件に関する細部の情報が流出しないうちに、人生でやり残したことは早く片付けておかなくちゃ、と思っているのかもしれない。それとも、あまりにも長く自分の思いどおりにいくことが続くと、自分の理想こそ大衆の望みだと信じこんでしまうものなのだろうか。あまりにもぴったり自分の予言が的中してしまったので、全能感に浸りすぎているだけなのだろうか。いずれにしろ疫病が続くかぎり、つまり未来永劫にわたって人類はきびしい監視社会に置いてやったほうが、当人たちのためだと本気で思いこんでいる様子なのは怖い。

世界一望監視政府構想は、実現しないだろう。皮肉にもビル・ゲイツも大騒動化に大いに貢献した都市封鎖や外出禁止の経済被害によって、米中経済は共倒れになるからだ。だが敗残の旧アメリカ帝国一般大衆が経済的に落魄《らくはく》するだけではなく、おまけに監視社会に閉じこめられることになったのでは、あまりにもかわいそうだ。ここはひとつ、トランプのＷＨＯ離脱宣言の主要敵が中国ではなく、ビル・ゲイツ一派だと期待しよう。どっちがどれだけロリータ・エクスプレスの搭乗回数が多かったかといったドロ仕合に持ちこめれば、さらにいい。

規模の経済最後の拠点、ワクチン市場

なぜビル・ゲイツはこれほどワクチン生産にこだわるのか、考えてみた。結局、大企業が圧倒的な優位を占める「規模の経済」が貫徹する時代は二度と帰ってこないことを、いちばん真剣に考えた大企業経営者がビル・ゲイツだったのではないだろうか。今までは二流企業の二流創業者と見ていたが、今は三流企業の一流経営者だったのかなという気もする。

規模の経済全盛期には、とにかくどんな業界でも首位になった企業の経営戦略は単純明快だった。他社がマネのできないほどの巨額資金を調達して、最先端で最大規模の設備投資をすれば、業界首位の座を守りつづけながら、業容拡大、利益率向上ができていた。

だが人類が豊かになるにつれ、モノよりサービスに対する需要が増えると、単品大量生産の魅力は著しく減衰する。規模は経営戦略上の優位を保証しなくなったのだ。それでも首位企業の座を守るための自社製品の計画的陳腐化路線を、元祖であるGMのアルフレッド・スローンからアップルのスティーブ・ジョブズまでなんとか持続してきた。維持してきたとはいうものの、中身はやせ細っている。アメリカ自動車業界のビッグ・スリーは、まったく本質的な改良も革新もなく、小手先だけの手直しに終始してきた。だが日本車が本格的にアメリカ市場に進出すると、ひとたまりもなく打ちのめされて、結局二度と立ち直れなかった。

アップルの主力商品iフォーンも6ぐらいまでは、意味のある技術革新が盛りこまれていた。だが、だんだんヒレをつけたり外したり、ボンネットを丸くしたり、四角くしたりで自滅した自動車産業末期に近い、無意味なモデルチェンジが多くなってきた。さすがに昨今では、最先端の高額商品も2~3年経てば、安く買えることが消費者に浸透して、じり貧化しつつある。

ゲイツは高価格少量生産のターゲットである富裕層を取りこぼさずに、低価格大量生産のターゲットもきちんと掌握することができる商品は何かと、ずっと考えつづけてきたのだろう。そこで出会ったのがワクチンだった。オフィス用アプリのワンセット・パッケージ販売では断トツの

大手による寡占化が進む中で、規模の経済を生かしやすいワクチン市場

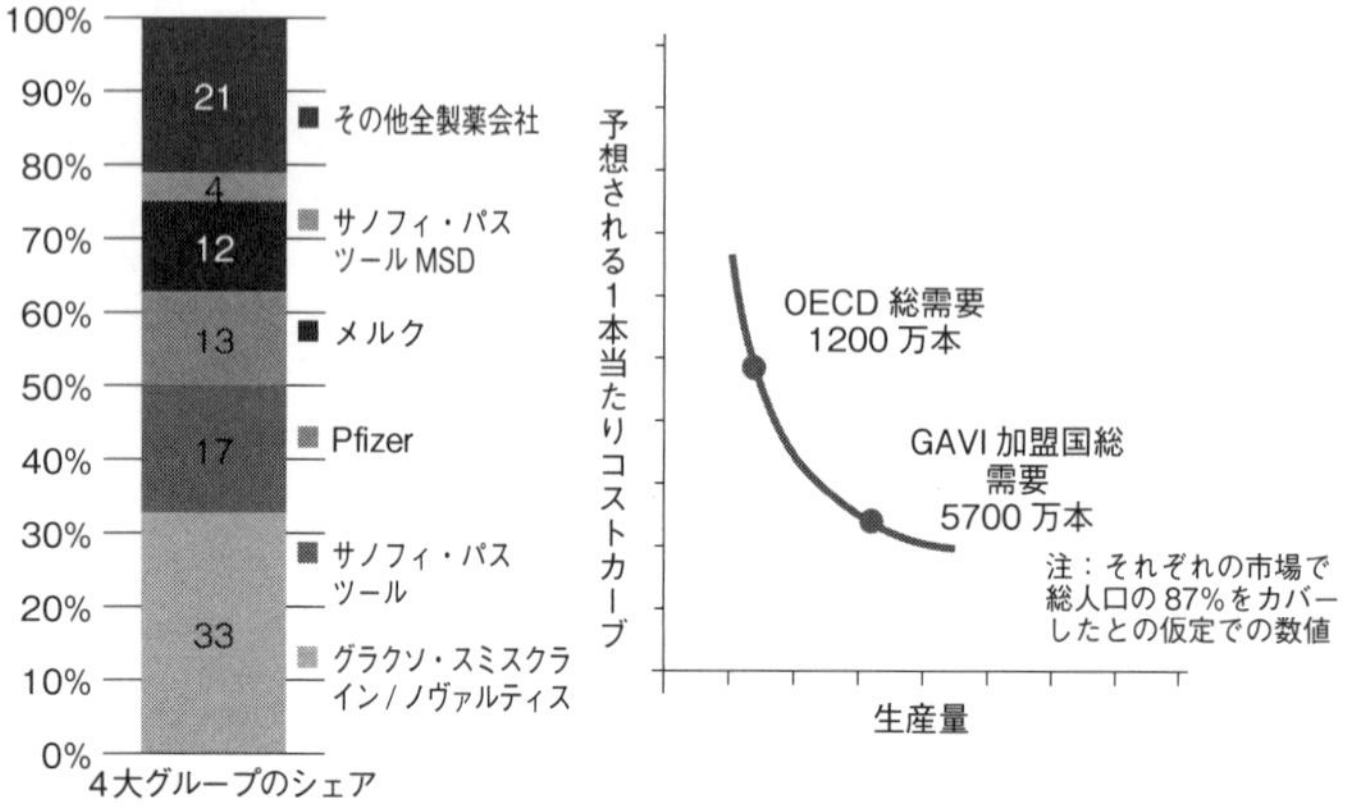

原資料：WHO『世界ワクチン市場の特徴とトレンド』レポート、国連経済社会局『世界人口展望　2015年版』
出所：PATH『Global Vaccine Market』（2016年3月）より引用

シェアを持っているが、市場規模自体の限界を痛感していたゲイツは「そうか。こんなにおいしい市場があったのか」と、まさに眼からウロコの心境だっただろう。上の市場シェアグラフと、数量対価格の逆相関図の組み合わせをご覧いただきたい。

まず、ワクチン市場はもともと寡占性が高かった。左の棒グラフでは、首位のグラクソ・スミスクラインからサノフィ・パスツールMSDまでの5社で79パーセントのシェアとなっている。だがサノフィ社とメルク社のジョイントベンチャーだったサノフィ・パスツールMSDはのちに提携が解消されて、おそらく出資比率に応じて元の親会社に吸収されている。つまり、さらに寡占性が高まって、4社で約8割のシェアを持っている。4社間での順位の変動はあっ

ても、4強の構図は揺らいでいない。すでにご紹介したスイス・ロシュ社やアメリカのギリアド・サイエンシズ社も食いこみを図っているが、安定したシェアを確保できないようだ。

疫病が勃発してから即座に研究開発を進めるための資金力や経験が違うのだろう。何よりも感染症のワクチンは、特許が切れてジェネリック品が出るのを待つ人はほとんどいない商品だ。最初に有効で副作用の少ないワクチンの製品化に成功した企業に、圧倒的に需要が集中する。

さらに右側の模式図的なグラフを見ていただきたい。ここではOECD加盟国の総需要とGAVI加盟国の総需要という大ざっぱな分け方がしてある。だが実際には、そうとう高くてもすぐほしいという大富豪クラスの需要層から、低開発国の億人単位の消費者にも買える価格帯の需要まで、かなり数多くの需要層に対して、その層の手の届く範囲内の最高価格で取りこぼしなく売り切ることができるはずだ。

「待っているうちに死ぬかもしれない」という恐怖が、優秀なセールスマンになってくれるからだ。極端に言えば、うまく致死率も高く伝染性も強い感染症のワクチンが開発できたら、最富裕層向けに研究開発投資と設備投資を全部まかなえる価格設定をして、その下の層からは売れば売った分だけすべて粗利益ということだって可能だろう。

死の恐怖というセールスマンが付いているからこそ、少量生産のときは生産量にふさわしい高価格でどんどん投下資金の回収を進め、大量生産になったら価格は安くても大量販売効果で多額の利益を収得するという価格設定が可能になる。こういう価格設定ができる商品は、他にはめっ

研究開発と生産過程への投資は巨額になるから、
市場規模の予測が重要

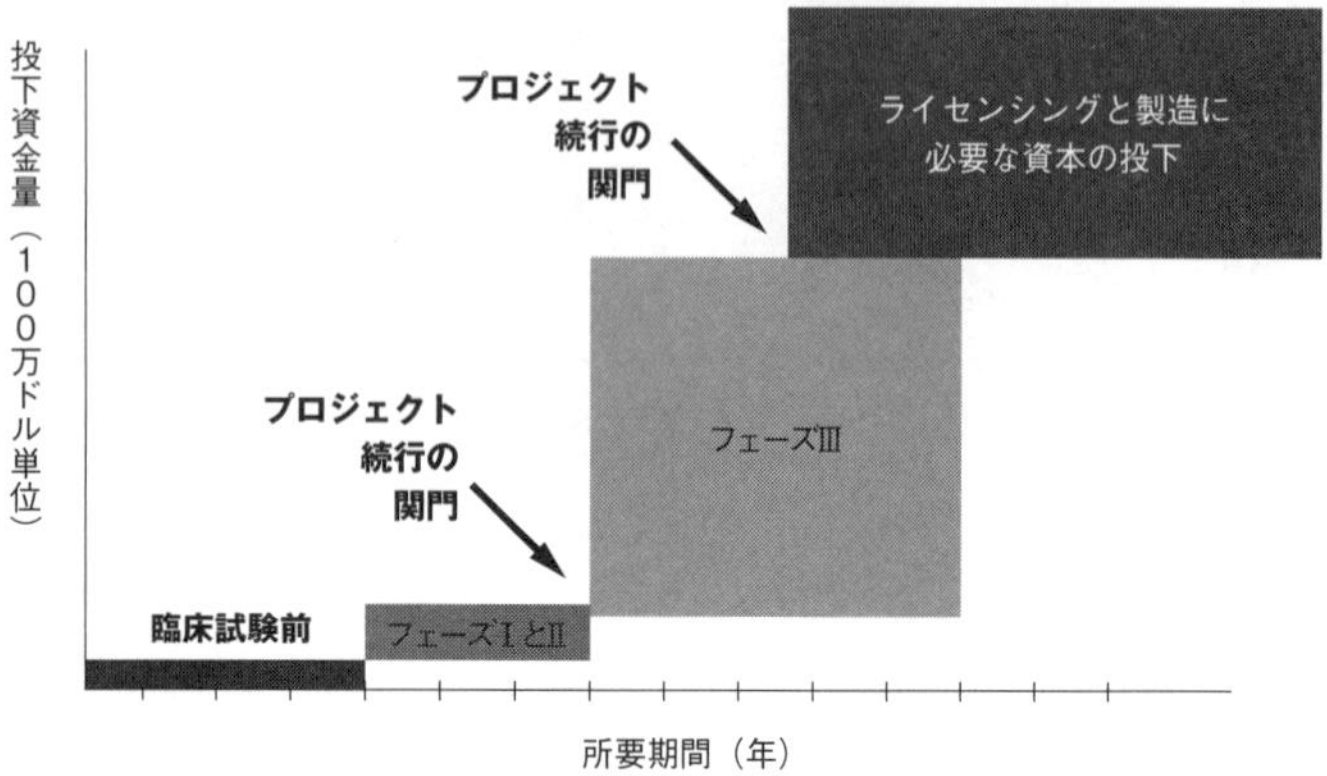

原資料：ドナルド・ライト他「ロタウイルスの研究開発コスト予測」、『ワクチン』誌、2009年、27巻47号（2016年に改訂）
出所：PATH『Global Vaccine Market』（2016年3月）より引用

たにない。上のグラフも一応数量が関わっているように見えるが、概念的な模式図だ。

　ここで原資料の著者が言っているのは、市場規模推定の重要性だ。つまり資金回収段階に到達する前に、ここを超えたらこれだけのカネは出ていくという関門がいくつかある。その関門にたどり着くたびに、そのあとの資金投下に堪えるマーケットが存在するのかどうかを慎重に確かめながら研究開発を進めなければならない。

　ただ逆に言えば、当然大きいと思っていた市場規模が意外に小さかったとしても、かなり進捗してしまった研究開発を途中で放棄したときに損失を削減できる余地はほとんどない。だとすれば、多少、いや大いに誇大宣伝になっても、取りあえず開発中のワクチンが有効性を発揮するはずの病原体の怖さをあおって、なんとか研究開発投資の回収を図る企業も出てくるだろう。豚インフルエンザ騒動のときのロシュ社のタミフルは、それがまんまと図に当たって予想外の大儲けにつながったのではないか。

今回は、あのときほど無理な宣伝活動をしなくてもかなりの大規模市場は見こめるので、ワクチン開発大手各社は、小躍りして研究開発に取り組んでいるはずだ。そうなると、コヴィッド－19が竜頭蛇尾で終わってもらっては困るということになる。都市封鎖や外出禁止で感染拡大を凍結させている真の狙いは、とにかく、最低でも1社のワクチンが実用化されるまではコヴィッド－19が大疫病に発展する可能性に望みを託しつづけることだろう。

「こうやって必死に拡大を抑えているからこそ、大クラスター感染の連発につながらずに済んでいるのだ」という神話を、ワクチン開発のメドがつくまで語りつづけなければならないわけだ。いったいいつまで続けるのか。ワクチン開発大手と大口投資家たちは、少なくともひとつは実用化するまで続けるつもりだろう。それで経済全体が崩壊したら元も子もないというのは、はたで見ている野次馬の感想であって、当事者にとっては自分たちの投資の回収が最低の目標であり、最大の利益が最終目標だからだ。

都市封鎖・外出禁止がエリート支配の基盤を崩しはじめた

絶妙のタイミングでWHOを事実上乗っ取ったゲイツ財団と製薬大手各社は、世界中の医療・公衆衛生市場をアメリカ基準に再編成した。つまり巨額のワイロを遣える大企業、大組織が、自分たちにとっていちばん儲かるように法律や制度をつくり変えることを可能にしたのだ。なぜかトロい日本の知的エリートたちだけが、この世界的なエリート支配の構造に食いこめずに、うらやましそうに外から眺めているだけだ。日本国民にとって、ほんとうに幸せなことに。

だが自分たちの地位は盤石だと思い上がった彼らは、主要国ほとんどの政府に都市封鎖・外出禁止令を出させた。もう取りかかってしまったコヴィッド-19用ワクチン開発の、せめて研究費だけでも回収するためであることは間違いなさそうだ。皮肉にもサービス主導型経済で対人接触を激減させる政策のすさまじい負担が、このエリート支配をひっくり返すきっかけとなるかもしれない。結局のところ、「自分たちが何を言っても大衆はその命令どおりに動くしかない」という傲慢さが、彼らの命取りになるだろう。

大疫病机上演習「イベント201」開催の約1週間後、武漢ミリタリー・ワールドゲームズがまだ開催中の2019年10月24日に『世界健康保安（GHS）指数　2019年版』が刊行された。疫病などの深刻な健康被害が予想される突発事象に対して、どの程度準備ができているかを国別に評価し、ランクづけする指数だ。

GHS指数は、核脅威イニシアティブとジョンズ・ホプキンズ大学保健センター主導のもと、イギリスの『エコノミスト』誌の協力を得て作成されている。いつの時代にも利権集団にとって「命にかかわる」という殺し文句は絶大な効果を発揮してきた。冷戦時代の花形分野「核」が現代の花形「健康」にしがみついて生き残りを図っているのだろう。さて、その結果は次ページの

世界各国の大疫病に対する対応体制ランキング

順位	国名	GHS指数	順位	国名	GHS指数
1	**アメリカ**	83.5	26	オーストリア	58.5
2	**イギリス**	77.9	27	チリ	58.3
3	**オランダ**	75.6	28	メキシコ	57.6
4	**オーストラリア**	75.5	29	エストニア	57
5	**カナダ**	75.3	30	インドネシア	56.6
6	タイ	73.2	31	**イタリア**	56.2
7	**スウェーデン**	72.1	32	ポーランド	55.4
8	デンマーク	70.4	33	リトアニア	55
9	**韓国**	70.2	34	南アフリカ	54.8
10	フィンランド	68.7	35	**ニュージーランド**	54
11	**フランス**	68.2	35	ハンガリー	54
12	スロベニア	67.2	37	ギリシャ	53.8
13	**スイス**	67	38	クロアチア	53.3
14	ドイツ	66	39	アルバニア	52.9
15	**スペイン**	65.9	40	トルコ	52.4
16	ノルウェー	64.6	41	セルビア	52.3
17	ラトビア	62.9	42	チェコ共和国	52
18	マレーシア	62.2	42	ジョージア	52
19	**ベルギー**	61	44	アルメニア	50.2
20	**ポルトガル**	60.3	45	エクアドル	50.1
21	**日本**	59.8	46	モンゴル	49.5
22	ブラジル	59.7	47	キルギス共和国	49.3
23	**アイルランド**	59	47	サウジアラビア	49.3
24	**シンガポール**	58.7	49	ペルー	49.2
25	アルゼンチン	58.6	50	ベトナム	49.1

注：GHS指数とは、世界健康保安指数のこと。核脅威イニシアティブとジョンズ・ホプキンズ大学保健センターの主導のもと、英エコノミスト誌情報ユニットが協力して作成している。
出所：ウェブサイト『Visual Capitalist』、2020年3月20日のエントリーより引用

表が示すとおりだ。

一見しておわかりいただけるように、ごく少数の例外はあるが、「よく準備の整っている」はずの国ほど総人口に占めるコヴィッド-19による死亡者率が高くなっている。5月16日現在の集計ではトップ20に入った西欧・北米14カ国で、21位にとどまった日本より人口100万人当たりの犠牲者数が低かった国はひとつもない。うち12カ国は100人を超えていた。最小のノルウェーでさえ42人で5・7人の日本より7倍も多い。

そもそも6つの分野の合計点となっている、この指数を算出するための前提が間違いなのだ。具体的には予防、発見と報告、迅速対応、健康システム、世界基準への適合、危険環境の6つだ。すべて、しかるべき立場の人間が指揮命令系統を確立して、組織のメンバーが命令どおりに動くかどうかを判断基準としている。あえて言えば、世界基準への適応だけは軍隊式の命令系統の整備ぶりを判定する基準ではない。だがWHOが加盟諸国の国民の健康と安全を守るより、ゲイツ財団と製薬大手の利益を守る組織になってしまっている今では、むしろ点数が高いほうが危険だ。

ここからわかるのは、欧米諸国はエリートが大衆の鼻面を取って引きずり回す国々ばかりだということだ。大衆のあいだで公衆衛生倫理がどれくらい浸透し、血肉化しているかといった評価基準はまったく念頭にない。

具体的な例を挙げよう。日本をはじめとする東アジア諸国では、春先にはスギ花粉アレルギーを持った人たちがマスクをして歩いている風景をよく見かける。別にだれから命令されたわけでもなく、眼、鼻、口といった粘膜の露出している部分のうち鼻と口をふさいだだけでも、ずいぶん楽になる。それとともに自分のくしゃみで出た飛沫が他人にかかって、不快感を与えることを防いでもいるわけだ。欧米では、むしろこういう心遣いを嘲笑するほうが自然な反応だ。

今回のコロナ騒動でも、あちこちで「マスクをしてくれ」という店員、警備員、警官と、「そんなことは個人の勝手だ」という人たちとのあいだで口論や殴り合い、ときには深刻な傷害事件も起きている。まあ、法律でマスクなしの外出を禁止している地域では、逆らう人の心境もわからないではないが。

5カ月後の3月末にあらためてこの指数について言及した欧米のメディアの姿勢が、彼らの傲慢さを端的に示している。なんと「こんなに疫病に対する防衛策がしっかりしていた欧米諸国でも甚大な被害が出た。つまり地球上に盤石の防疫対策を持った国はひとつもないことが、今回のコヴィッド-19への対応でよくわかった」と言ってのけたのだ。日本、インドネシア、シンガポール、ベトナムといったアジアを中心に欧米よりはるかに小さな被害で食い止めている国などは、地球上に存在しないような主張を平然としている。あるいは彼らにとって地球とは、欧米諸国だけから成り立っているのかもしれない。

ほんとうの戦争は、人類対微生物のあいだで起きているのか

ほんとうの戦争は米中微生物兵器開発チームのあいだではなく、微生物と人類とのあいだで戦われているのだろうか。過去200年ほどのあいだに、人類は抗生物質を手にすることによって細菌をほぼ征圧するにいたった。

だが、それは、同時に細菌と人類がともに利益を与え合う平和な共生関係を築いていた「良い」細菌類と人類との有益な連携もぶち壊してしまった。もちろん、「良い」とか「悪い」とか区別するのは、人類の自己中心的な見方である。どんな細菌であれ、どんなウイルスであれ、それぞれ自分の遺伝子を次世代に伝えようと頑張っているわけだが。

抗生物質は人類に疫病をもたらす細菌のみならず、有益な細菌をも死滅させるか、やせ細らせてしまった。この荒涼とした世界で、それまでは細菌の陰に隠れて細々と暮らしていたウイルスが我が世の春を謳歌《おうか》するようになった。いや、その兆候はまだ抗生物質の利用があまり普及していなかった20世紀初頭にすでに表れていた。

20世紀最大の疫病となった「スペイン風邪」の病原体はウイルスだった。スペイン風邪と呼ばれているが、発生したのは第一次世界大戦では完全中立を貫いたスペインではなく、参戦していたヨーロッパ諸国でもなかった。それはアメリカ・カンザス州の片田舎の狭い豚舎で、すさまじい頭数の豚が鼻面を接してひしめき合う中で始まった。ときあたかも第一次世界大戦が塹壕にこもった持久戦から、雌雄を決する最終決戦へと展開しつつあった1917年秋のことだった。

ウイルスという生物と微生物の境界線上の存在を発見したのは、さらに時代をさかのぼって19世紀末、タバコモザイク病を研究していたオランダの生物学者マルティヌス・ベイエリンクだ。彼がその病原体は細菌よりもっと小さなものだと確信して、この未知の物体をラテン語で毒素を意味するヴィルスと名付けたときのことだ。

ウイルスはふつうの意味の生物ではなく、単独では生きていない。生きていないから死ぬこともなく、他の生物にとり憑《つ》いて活性化している時期と、とり憑いていないので不活性の時期があるだけだ。宿主にあまり好き嫌いはなく、とり憑かせてくれさえすればどんな生物にもとり憑くやっかいなしろものだ。人類は遠い昔からウイルスにとり憑かれつづけてきたが、天然痘をほぼ唯一の例外として、近代まではめったに大疫病に発展しなかった。

このへんからはマイケル・ガーバー著『鳥インフルエンザ――我々自身が育てたウイルス』（2006年、ランタン・ブックス）の受け売りになる。ウイルスが深刻な病原体になり始めたのは、人類が部族社会から都市社会に移行し、動物を家畜化しはじめたころだった。家族経営の小さな農場さえ動物にとっては野生の環境に比べると、かなり劣悪だ。しかし工場と化した大規模畜産農場は、パーフェクトストームが起きてくれと言わんばかりの環境だった。

過密状態で飼われている大勢の動物たちと、これまた大人数の人間集団の接触は、災難を呼び寄せているようなものだ。そこで「あなたにも大疫病つくれます」レシピの最初の法則。大疫病をつくり出したかったら、工場のような大規模農場を経営しなさい。公衆衛生の専門家ラリー・

ブライアントは、現在もっぱらウイルスを仲立ちとして動物から人間に移る病気は年間30～40に達すると言う。この数は今のところ爆発的にではないにせよ、じりじり上昇している。

最大の理由は消費者である人間に便利なように、食肉家畜飼育工場が、森林地帯と切り離されて都市の郊外や幹線道路沿いにあって、ひんぱんに人間と動物が接触していることだという。人間に転移するウイルスを育てるための実験場を運営しているようなものだ。肝心なのは、このウイルス繁殖実験場を撤去して、二度と出現させないように食肉用家畜生産システム自体を変更することだ（ウェブサイト『ビッグ・シンク』、2020年3月31日のエントリー）。

元来インフルエンザは鳥の病気だったが、かなり昔ヒトに感染する種類が誕生した。だが、その後も何世紀かのあいだ、鳥インフルエンザはヒトに感染せず、ヒトインフルエンザは鳥に感染しないという状態が続いていた。やっかいなことに、豚は鳥インフルエンザにもヒトインフルエンザにも感染する動物だ。その豚を感染が蔓延しやすい狭いスペースに押しこめておくのは、危険きわまりない行為だった。

このころすでにアメリカ中西部から西海岸にかけて広範に分布していた小規模自営農民は、大資本の圧力に屈して、非常に危険な狭いスペースでの家畜肥育「工場」を運営しなければやっていけない境遇に追いやられていた。この中西部から西部にかけての大平原地帯で、土地はあり余っているはずなのに、小規模自営農家は極限まで切り詰めた畜舎しか経営できなくなっていたことにも長い歴史的背景がある。

問題は、清教徒《ピューリタン》たちが神の与えたもうた約束の土地を求めて、東海岸に上陸した直後から始まる。彼らはこの約束された土地の有効活用を妨害する異人種であり、異教徒である先住民は害虫同然で絶滅しなければならないと信じていた。手向かうものは虐殺し、逃げる者は追い払っていった結果、南北戦争の最中だった1864年には当時はまだ準州だったコロラドのサンドクリークという土地でチビントン大佐率いる騎兵隊は、ほとんど丸腰の女子どもばかりのシャイアン族の野営地に襲いかかった。

30〜40人の女子供が穴に隠れていたが、女たちは6歳ぐらいの女児に白旗を持たせて送り出した。この女の子が、2、3歩足を踏み出したか、踏み出さないかのうちに、彼女も射殺されてしまった。穴の外に4、5人の女が、慌てて走り出した。彼女らはまったく抵抗の気配を見せなかったが、直ちに撃たれた。……

男たちはナイフを使って女性を切り開き、小さな子供たちは銃尻で頭を潰されて脳みそを飛び散らせていた（阿部、26〜27ページ）。

重要なのは、この騎兵隊長チビントンは「メソジストの牧師でもあった」（阿部、28ページ）ことだ。彼らアメリカ開拓史の英雄たちにとって、先住民は抹殺し尽くすことこそ正義である害虫だった。チビントンの「名言」に「殺せ！　大きいのも、小さいのもだ。シラミの卵はシラミにしか孵《かえ》らない」（阿部、28ページ）というのがある。

こうして先住民から奪い取った土地を埋め尽くした小規模自営農民たちは、自分たちの持っている土地の雑草を根こそぎ引き抜いて行った。この草がもたらす土地の保水力と、しっかり張りめぐらせた根が土壌を地盤に結び付ける力を奪う愚行は、まだ新米農家が多くて無知だったのが原因だと言われている。だが、ほんとうにそうだろうか。広々とした土地を鉄道会社が格安で分譲しているのをチャンスと見て、東部から入植した人たちの中には都会で工員や商店員として働いていたので、農業経営は未経験という人もいたのは事実だろう。だが大部分は、東部でも農民だったはずだ。彼らがそんなことも知らなかったとは思えない。

土ぼこりで満杯の鉢は、先住民絶滅作戦の「成果」だった

彼らがあらゆる雑草を引き抜いたのは、先住民の貴重な食料源である野生動物が草を食べて生きて行ける場所を極限まで縮小して、先住民を飢餓に追いやる作戦の一環だった可能性が高い。西部開拓時代には、すでに写真技術はかなり発達していた。そして開拓者たちが自分たちには何ひとつ役に立たないバイソンを大量殺戮して、その頭蓋骨の山の上に得意げに立っている写真が何枚も残されている。次ページの上段の写真はその代表格だ。

ご覧のとおり、確実に何千頭かのバイソンの頭蓋骨だけで築いたピラミッドだ。一応、この骨を砕いてカルシウム粉にして肥料に使うために集めたということになっている。ほんとうにそうだとしたら、とんでもなく手間と時間のかかるカルシウム粉の作り方だ。南北戦争で南軍を降伏させた英雄で、「インディアン狩り」にも辣腕《らつわん》を発揮したフィリップ・シェリダン将軍は、野生

「肥料目的」の名目で集められたバイソンの頭骨、1870年代

出所：ウィキペディア「アメリカバイソン」のエントリーより引用

テキサス州スタフォードに接近する粉塵嵐、1935年

出所：ウィキペディア「ダストボウル」のエントリーより引用

動物保護法案を審議していたテキサス州議会に乗りこんで、こう熱弁をふるった。

落胆したインディアンがいることで、各ハンターに勲章を与えるべきである。この人びとは過去三十年以上にわたってやってきた以上のことを、この二年でやってくれたし、来年も同じようにして、厄介なインディアン問題を片付けてくれるだろう（大島、94ページ）。

因果応報という言葉がある。1930年代の半ばごろ、大不況のどん底であえいでいた中西部から大平原地帯の小規模自営農民たちにとってとどめの一撃となるような、すさまじい粉塵嵐が相次いで発生した。とうてい、たかが土ぼこりとは言えない粉塵嵐は、ダストボウル（土ぼこりで満杯の鉢）と呼ばれた。その猛威を記録したのが、前ページ下の写真だ。

先住民絶滅作戦とダストボウルのあいだには、19世紀末から第一次世界大戦へという大激動期があった。ヨーロッパ基準ではかなり長い平和期の後、突然大戦争が勃発したわけだ。一方、アメリカの小規模自営農民の中には、小麦やとうもろこしの栽培では経営がむずかしく、畜産農家に転ずる世帯も多かった。困ったのは広々とした土地はあるが、保水力も凝集力もないやせ土ばかり。牛や豚を飼うにも放牧できる草の生えた土地はまったくと言っていいほどなかったことだった。

そこで仕方なく広い土地のごく一部に狭い畜舎を建てて、自然の草や木の葉ではなく、人工飼料を与えて肥育する「畜産工場」ができ上がった。カンザス州の陸軍駐屯地で、西海岸のオレゴン州やカリフォルニア州に通じるサンタフェ街道の要衝フォートライリー付近にも交通の便を利用した養豚場が多数存在していた。そこではまさに、狭い豚舎の中で豚同士が鼻づらをこすり合わせるようにして肥育されていたのだ。

人類最初の豚インフルエンザ感染者は、徴兵によってヨーロッパ戦線に送りこまれるのを待って、すし詰めの臨時兵舎にとどめられていた新兵だった。その後、長い列車輸送で東海岸にたどり着き、長い汽船の旅でヨーロッパの戦線に投入されるまでには、十分すぎるほどたっぷりとした兵員同士のクラスター感染のチャンスがあった。これが20世紀以降では最大の人命被害を出した疫病、スペイン風邪の誕生と爆発的流行の真相だ。

第一次、第二次世界大戦の戦陣医学で威力を実証した抗生物質の登場は、細菌と人類との戦いにおいては人類圧勝をもたらした。ところが、それは細菌に代わってもっと制圧が困難なウイルス性伝染病を蔓延させるきっかけとなってしまった。抗生物質は細菌を宿主とは違う細胞膜を持った異物と認識して、細菌の細胞内部に侵入して薬効を現わす。

ところがウイルスは細胞を形成せず、細胞膜を持たないので、抗生物質は効かない。それどころか抗生物質をひんぱんに服用すると人体を守ってくれる細菌まで一掃して、そのあとにはウイルスに対してほとんど無防備な状態をつくり出してしまう。

そしてアメリカは、ウイルス性感染症の温床となった

さらに第二次世界大戦後のアメリカ経済は、長期ブームに沸き返っていた。だが、その中で食肉生産農家は豚、鶏、牛などすべてについて、ぎゅうぎゅう詰めの畜舎で短期間のうちに食肉用の鳥獣を肥育しなければ経営を維持できない立場に置かれていた。取り立てて技術革新も品種改良もなく、繁栄に置き去りにされたかたちで、狭いところに押しこめた肉食用動物を育てていた。感染症予防は不可欠で、そのために抗生物質をひんぱんに飼料に混ぜるようになった。本来、健康な食肉用動物を育てるにはあまりにも不利な環境だからこその、文字どおり苦肉の策だった。

ところがここで、大逆転が起きる。抗生物質を慢性的に投与されていた食肉用鳥獣は肥育が速く、それまで2年かかっていたものは1年強、3〜5カ月かかっていたものは2〜3カ月で市場に出せる重さに育った。つまり同じ設備を使ったままで資本の回転効率を画期的に高め、増収増益を図れるようになったのだ。このあまりにもうますぎるおとぎ話のような展開を、アランナ・コリンはこう書いている。

一九四〇年代後期、アメリカの科学者たちは思いがけず、ニワトリに抗生物質を与えると成長が五〇%近く促進されることを見出した。当時、アメリカでは都市に人口が流入し、市民は生活費の高さに辟易していた。戦後の「欲しいものリスト」の上位に安価な食肉が挙がった。抗生物質によるニワトリへの成長促進効果はまさに天からの贈り物で、農家はウシやブタ、ヒツジ、七面鳥の飼料に毎日少量の薬を混ぜるだけで食肉家畜がどんどん大きくなるのを見て上

機嫌だった。

……ざっと推定すると、アメリカでは抗生物質の七〇%が家畜用に使われているという。おまけに、抗生物質を遣えば感染症を心配せずに狭い場所に多くの家畜をつめこむことが可能だ。アメリカでは、この成長促進剤なしに同じ重量の食肉を出荷しようとすると、四億五二〇〇万羽のニワトリと、二三〇〇万頭の牛、一二〇〇万頭のブタが毎年余分に必要になる（コリン、165~166ページ）。

残念ながら、このおとぎ話は「そして、みんな仲良くしあわせに暮らしましたとさ」というハッピーエンドにはならなかった。ただコリンの論旨が1950年代から「抗生物質で太らせた肉を食べた人間は、カロリー摂取量が変わらないのに急激に太りはじめた」という方向にそれていったのは間違いだったと思う。

50年代はアメリカのクルマ社会化がほぼ完成し、大都市中心部や近郊に住んでいる人まで通勤通学に自動車を使うようになり、運動で消費するカロリー量が激減した時期でもある。「一部の先進国で六五%もの人が過体重または肥満だという現状は、ヒトのふるまいだけでは説明できない。みながみな、怠け者で食い意地が張っていて無知で意志薄弱だとでもいうのだろうか」（コリン、167ページ）というレトリカルな質問には、そういう傾向はあると答えるしかない。

抗生物質で激太りの肉を食べることの因果が、そのまま激太り人間の量産に報いるとは思えない。だが抗生物質できれいさっぱり細菌類を一掃した狭い畜舎は、抗生物質の効かないウイルス

近年、人間への感染が見られた
豚由来変異型インフルエンザウイルス(A型)

抗原の種類	N1	N2
H1	H1N1v：2012年、アメリカ合衆国で患者1人から、カナダで患者1人から、検出されました。	H1N2v：2012年、アメリカ合衆国のミネソタ州で患者3人から、検出されました。
H3		H3N2v：2011年、アメリカ合衆国で、患者12人から、検出されました。2012年、アメリカ合衆国で、患者309人から、検出されました。2013年、アメリカ合衆国のインディアナ州で、患者12人から、検出されています（2013年7月5日現在）。

同エントリーの本文一部：近年、アメリカ合衆国で豚でよく見られるA型インフルエンザウイルスの亜型は、H1N1型、H3N2型、H1N2型です。いずれの亜型のA型インフルエンザウイルスとも、豚インフルエンザウイルス、鳥インフルエンザウイルス、ヒトインフルエンザウイルスの3つのインフルエンザウイルスから由来する遺伝子を持っている3種遺伝子再集合（triple reassortant: tr）豚インフルエンザウイルスとされます。

出所：横浜市ホームページ『感染症発生状況資料集』、「近年、人間への感染が見られた豚由来変異型インフルエンザウイルスについて」最終更新日、2019年7月29日のエントリーより引用

の繁殖天国になる。ひんぱんに変異を続けるウイルスの中には、人間に乗り移る能力を獲得するものも出てくる。抗生物質で成長を促進する食肉家畜肥育工場が全米津々浦々に出現するとともに、アメリカはウイルス性感染症の温床となったのだ。上の表をご覧いただきたい。

一目瞭然、ヒトに移るようになった豚インフルエンザ3種類、全部起源はアメリカにあった。中でも最新ファッションのＨ３Ｎ２型は、１９９８年にノースカロライナ州で誕生したことがわかっている。これは90年代だけで同州の豚生産頭数が２００万頭から１０００万頭に激増したという州を挙げての努力のたまものだった。食肉肥育工場は、間違いなくウイルス感染症のスーパー孵卵器《インキュベーター》なのだ。

資本回転効率がすべてに優先する家畜肥育工場こそ諸悪の根源

それでも資本回転効率最優先のアメリカの畜産業界では、狭い畜舎に詰めこんだ家畜を抗生物質入り飼料で促成栽培する「家畜肥育工場」を、まっとうな牧畜に戻そうという気配は見られない。今でもアメリカの典型的な鶏舎は、次ページ上段の写真のような惨状を呈している。

アメリカの家畜肥育工場と呼ぶべき畜産農家で生産された肉を大量かつ日常的に食べていると、肥満、自閉症、鬱、慢性的な下痢といった症状を訴える患者が激増するようになった。また、食肉に残存していた抗生物質の中で抗体のできてしまった細菌による感染症も増え、人体に投与した抗生物質の薬効が激減する症例も増えてきた。また、全米で食肉加工場周辺がコヴィッド-19感染者の集中する地域になっている。次ページ下段の地図が示すとおりだ。

大量の牛、豚、鶏を屠畜している食肉加工場では、解体された肉の細胞に紛れこんでしぶとく生きているウイルスもいるだろう。そういうウイルスが人間に乗り移って、そこから感染者が増えているわけだ。

SARSもMERSも蔓延したのは東アジアや中東だが、起源はすべて不潔で狭い畜舎・鶏舎で促成栽培するために抗生物質を餌に混ぜられていた肉食用鳥獣が感染したインフルエンザが人に移ったことにある。すなわち、これはアメリカが自国に仕掛けた微生物戦争だという中国の認識には、それなりの切実な根拠があったのだ。

中国の養豚農家の大部分は、狭い豚舎で敷地効率を高めるところまではアメリカをマネできて

アメリカの典型的な鶏舎

出所：ウェブサイト『Zero Hedge』、2020年4月26日のエントリーより引用

食肉加工場がある郡は感染者が多い

下のアメリカ地図中の黒丸は、コヴィッド -19 の感染者が住民 10 万人当たり 104 人以上いる地点だが、この数値は全郡中の 75%より高い感染率であることを示す。

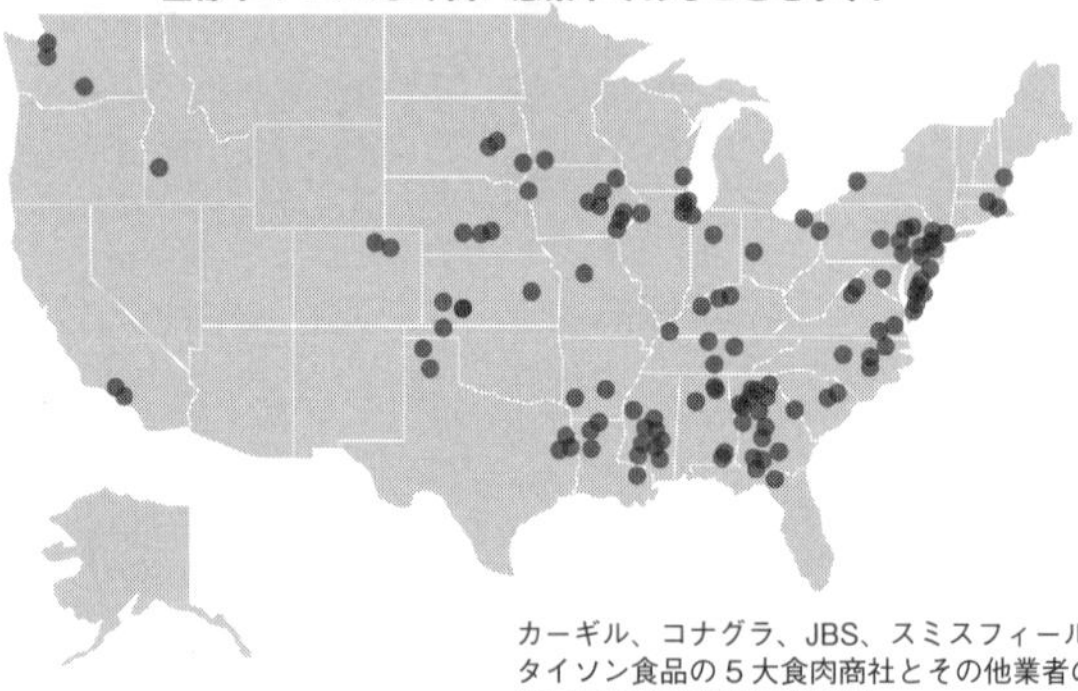

カーギル、コナグラ、JBS、スミスフィールド食品、タイソン食品の 5 大食肉商社とその他業者の計 16 食肉加工場が現在閉鎖中。

原資料：米連邦農務省、ジョンズ・ホプキンズ大学、アメリカ疾病予防管理センター、WHOのデータをUSAトゥデイ紙が作図

出所：ウェブサイト『Zero Hedge』、2020年4月26日のエントリーより引用

いる。だが抗生物質を飼料に混ぜて常時投与するだけの資金、あるいは知識はないようだ。2018年秋~2019年末にかけて中国で豚コレラが蔓延し、コレラに感染した豚とともに肥育されていた推定1億頭以上の豚が殺処分になっている。

諸悪の根源は抗生物質の多用で「善玉」菌まで大量殺戮してしまいながら、ウイルス性感染症の温床となる狭い場所での「効率経営」を続けるアメリカの畜産農家と、ロビイングによって懐柔されて、それを許しつづけているアメリカ版「農林族」議員や官僚なのだ。

アメリカのいわゆる進歩派リベラルの知識人たちは、この現状を正面から打開しようとはしない。植物由来のタンパク質を動物タンパク質に似せた味にしようとか、動物タンパクをフラスコやビーカーで培養して人造肉を創ろうとか、ますます不自然な方向にアメリカ国民の食を捻じ曲げようとしているのだ。食肉利権を握る連中はどうかというと、そんな話は馬耳東風で相変わらずの家畜肥育工場経営に専念している。

だが今度ばかりはアメリカの金融＝大規模製造業＝軍需産業＝畜産農業商社複合体は、資本の自己増殖衝動に突き動かされてやりすぎたようだ。あまりにも短期的な収益重視で、人類全体に脅威をもたらすと思われるほどの疫病蔓延を招いてしまった。アメリカ型資本主義は、1946年のロビイング規制法という名の贈収賄合法化法以降、短期的でエリートのみを利する方向へと「進化」し続けてきた。だが、このアメリカ的資本主義畜産農業が次々にまき散らしていたウイルス性感染症の最新流行型が、壮大に膨れあがっていたバブルを潰す蜂のひと刺しとなったのだ。

第5章

2020〜21年を大底とする21世紀大不況によって資本主義が消滅する

――大規模製造業全盛期のプラス要因（石油資源・積極投資・金融市場）が、すべてマイナスに転ずる

ハンプティダンプティ、塀の上
すってんころりん転げ落ち
王様の馬全部に曳かせても
王様の家来全部に拾わせても
どうにも元に戻らない

——イギリスのわらべ唄《マザーグース》

一度割れてしまった卵の中身は、だれも元に戻せない

イギリスのわらべ唄には不気味なもの、奇妙なもの、意味のわからないものがいろいろある。その中でハンプティダンプティの明快さは、異色と言えるだろう。卵のように壊れやすいものを高い塀の上に乗せておけば、いつかだれかがほんの少し押してやれば、ころころ転がり出して、下に落ちる。落ちれば、確実に割れる。割れれば、確実に黄身も白身もぐちゃぐちゃに飛び散って、絶対に元どおりのつるんと丸い殻の中に収まることはない。いや、だれも押さないのに、風のひと吹きで転げ落ちてしまうかもしれない。

今回のコロナウイルス騒動に関しても、そろそろ「2007~09年の国際金融危機程度の経済被害ではとうてい収まらないだろう」というコンセンサスはできつつある。間違いなく21世紀大不況だ。少なくとも1930年代の20世紀大不況と同規模か、それより大きな不況になるはずだ。

そこで、いったいだれが何を考えて、こんなに大きな被害をもたらす「卵のひと押し」をしてしまったのかという責任追及の議論も始まっている。

ケンブリッジ大学ビジネススクールのリスク研究センターによれば、今後５年間累計の世界ＧＤＰ総額は、この騒動がなかったと仮定した場合に比べて、巨額のマイナスが出るという。いちばん楽観的なシナリオで３・３兆ドル（５年間累計ＧＤＰ総額に対してマイナス０・65パーセント）、いちばん悲観的なシナリオでは、じつに82・４兆ドル（同じくマイナス16・３パーセント）に達する（ケンブリッジ大学ビジネススクールＨＰ「Brain Food」セクションの２０２０年５月19日のエントリー）。

このうち最楽観シナリオに関しては、もうそのくらいは絶対に消えてなくなっているはずなので無視していいだろう。私の感触ではケンブリッジの最悲観シナリオが中位推計で、もっとも軽く済んでもその約半分の40兆ドル、最悪なら２倍の１６０兆ドルになる。大変な金額の富が失われるのは間違いない。そこで人為的なだれかのひと押しだったのか、天災とも言うべき風のひと吹きだったのか、やかましい論争になりそうだ。

結論を先取りすれば、だれが押したのか、風が吹いたのかは枝葉末節だ。そこで犯人捜しをしても、ほとんど意味はない。パンパンに膨れあがった風船を破裂させるのに、ナタやまさかりは要らない。細い針一本あればいい。今回のコヴィッド‐19騒動はまさに蜂のひと刺し、風のひと吹き、針のひと突きに過ぎない。米中の微生物兵器開発陣が友好的なライバル関係で開発を進めているうちに、どちらか、あるいは双方から流出してしまったようだ。合意の上でほぼ同時に証拠隠滅を図っているので、今からどちらの過失かを見極めることもむずかしいだろう。

問題は、卵のようにもろくてすぐ壊れるものを、高い塀の上に置いてしまったことにある。「いや、だれもそんなところに卵を置くはずはない。どこかから鳥が飛んできてあの塀の上に産み落としたに違いない」と言い出す人も出てくるだろう。こういう一見、常識的で当たり障りのない見方が優勢になれば、世界中の中央銀行と金融業界はホッと胸をなで下ろすに違いない。

だが今回転げ落ち砕け散った卵は、明らかにどこかの鳥が産み落としていったものではない。これは、ばかばかしいほど巨額の借金でささやかな経済成長を実現するという政策を少なくとも30年間、いやおそらく50年以上にわたって積み上げてきた結果なのだ。そんな政策で得をするのは、金融業界と各国政府だけだ。借りたカネの元利返済負担がインフレで目減りすることによって、事実上の踏み倒しを長年にわたって続けられるからだ。

各国中央銀行がこの政策を推進し始めたころの経済成長は、世界全体で年率4～5パーセント、日本のような上り坂の経済は、年率7～10パーセントという大きくたくましい卵だった。しかも平地に等しいほど低くて安全な借金の上に置いてあった。だが転げ落ちる寸前には、もう人間にはよじ登れないほど高く積み上げた借金の塀の上に、年率わずか1～2パーセントにまで縮んでしまった小さな卵になり果てて乗っているという状態だったのだ。

もっと問題なのは、WHOという保健問題に反する国際協調機関がこの機会にボロ儲けを企むゲイツ財団とワクチン開発大手各社の言いなりになって、すさまじい恐怖宣伝をしたことだ。さらに世界各国の権力を握る政治家たちの大部分がたんに恐怖心からか、自分たちの権力を強めるいい機会だと思ったのか、都市封鎖とか、外出禁止とか、せいぜい幕下中位程度の疫病にはまったく不釣り合いな経済活動の抑制を強行したことだ。

だれもサービス業主導経済がどんなものか、知らなかった

多くの「先進国」で、罰則をともなう外出禁止や都市封鎖が実施されている。日本はかろうじて罰則付きではないが、同じようなことを政府、地方自治体が要請した。おまけに「対人接触を8割削減せよ」などという無理無体な要求をごり押ししている。こんな政策を推進している人たちも、知識としては先進諸国の国民経済に占めるサービス業の比率は65〜80パーセント、製造業はたかだか15〜30パーセントで、サービス業のほうがはるかに大きいことは知っているはずだ。

だが残念なことに、知っているからといって、わかっているとはかぎらない。サービス業の大部分は売り手と買い手が同じ時間に同じ場所にいて、初めて成立する商売だ。そういう商売をしている人たちに「対人接触を8割減らせ」とは、いったい何ごとか。球と相手選手とのあいだに一瞬でも速く肩を入れて局面を制するショルダーチャージを禁止して、サッカーをしろと言っているようなものだ。

そんなバカげた政策を押しつければ、どうなるか。次ページのグラフにはっきりと表われている。

16.4%という惨憺たる小売売上減少率の内訳
2020年4月の対3月増減

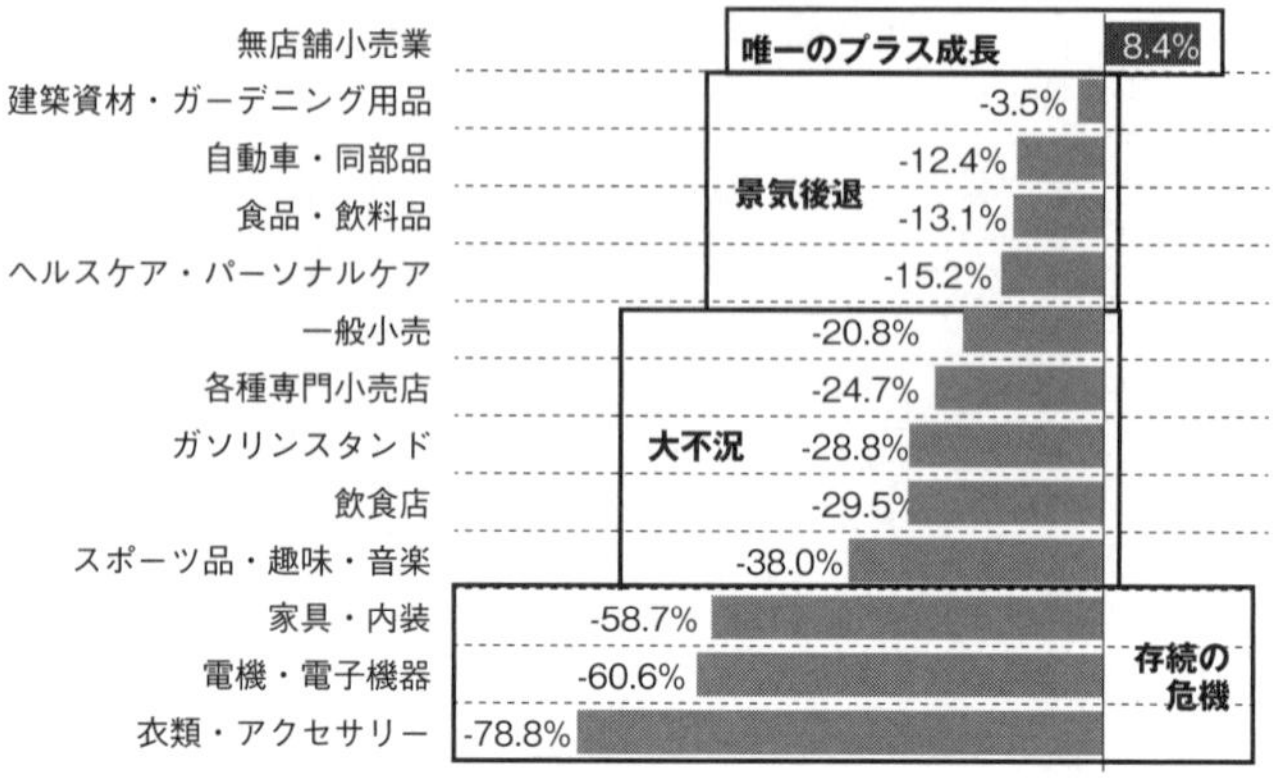

原資料：米連邦商務省国勢調査局、セントルイス連銀調査部
出所：ウェブサイト『Advisor Perspectives』、2020年5月8日のエントリーより引用

これが２０２０年４月のアメリカ小売業界全体の前月比売上高減少率の内訳だ。前年同月比ではない。もうかなり「コヴィッド‐19恐怖」の影響が現れはじめていた3月との対比だということにご注意いただきたい。たった1カ月で世の中は、こんなに変わってしまったのだ。大方の想像どおり、唯一プラスになったのが無店舗販売、つまりネット通販などの消費者が家を出なくても買える業態だ。

その下の4分類は20パーセント未満に減少幅を食い止めているので、まあふつうの景気後退期程度の落ちこみと見ていいだろう。注目は、この4分類の中ではいちばん下にあるヘルスケア・パーソナルケアがマイナス15・2パーセントと、小売業界全体より小さな落ちこみに踏みとどまっていることだ。

ちょっと考えると、この分野はいわゆる裁量的消費、つまりいつも必ず買っているサービスではなく、懐具合や流行に影響されるので、もっとずっと下に行きそうな気がする。あるいは、「医者、歯医者、診療所、整骨院、マッサージといったヘルスケアは必要不可欠だから、ほとんど落ちこんでいない。ヘアサロン、ネイル、まつ毛エクステ、スポーツジムといったパーソナルケアは不要不急だから、大幅に落ちこんだ。その2つを合算した結果がマイナス15・2パーセントだったのではないか」とおっしゃる方もいるだろう。

だが何が必要不可欠で何が不要不急かは、お役人が決めてくださることではない。消費者が自分で決めることだ。そしてアメリカの消費者全体にとって、この2つをまとめた分野は、ほとんど食品・飲料品と同じくらいに必要不可欠なのだろう。先進諸国なら、どこでも似たようなものだと思う。まさに、それがサービス業主導型経済なのだ。どこか上のほうから「これは必要不可欠、これは不要不急」という声がかかるから、それに従えばいいなどと思っていたら、途中下車駅なし、統制経済行きの直行列車に乗せられてしまうので、ご用心。

一般小売からスポーツ品・趣味・音楽までの5分類は、20～40パーセントの落ちこみだ。これはもう、大不況期に突入していると言っていい。まん中のガソリンスタンドがマイナス28・8パーセントとかなり深刻な落ちこみだ。自動車・同部品の12・4パーセントと見比べて「車を買ったり直したりはするけど、ほとんど乗らなくなってしまったのか」と思う人もいるだろう。

だが給油がほとんど全部セルフサービスになったアメリカでは、ガソリンを売るだけでは商売にならないので、コンビニ的な業態を兼営しているところが多い。とくに地方で、コンビニだけでも商売が成立しないような場所ではそうだ。どちらかと言えば、コンビニ部分の落ちこみが激しいのではないか。

それにしても、この5分類の中には、あれこれ見比べて自分のライフスタイルに合ったものを選ぶこと自体が楽しみという分野が多い。その典型が専門小売に入っている書店だろう。コロナ騒動が起きる前からアマゾンなどのeコマース（ネット通販）に押されて気息奄々《きそくえんえん》だったが、いったい全米で何軒が生き残れるのだろうか。

書店自体の経営も重大問題だ。だが実売店舗の書店が消えてしまったら、なんの予備知識もなく店で見ておもしろそうな本をめくってみて、どこかにピンとくるものがあったから買うという購買行動は消えてなくなるのではないか。アマゾンの豊富なビッグデータから、「お前の読書傾向はこうだから、今度はこれを買え」と勧められるままに買っていたのでは、自分のものの見方の枠がどんどん狭くなってしまう。それが、いちばん心配だ。

いちばん深刻な打撃を受けたのは、趣味の多様性に応える分野だった

その下の3分類、家具・内装のマイナス58・7パーセント、電機・電子機器のマイナス60・6パーセント、衣類・アクセサリーのマイナス78・8パーセントはもう、経営危機まっただ中という数字だ。こんな数字が半年、いや3～4カ月続けば、生き延びることのできる業者のほうが少

ないという修羅場になるだろう。

どれも実際にモノを売っているけれども、物理的な性能や機能よりも、ライフスタイルに合った商品にめぐり逢えるかが、買う買わないの決断に直結する分野だ。モノより使いこなし方の提案のほうが重要だと言えるかもしれない。そういう商品特徴を確認した上で、最下位の衣類・アクセサリーの窮状を示す次ページの上下2段組のグラフをご覧いただこう。

上段の小売・食品サービス全体のグラフを見れば、前月比マイナス16・4パーセントがどんなに強烈な落ちこみかがわかる。国際金融危機のどん底でもどぶに足を突っこんだ程度で済んだものが今回は崖から転落している。このグラフが集中治療室の脈拍モニターなら、担当医が厳粛な顔つきで「ご臨終です」と言いかねない落ちこみだ。

その中で最悪の衣類・アクセサリーはどうなっているのかと見てみたのが、下段だ。わずか2年前のピーク、200億ドル強からなんと9割減の20億ドルそこそこ、たぶん1980年以前の水準に逆戻りしているだろう。

それでも、株価はきちんと先を見通している

こうした現状を見て、それぞれの業態を代表する企業の株価はどんな動き方をしているとお思いだろうか。消費者密着型のセクターが惨憺たる状態と考える方が多いだろう。実際には、5月第2週のS&P500採用銘柄のセクター別株価推移は227ページのグラフのとおりだった。

小売・食品サービス売上高前月比変化率

2005年1～2020年4月

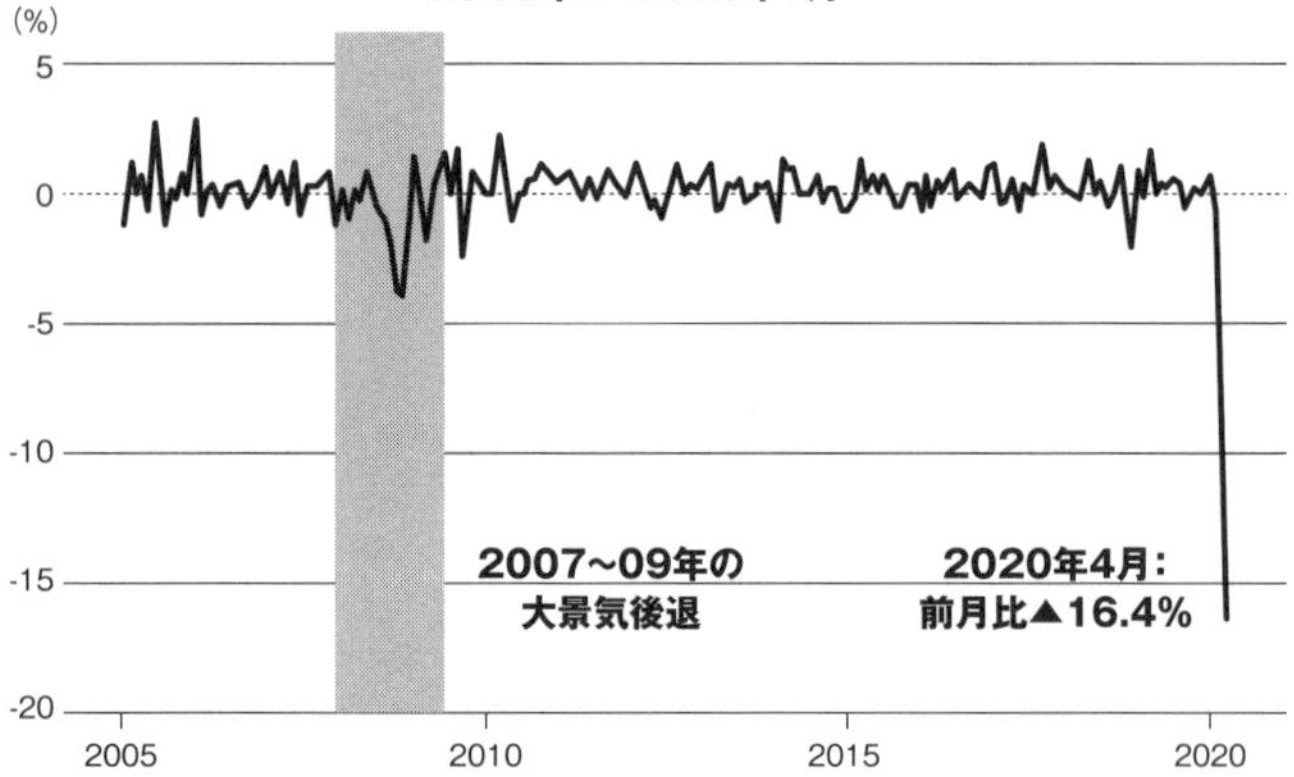

注:データは季節調整済み　原資料:米連邦商務省国勢調査局、セントルイス連銀調査部

アメリカの衣類小売売上高推移

1992～2020年

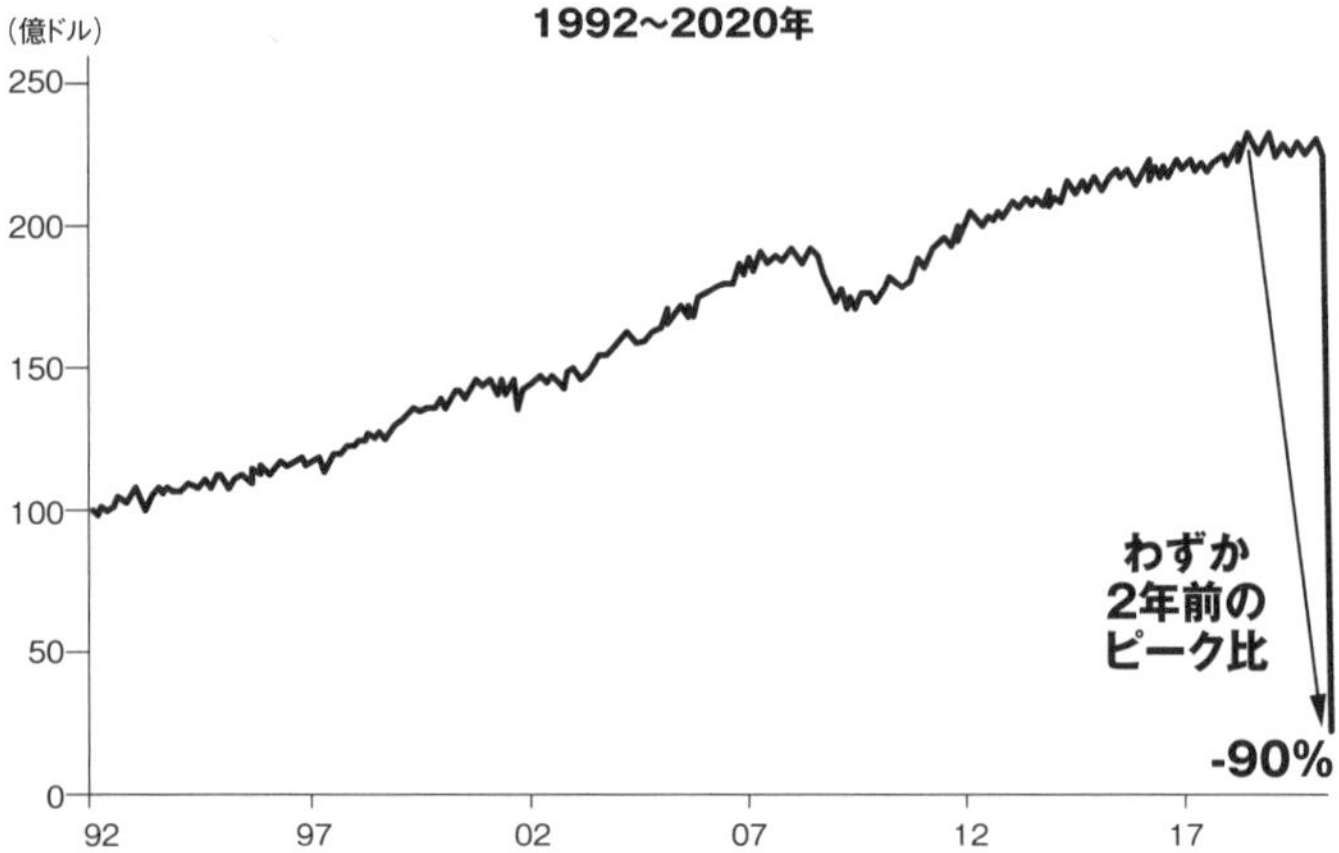

出所:(上)ウェブ版『CNBCニュース』、2020年5月15日、(下)『The Automatic Earth』、2020年5月16日のエントリーより引用

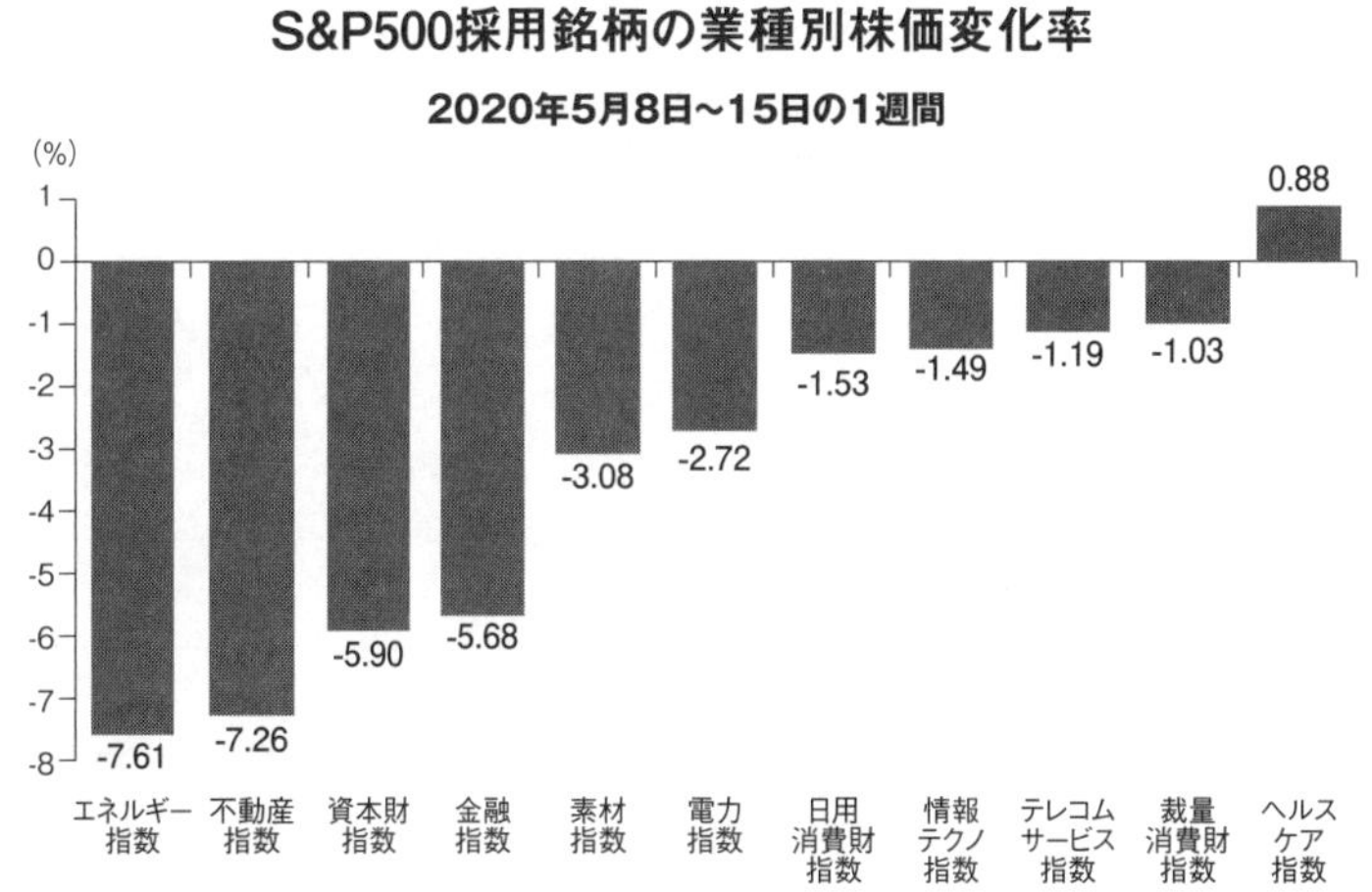

原資料：ブルームバーグ、USグローバル・リサーチ
出所：ウェブサイト『Advisor Perspectives』、2020年5月15日のエントリーより引用

もちろんたった1週間だけの値動きだから、たまたまこうなっただけかもしれない。最初の大暴落で下げすぎた株ほど反発が強かったということかもしれない。だが、これだけ整然と消費者に近いほど値下がり率は小さく、消費者から離れてエネルギー資源や金融資産に近づくほど値下がり率が大きいのは、偶然ではないだろう。たとえ都市封鎖や外出禁止でどんなに叩かれても、経済の未来は消費にある。資源大量消費型製造業や、その資金調達の道具に過ぎない金融業にはないと、はっきり見通しているのだ。

そこで興味深いのが、消費財のうちでいちばん資本集約度が高い自動車・自動車部品と、主としてクルマで日常生活の移動を済ませている人たちの消費動向だ。資本集約度が高いとは、製品自体にも、製造装置にもたっぷり機械設備への資金が投下されているという意味だ。次ページの上下2

新車・中古車・自動車部品売上高推移

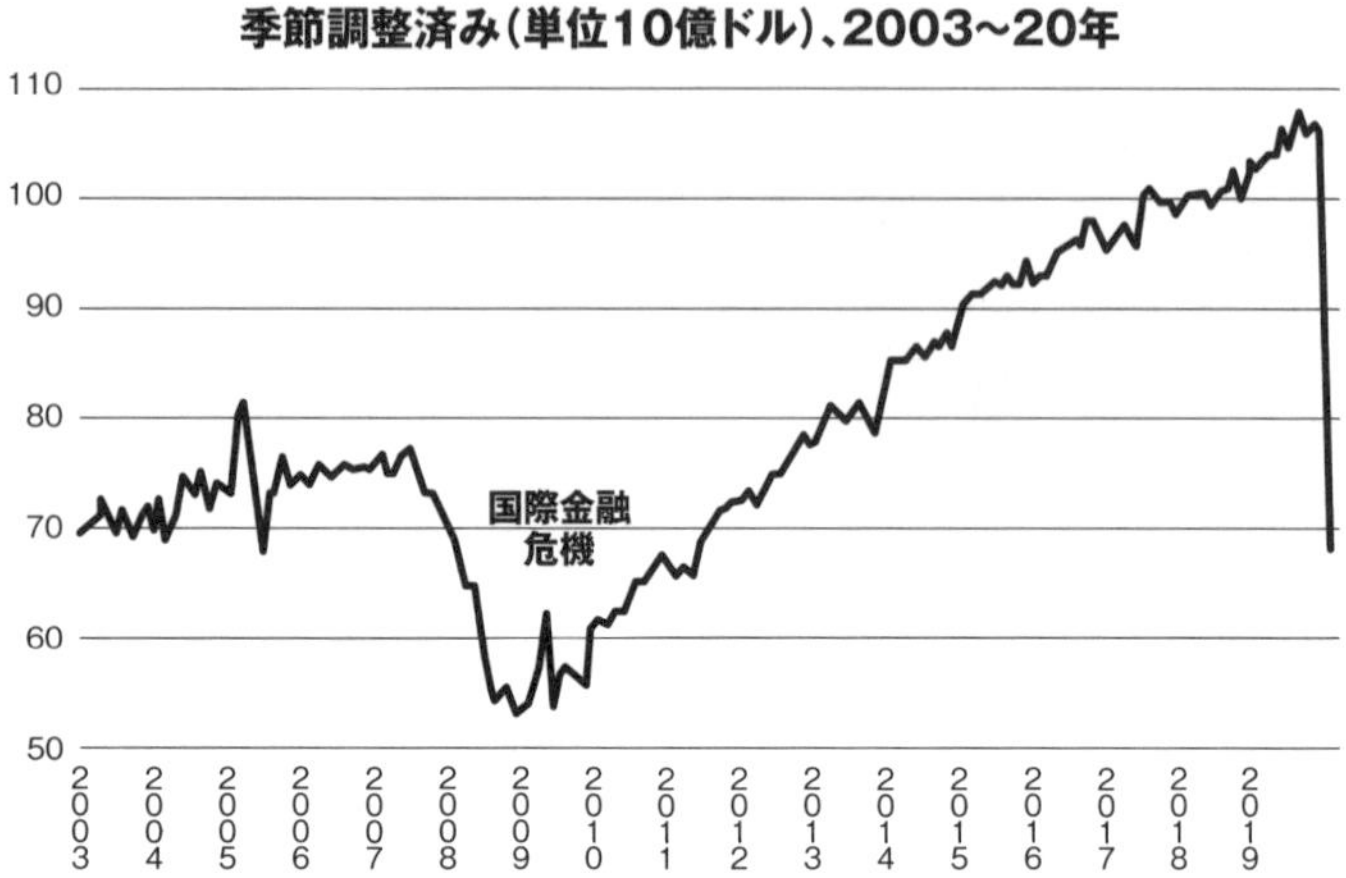

原資料：米連邦商務省国勢調査局

出所：ウェブサイト『Wolf Street』、2020年5月15日のエントリーより引用

段組グラフに、ハイテク・バブル崩壊後の底値を付けた2003年から直近までの推移が出ている。

上の新車・中古車・自動車部品は、金融危機の一時的なへこみをのぞけばほぼ平均ペースで2019年半ばの1100億ドル目前まで迫った売上額が、半年足らずで2003年の底値、約700億ドルを割りこんでいる。自動車で移動する人たちの日常買い回り品のほうは、もっとおもしろい。サブプライムローン・バブルでの急騰とその後の急落をのぞけば、2013年までのゆるやかな拡大と、その後のゆるやかな縮小、そしてトランプ・ブームでは2013年の高値、480億ドルを抜けずに、ここに来て250億ドルと天井の約半分に急落している。

つまりトランプが番狂わせで当選したので一時は希望を描いたこともあったが、アメリカのかつての工業地帯に住んでいて、何をするにもクルマで外出というような人たちの生活は、2013年をピークにじりじり苦しくなっていたのだ。しかも自動車メーカーの立場から見て、この2013年がどの程度のピークだったかというと、あまりパッとしない。次ページの新車販売台数グラフが示すとおりだ。

1978年、1986年、2000年と、前回のピークを大幅に上回るピークを形成してきたアメリカの新車販売台数は、2015〜16年にやっと過去最高を更新したが、まさにハナの差で2000年を上回った程度だった。つまり前の2枚組グラフ上段との兼ね合いで言えば、2019年夏まで新車販売台数は伸びていないのに単価の高いSUVに販売の主力が移ったり、

20世紀がクルマ社会なら、21世紀はクルマ社会崩壊の時代

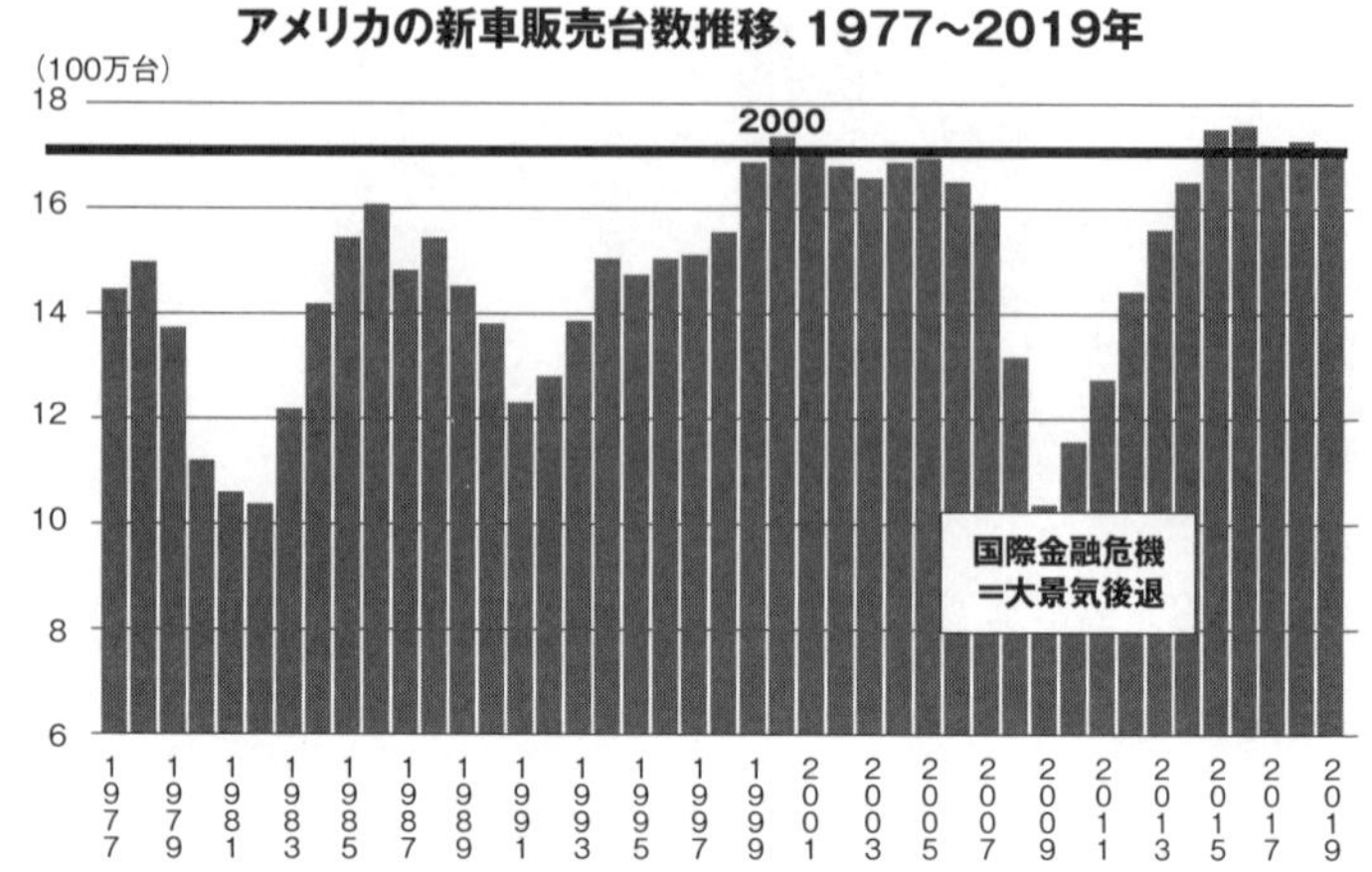

原資料：2012年まではセントルイス連銀、それ以降は業界団体データをウォルフ・ストリートが作図
出所：ウェブサイト『Wolf Street』、2020年3月30日のエントリーより引用

中古車や部品の購入が増えたりで自動車関連商品全体の売上はなんとか漸増をつづけてきたのだ。

しかも国内市場でのビッグ3の地位は、低下しつづけている。いや、今ではクライスラーがフィアットに救済合併されたので、ビッグ2・5と呼んだほうが適切かもしれない。SUVだけは輸入分類で小型トラックに入るので25パーセントの高率関税がかかるからGMやフォードの市場シェアが高いが、ふつうの乗用車では日独韓のメーカーにまったく歯が立たなくなっている。

米国内自動車組み立て台数も「ご臨終」レベル

そこまでジリ貧状態に追いこまれていた中で、外国資本もふくめて多くの国内組み立て工場が

アメリカの自動車組み立て台数前年同月比増減率
1968〜2020年

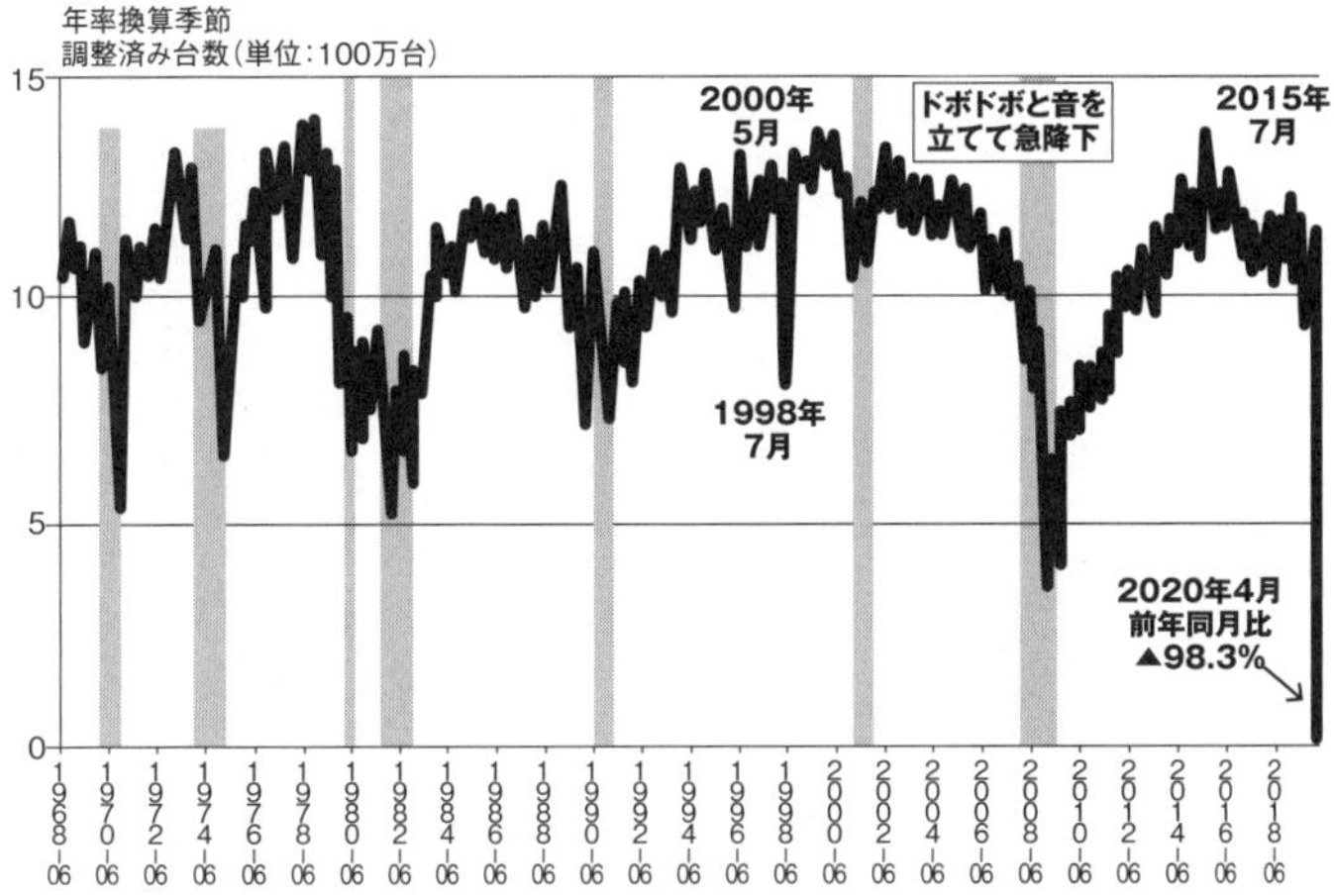

出所：ウェブサイト『Alhambra Investment Partners』、2020年5月15日のエントリーより引用

操業停止に追いこまれた4月の組み立て台数は壊滅的だった。上のグラフも集中治療室で患者が息を引き取る瞬間の脈拍モニターのようなパターンを描いている。

ご覧のとおり、２０２０年4月の国内組み立て台数は前年同月比マイナス98・３パーセントだった。需要予測や工程管理がある程度信頼できる水準になっている先進国の製造業関連データで、前年同月比マイナス98パーセント、つまりほとんどゼロに落ちこむという数値はめったに見ない。じつは自動車が重厚長大産業の花形になった１９２０年代以降でも、アメリカの自動車産業の組み立て台数は、二度これに近い大激減を経験している。しかも二度とも、政治・経済・外交・戦争に大きな影響を及ぼす大激減だった。

最初は、１９２９〜32年の4年間に組み立て台数が400万台から100万台に縮小したときだった。1928年にフロリダの不動産バブルが崩壊したのを見て、アメリカ経済の需要収縮を察知した当時のGM社長アルフレッド・スローンは直ちに当時年産400万台だった生産台数を4年後に100万台に絞りこむことを命じた。この結果、GMは大不況時にも一度も営業赤字に陥らずに済んだが、同社に原材料、部品を納入していた数多くの工業製品メーカーが壊滅的な打撃を受け、大不況が始まった。

当時のGM社長スローンの生産大削減の決断と、現在コロナ禍をあおり立てているビル・ゲイツの言動にはよく似たところがある。どちらも小規模戦闘（battle）には勝ったが、戦争（war）には負けたと、後世評価されるだろう。スローンは自社の営業利益を黒字で守り抜くために、アメリカ経済全体を30年代大不況に引きずりこんだ。ゲイツはゲイツ財団とワクチン大手がボロ儲けするために、世界経済を破滅の淵に追いやっている。

もちろん違うところもある。まだ興隆期にあったアメリカ資本主義は、日独を巧みに勝算のない開戦に追いこんで第二次世界大戦に勝利した。そして荒廃した日欧の戦後復興需要を一手に取りこむことで、さらに強くなって復活した。今回は逆で、世界経済は復活するが、ワイロ資本主義帝国アメリカと利権社会主義帝国中国は、衰退への道をまっしぐらに突っ走るだろう。

二度目は、第二次世界大戦中の1941年、アメリカ中の大規模自動車組み立て工場が徴用されて、戦闘機組み立てに転用されたときだ。このときのアメリカの自動車生産台数は、小さな修理工場規模のメーカーが特注で造っている、全国組み立て台数統計には引っかからないほどの数量に縮小した。一方、連邦政府に徴用されて収益保証付きで戦闘機を造っていたGM、フォードの組み立て工場は、むしろ平時を上回るような営業利益を稼いでいた。

だが、今回の組み立て台数大激減に、自主的な削減の要素はまったくない。おそらくは永遠に開発途上で終わる完全電気自動車の研究開発に多額の資金を投じ、少しでも通常の乗用車やSUVで稼ぎたい時期に、まったく意図せざる、しかも全滅に近い生産収縮なのだ。フォードの5年物クレジット・デフォールト・スワップ（CDS）の価格は、あのスキャンダルまみれのボーイングのCDSより高い。つまり今後5年以内にフォードが破綻する確率は、ボーイングより高いと見なされているのだ。

コロナ後はアメリカでさえ、まだ十分乗れるクルマを3〜6年ごとに下取りに出して新車に買い換えるなどというムダをする人は、極端に減るだろう。そうなると、アメリカの自動車市場はどう変わるだろうか。それを示唆するのが、次ページの表だ。

最近読んだ本の中でとくにおもしろかったのが、語感分析というつかまえどころのなさそうな分野に計量手法を導入したパイオニア、黒川伊保子の『ヒトは7年で脱皮する――近未来を予測する脳科学』だ。最終章でも援用させていただくが、人の好みや流行にも不思議なほど周期性があり、しかもその周期は7年、14年、21年となることに着目した。

消費者から見た自動車メーカーや特定車種の信頼度は、新車で買って15年間乗りつづけるオーナーがどれくらいいるかにはっきり出るらしい。7年周期説から見れば、「七年目の浮気」を二

最初のオーナーが15年以上持ちつづけた車種トップ15
2019年末時点での調査結果

最初のオーナーが 15 年以上乗り続けた車種トップ 15			
順位	車種	最初のオーナーが15年以上乗り続けた比率	全車種平均との差
1	トヨタ・ハイランダー	18.3%	2.4x
2	トヨタ・シエナ	15.5%	2.0x
3	トヨタ・タコマ	14.5%	1.9x
4	トヨタ・タンドラ	14.2%	1.8x
5	スバル・フォレスター	12.8%	1.7x
6	トヨタ・RAV4	12.7%	1.6x
7	ホンダ・パイロット	12.6%	1.6x
8	ホンダ・CR-V	12.4%	1.6x
9	トヨタ・プリウス	11.9%	1.5x
10	トヨタ・4ランナー	11.8%	1.5x
11	ホンダ・オデッセイ	11.6%	1.5x
12	トヨタ・カローラ	11.4%	1.5x
13	トヨタ・カムリ	11.0%	1.4x
14	ホンダ・シビック	11.0%	1.4x
15	トヨタ・ランドクルーザー	10.6%	1.4x
全車種平均		7.7%	-

出所：ウェブサイト『iSee　Cars』、2020年1月の「Cars People Keep the Longest」エントリーより引用

度乗り越えたカップルは、一生添い遂げる可能性が高いというわけだ。まあ、最近ではそうとも限らないようだが。

ということで、中古車売買サイト『iSee Cars』の最新の調査結果を見ると、全車種から選んだ長期にわたって乗りつづける車種のトップ15は日本車の完全制覇だ。トヨタ10車種、ホンダ4車種、スバル1車種となっている。

ようするに長年にわたって乗りつづけ、愛着を持てるクルマとなると圧倒的に日本車なのだ。今やビッグ2・5は、レンタカー会社やカーリース会社がとにかく新車とわかるクルマに乗りたがる客のために大量購入してくれることでかろうじて命脈を保っている。

アメリカの自動車業界は、もう保たない

ところがレンタカー2強の一角を占める、いやそれどころかかつては永遠の業界首位企業と言われたハーツが2020年5月22日に自己破産を申請した。大口購入契約をバタバタとキャンセルされて、必死に当座の資金繰りをする綱渡り状態に追いこまれていたのだが、結局カネ繰りに行き詰まってしまった。

これまで商売道具のクルマを中古車として売りに出していたのは、なんとか営業活動を続けるための資金繰りだった。しかし、これからは債権者が少しでも多額の資金を回収するための資産の切り売りになる。車齢2〜3年の中古車価格は、少しでも速く売ろうとするダンピングで暴落している。この暴落はGM、フォード、フィアット・クライスラーへの打撃が大きい。

まず最近のアメ車メーカーには、レンタカー会社の大口購入以外には安定した顧客層がなかった。そのレンタカー会社が競争で、回収できる金額の大きなまだ車齢が低いものから切り売りしているので、とても新車を購入するカネがない。たまに買い手になってくれる個人消費者は、ローン金利の低さとか、下取り価格の高さとかが目当ての客が多い。これだけ中古車価格が暴落している時期に高価格で下取りをしたら、どこかで損金計上を迫られる八方ふさがりだ。

アメリカの自動車業界はサービスとしての移動（Mobility as a Service）とか、カーシェアリングとか、完全自動運転とか、クルマが勝手に迎えに来て家まで送り届けてくれる住居ばかりが並んだスマートシティとか、ましてやエネルギー浪費の自乗である完全電気自動車とかの「夢の世

界」を語りはじめた。だが、この夢の世界に到達する前に、とにかく1年でも長く生き延びることが最大の使命というところまで追いこまれている。

完全電気自動車はエネルギー浪費の自乗で、白昼夢に終わるのはなぜか。電気は、なんらかのエネルギー資源を変換してつくる二次エネルギー源だ。石油を動力に変換するガソリンエンジンも、石炭を動力に変換する蒸気機関も二次エネルギー源だ。電気は動力だけではなく、熱にも光にも音にもなる利便性がある。だが、あらゆる二次エネルギー源への変換の中で、いちばん変換作業にともなうエネルギーロスが大きい。

アメリカのエネルギー省エネルギー情報局が集計した、2019年のエネルギー需給フローチャートを見ると、アメリカで消費された一次エネルギー資源の中で発電に投入された部分は37パーセントにのぼっていた。そのうち有効利用されたのはわずか12・7パーセント（投入量の34パーセント）で、残りは発電、送電、変電、配電中のロスになっている。これは一次エネルギー資源としてはタダに見える太陽光とか、風力でもほとんど変わらない。いや、へんぴなところに小口の発電装置をたくさん造って、それを集配電しなければならないから、送電、変電、配電のロスはもっと大きい。

エネルギーの最終消費の効率を部門別に見ると、いちばんロスが大きいのは輸送手段である。全エネルギー資源の28・2パーセントが投入されたのに、有効利用できたのはたった5・9パーセント（有効利用率21パーセント）、残る22・3パーセントはムダになっていた。ちなみに最終消費で有効利用できたのは家庭用が11・9パーセント中の7・7パーセント（有効利用率65パーセント）、商業・業務用が9・4パーセント中の6・4パーセント（有効利用率68パーセント）、工業用が26・4パーセント中の12・9パーセント（有効利用率49パーセント）と、いかに輸送手段のエネルギー効率が悪いかがわかる。

ヨーロッパ諸国はアメリカほどクルマ依存度が高くないし、日本ははるかに低いのでこんなにロスは出ない。だが二次エネルギー源としては電気がいちばんロスは大きく、最終消費としては輸送手段がいちばんエネルギーロスは大きい。これは、厳然たる事実だ。

なぜアメリカ人はエネルギー効率の悪いクルマにこだわるのか

そもそも自動車は、おそろしくエネルギー効率の悪い乗りものだ。たかだか60キロから100キロ程度の人間を1～2人運ぶのに、1トン以上（軽なら1トン未満もあるが）の重さがある鉄とアルミとガラスのかたまりをいちいち動かさなくてはならない。長距離トラックやタクシーの運転手とか、営業回りを全部自分の運転するクルマでこなすセールスマンとかをのぞけば、稼働率もめったに20パーセントにすら到達しない。なぜこんなものが交通手段の主流を形成するようになったかと言えば、よく持ち出される理由は2つだ。

ひとつ目は、好きなときにどこにでもだれの助けも借りずに行けることを、独立心の旺盛なアメリカ人は経済効率以上に重視した。2つ目は、大都市圏で市街電車が発達して、海外からの移民もそれまでの西欧系から、南欧系や東欧系が多くなってきた19世紀末から20世紀初頭に、上流から中流階級の家庭で良家の子女が南欧、東欧系の移民や黒人、ヒスパニック、そして西海岸では中国系、日系の移民と同じ車両に乗るのを危険視した。

もうひとつの理由がある。アメリカは極度に階級的な社会で、乗っている自動車を見れば、持ち主がどの階層に属しているかを見分けられることをみなが望んだ。高級車、中級車をそれぞれ新車で買える人、大衆車しか新車は買えない人、それぞれの発売後2~3年の中古車を買える人、とにかく走れる状態ならかなり古い中古車でも買わざるを得ない人、そしてクルマは買えない人といった序列が一目でわかるようにということだ。

中世から近代初期にかけて、まったく同じ役割を西ヨーロッパで果たしていたのが衣類だった。毛織物は、現代でも縮まないように洗うのはむずかしい。冬の寒さと、織物技術の未熟さから、綿や麻を日常着に使えなかった中世から近代初期のヨーロッパ人は、毛織物の衣類を最後まで洗わずに着ていた。

そして一、二度袖を通した衣類を家臣に下げ渡す王侯貴族や大富豪、下げ渡された衣類をあまり汚れないうちに中古市場で売る上級家臣団、汗と汚れで臭くなってからようやく買える一般庶民、その一般庶民が捨てたボロボロの衣類を拾って着ている下層民といった格付けが、見た目と匂いだけでわかるのが、産業革命によって綿織物が庶民に手の届く価格になるまでのヨーロッパの風景だった。

このへんからも中世末期にはすでに綿織物が庶民のあいだに普及していて、洗ってきれいにした衣類を着る習慣が根付いていたインドから東アジアにかけての世界と、ヨーロッパ世界では衛生感覚がまったく違うことがわかる。ヨーロッパは木綿製衣類の普及した時点で、少なくとも見た目だけでわかる階級差別は放棄した。だが、ありとあらゆる人種・民族が流入してくるだけに、移民としてやって来てから何世代か経った上流・中流のアメリカ人たちは、一目でわかる階級表章としてのクルマにこだわり、そのために膨大なエネルギーの浪費を甘受した。

ここに、なぜ自動車大量生産の旗手フォードが首位企業になれず、破綻したオンボロ車メーカーを次々に吸収して肥大化したGMが業界首位企業になったかの秘密がある。フォードはアメリカ人が公言する「自由」とか「平等」とかの理念を真に受けて車種はひとつだけ、色も黒1色、年式による車体変更なしで、できるだけ低価格の量産車を労働者階級にまで買わせようとした。だがGMは「大衆車も必要だが、高級車、中級車も不可欠だ。クルマは階級を識別するための標識なのだ」と知っていたのだ。

ただ当のアメリカ人たちは、このすさまじいエネルギー浪費をさしたる苦痛とも感じなかった。南北戦争が勃発した1860年代から1910年代まで、アメリカは世界中で生産される原油の約7割を生産し、そして消費するとんでもない資源大国だったからだ。初期に埋蔵量が大きくてなんの手間もかけずに原油が自分で噴出してくれる油田を掘り当てた連中にとって、原油は掘削にほとんどコストがかからず、バレル当たり2～3ドルで売れれば、べらぼうな儲けが入ってくる、文字どおり宝の山だった。

ジョン・D・ロックフェラーのもと、強大なカルテルを結成したアメリカの石油精製業者たちは、自国産原油の市場シェアが低下したあとも世界各地の油田地帯の掘削権を握っていった。植民地時代はもちろん、独立後も南北戦争のころまでほとんど縁のなかった中東への接近を図ったのも、まさに石油の匂いを嗅ぎつけたからだった。そして石炭よりはるかに燃焼効率のいい石油とガソリンエンジンに動力源を依存するアメリカは、エネルギー資源における優位を生かして、石炭と蒸気機関に依存する大英帝国を追い落としていった。

アメリカはリビア、イラク、シリアといった中東・北アフリカ諸国でなかなかドロ沼の内戦状態から手を引くことができない。またサウジアラビアのよう醜悪な「神権支配」を支持しつづけている。中東における自国の石油権益を最低でも維持し、できれば拡大したいからだ。

世界経済は、完全に製造業主体からサービス業主体に転換した

ところがアメリカ文明の石油への執着は、今ではもうほとんど現実的な意味を失い、古き良き時代へのノスタルジーでしかなくなっている。最大の理由は、経済全体のサービス化だ。世界中の先進国、新興国で消費者の支出の内訳がサービス2対商品1、あるいはそれ以上にサービスの比重が高くなっている。次ページの2段組グラフが製造業の地位低下ぶりを示している。

上段は、第二次世界大戦直後から2015年までアメリカの第一次（農林水産）、第二次（製造・

アメリカの3大部門付加価値シェア推移、1947〜2015年

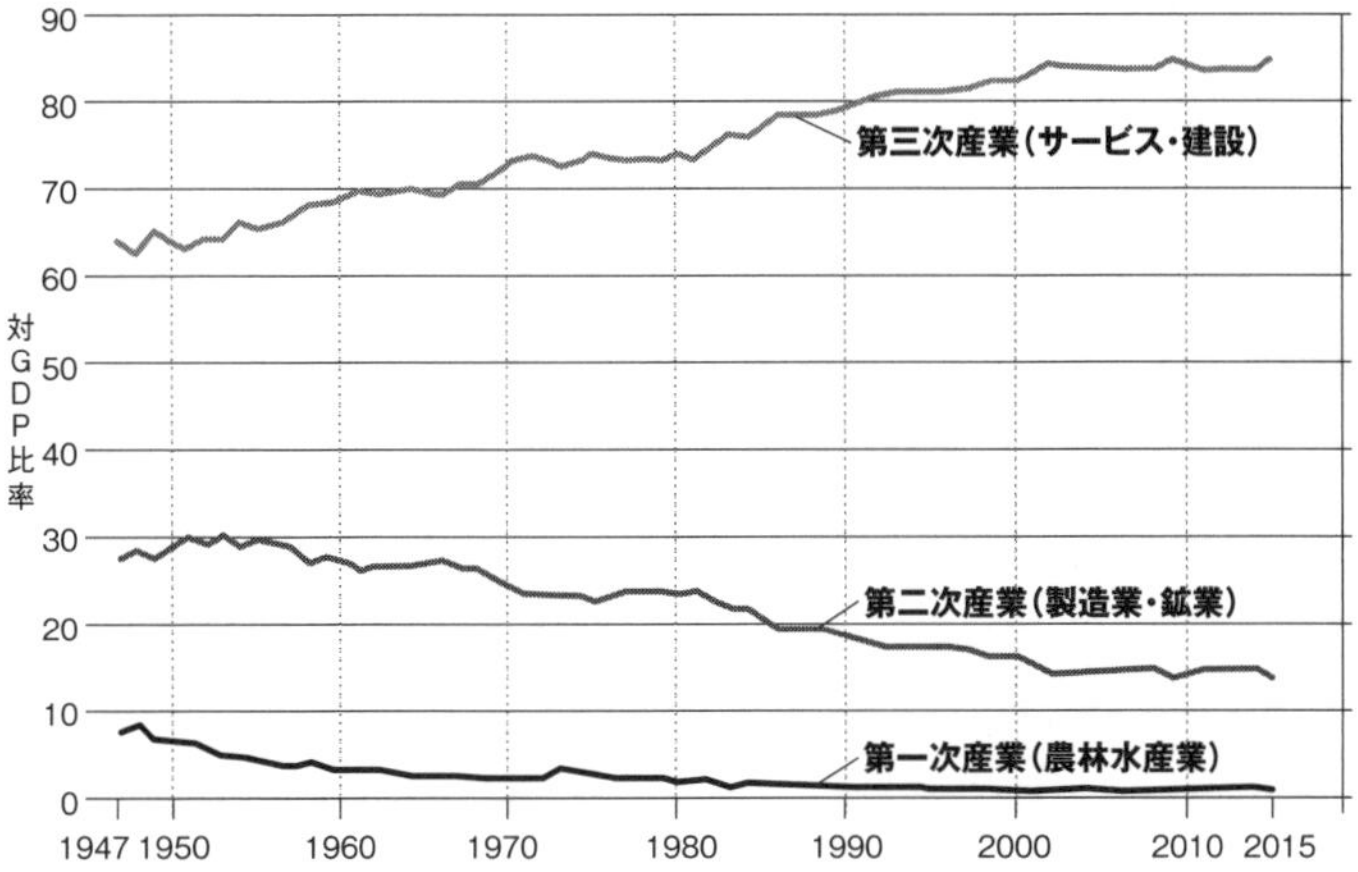

製造業の世界的な凋落、1980〜2018年

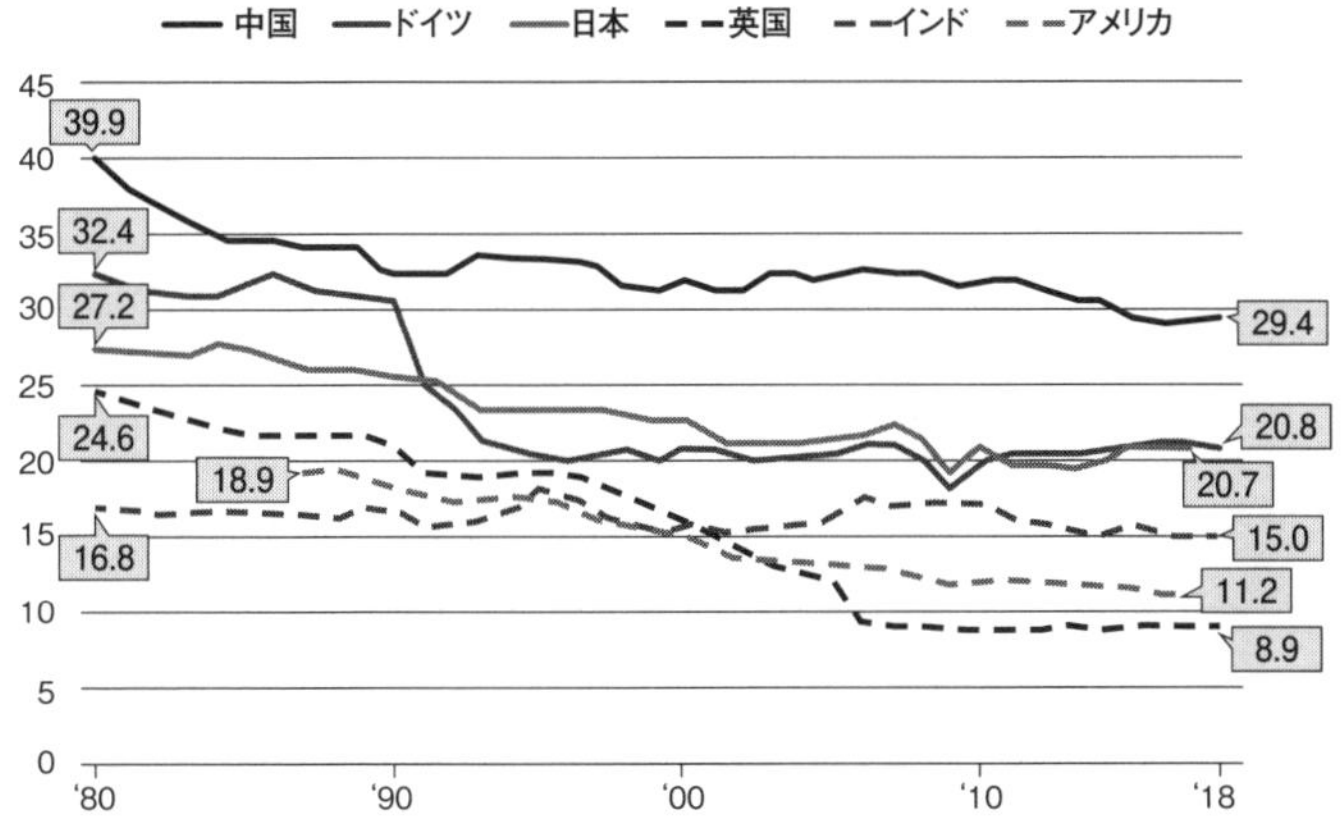

原資料：（上）米連邦商務省経済分析局NIPA国民経済勘定、（下）国連、世界銀行
出所：（上）ウェブサイト『Seeking Alpha』、2017年10月3日、（下）『Statista』、2019年11月30日のエントリーより引用

鉱業）、第三次（サービス・建設）産業のGDPに占めるシェアがどう変わったかを図示している。日本の国民経済計算に慣れている方は、建設業が第二次ではなく第三次に入っていることに驚かれるだろう。だがアメリカでは建設業はものづくり産業ではなく、マネジメント産業と分類されている。ただ建設業のGDPに占めるシェアは約4パーセントだから、これを第三次から第二次に移しても、第三次産業のほうが、第二次産業よりはるかに大きいという事実は変わらない。

下段は日独米英の先進4カ国と、中印の新興2カ国の1980〜2018年のGDPに占める製造業のシェア推移だ。意外にも、日本の減少幅は6・5パーセンテージポイントと、もともと製造業の国際競争力が弱くて、国民経済に占める地位も低かったインドの1・8ポイントに次ぐ小さなものだった。アメリカが（1987年か88年からの数値だが）7・7ポイント減、中国が10・5ポイント減、ドイツが11・6ポイント減、そしてサッチャー政権のもと儲からない分野からは企業がどんどん撤収していったイギリスが15・7ポイントの大幅減となっている。

「日本の製造業は案外健闘していたんだな」と思われる方もいらっしゃるだろう。だが実際には、日本の製造業生産高は1995年のピーク1兆2000億ドルから2015年の約8000億ドルまでの20年間で約4000億ドル、日本円にして44兆円ほど減少していた。次ページのグラフが示すとおりだ。

現在、世界の5大工業国は中国、アメリカ、日本、ドイツ、韓国の順だ。それぞれ、製造業の国際競争力は強いが、強さの中身は違っている。アメリカのように儲けの少ない部分はどんどん

いずれは凋落する製造業に最初に見切りを付けた日本
5大工業国の製造業生産高、1970〜2014年

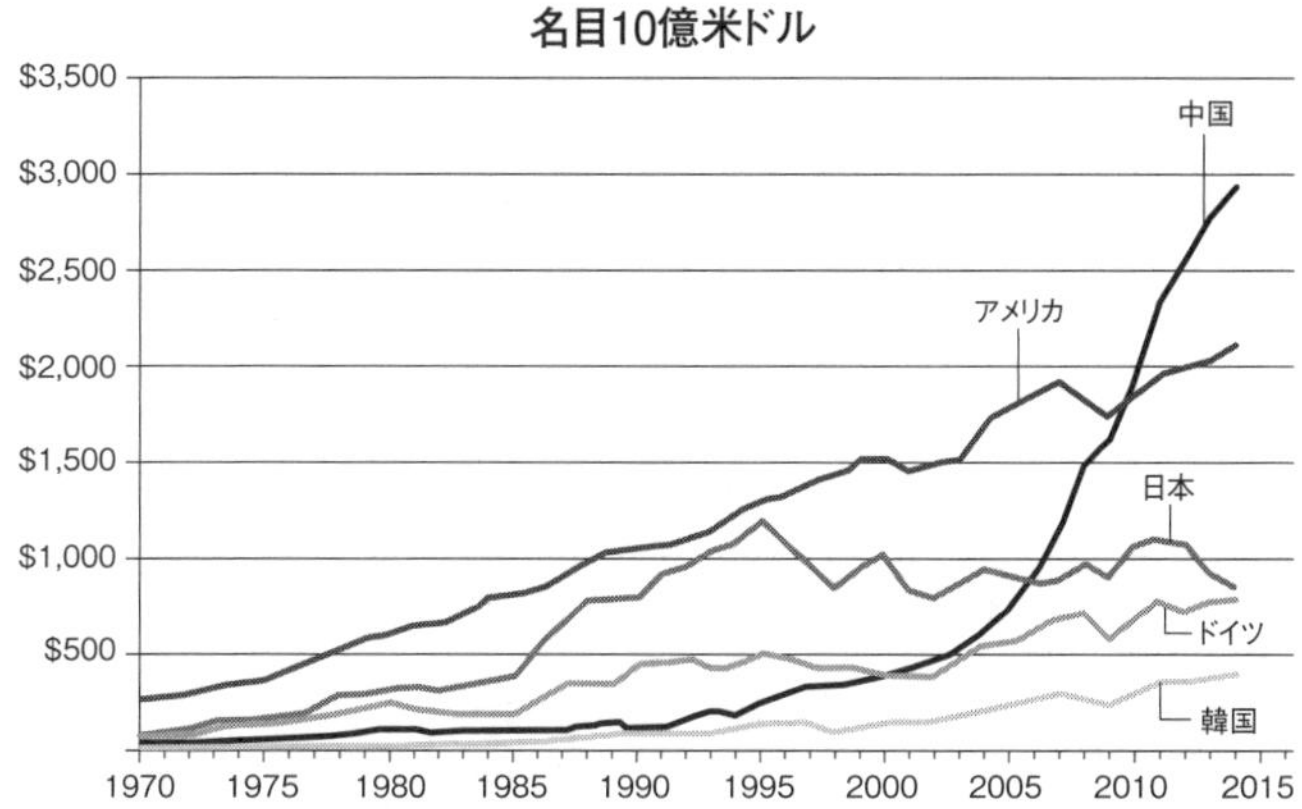

原資料：国連データをアメリカ企業研究所（AEI）が作図
出所：ウェブサイト『Carpe Diem』、2018年3月28日のエントリーより引用

他国に任せて、がっちり知的所有権を抑えて儲かる仕事だけをして生産高を伸ばしつづける強さもある。中国のように、諸外国は利益率が低すぎるからやらない仕事をどんどん引き受けて、薄利多売で生産高を膨らましつづける国もある。

５大国から外れていった国々の中には、「儲からない分野からは撤収せよ」という大号令のもと、秩序ある戦線縮小をしていたつもりが算を乱しての遁走《とんそう》になってしまった産業革命の母国、イギリスのような例もある。だが日本のように、国際競争力はトップクラスを維持しながら、じわじわと工業生産高を減らして、低いながらも堅実なＧＤＰの成長はほぼ全面的にサービス業の安定成長で稼ぎ出すという進路を取っている国は、他にはあまり見当たらない。

私は始まったばかりの21世紀大不況は２０２７年ごろまで続き、そのあとには20世紀とはま

ったく違った経済構造が支配的になっていると考えている。その詳細は次章で書くつもりだ。要点は製造業でしっかりした技術基盤を維持しながらも生産高の増加にこだわらず、サービス業では利益水準より生産高と雇用の安定成長を図るという、１９９０〜２０１０年代の日本経済が迷走の中で確立したパターンだと思う。だからこそ日本は１９８９〜90年のバブル崩壊によって、他国より20〜30年早く21世紀に足を踏み入れたのだ。

サービス業主導経済でエネルギー資源の占める地位は低い

製造業全盛期には、「エネルギー投入量大→豊かさ大」という図式にもそれなりの説得力があった。モノを造るには物理的なエネルギーを投入する必要があり、投入量の大小が産出量の大小につながるからだ。だがサービス業全盛の今は、「投入するセンスの向上→豊かさ大」となっている。とくに先進国では、ＧＤＰ１ドルを生み出すのに必要なエネルギー投入量は１９７０年代以来、一貫して下がりつづけている。

20世紀後半からの製造業の閑散化を象徴するグラフがある。すでに工場に設置されている機械装置などを一括して設備と呼ぶが、その設備が何パーセントぐらい稼働しているかを測った数値の推移だ。次ページのグラフでご覧いただけるように、黄金の60年代と言われた１９６０年代半ば以降、アメリカの設備稼働率は景気循環のたびに山は低く、谷は深くなりつづけている。

**過去半世紀以上山は低く、谷は深くなってきた
アメリカの設備稼働率、1965～2020年**

出所：ウェブサイト『Zero Hedge』、2020年5月15日のエントリーより引用

天井から天井までのサイクルで見ると、1965年のピークで約89パーセント稼働、当時のニクソン大統領の抜き打ちの「米ドル金兌換《だかん》停止」宣言で大混乱した1971～72年の大底でも約78パーセントという高い稼働率を保っていた。これだけ設備稼働率が高ければ、景気が落ちこんだとき金融緩和や財政刺激で投資拡大を喚起するという政策にも、それなりの意味がある。

だが21世紀に入ってからは、ピークでもかろうじて80パーセントに届くかどうか、谷は70パーセントを大きく割りこんでいる。これでは設備は慢性的に過剰だから、金融緩和をしても財政刺激をしても、資金は実体経済を刺激しない。行き場がないから、金融市場になだれこんで、それでなくとも過大評価の株価や債券価格や不動産価格を押し上げるだけになってしまうのだ。

1980年代ごろから、経済における大型投資の意義は徐々に低下していた。それが21世紀になってから加速度的になってきた。設備投資も、工業生産高の量的拡大もやせ細っているから、金属やエネルギーといった天然資源の需要は慢性的な低下局面に入った。規模の経済を武器に巨大化を進めていたアメリカ基幹産業の独占、半独占、寡占企業はどんどん積み上がる利益の投下先に困って、自社株買いのような解散価値の前渡しによって消尽しているというのが実情だ。

設備稼働率グラフは、今まで見てきたアメリカ経済に関するさまざまなグラフのように、「ご臨終です」型ではない。ずっと病状が悪化しつづけた慢性疾患に、そろそろ死の予兆が出始めたという構図だ。つまりコヴィッド-19は、持病が深刻化するきっかけに過ぎなかったのだ。

エネルギー資源の中でも、石油の地位は凋落著しい

おまけにアメリカの場合、石油と自動車という過去の栄光にしがみついて現状を直視しない分だけ、病状の進み方が速いだろう。たとえ昔のようにエネルギー投入量が多いほうが勝ちという世の中が戻ってきたところで、石油の出番はない。もちろん、おそろしくエネルギー効率の悪い再生可能エネルギー源が伸びているからでも、破滅的な大事故の危険と隣り合わせの原子力の「平和」利用が伸びているからでもない。石油に致命傷を与えるのは、あまり世間的には評価されていない、天然ガスのエネルギー効率の良さだ。

天然ガスがエネルギー資源の王座を石油から奪うことは、ほぼ確実だ。天然ガスは石油に比べ

ると、安くて燃焼効率が高くて、公害廃棄物が少ない。パイプラインを使えば、輸送コストも石油よりはるかに低いし、採掘して採算が合うことが確認済みの埋蔵量も石油より多い。

アメリカで、いまだに一次エネルギー資源の消費量が石油37パーセント対天然ガス32パーセントとなっているのが、むしろ異常なのだ。アメリカのような石油に対する執着心を持たず、産ガス国から天然ガスを直接パイプラインで輸入できる国々は、どんどん一次エネルギー資源を石油から天然ガスに乗り換えている。

とにかくエネルギー資源としての特徴を比べると、あらゆる面で石油より優秀な天然ガスのほうが生み出すエネルギー1単位当たりの価格でまだまだ石油よりずっと安いのだ。どんどん価値が目減りしている米ドルで測ったのではわかりにくいので、原油の代表的な売買単位1バレルと、天然ガスの代表的な売買単位１００万英国熱量単位（ＢＴＵ）を買うのに、金《ゴールド》何グラム必要かを比べてみた。

ご覧のとおり、次ページグラフの最後、２０２０年3月末の時点で原油は1バレル金約０・４グラム、つまり４００ミリグラム、天然ガス１００万ＢＴＵは約40ミリグラムなので、天然ガスは原油の10分の1の値段だということになる。だが原油1バレルを燃やすと、約５８０万ＢＴＵの熱量が取れる。つまり原油1バレル分のエネルギーを得るには天然ガス５８０万ＢＴＵが必要だ。金に換算すると40かける５・８なので２３２ミリグラムだ。だが原油1バレル買うには、４００ミリグラム払わなければならない。天然ガスは同一熱量当たりで原油の約４割引で手に入る。

WTI原油先物1バレルはゴールド何グラムで買えるか?
1985年1月～2020年3月

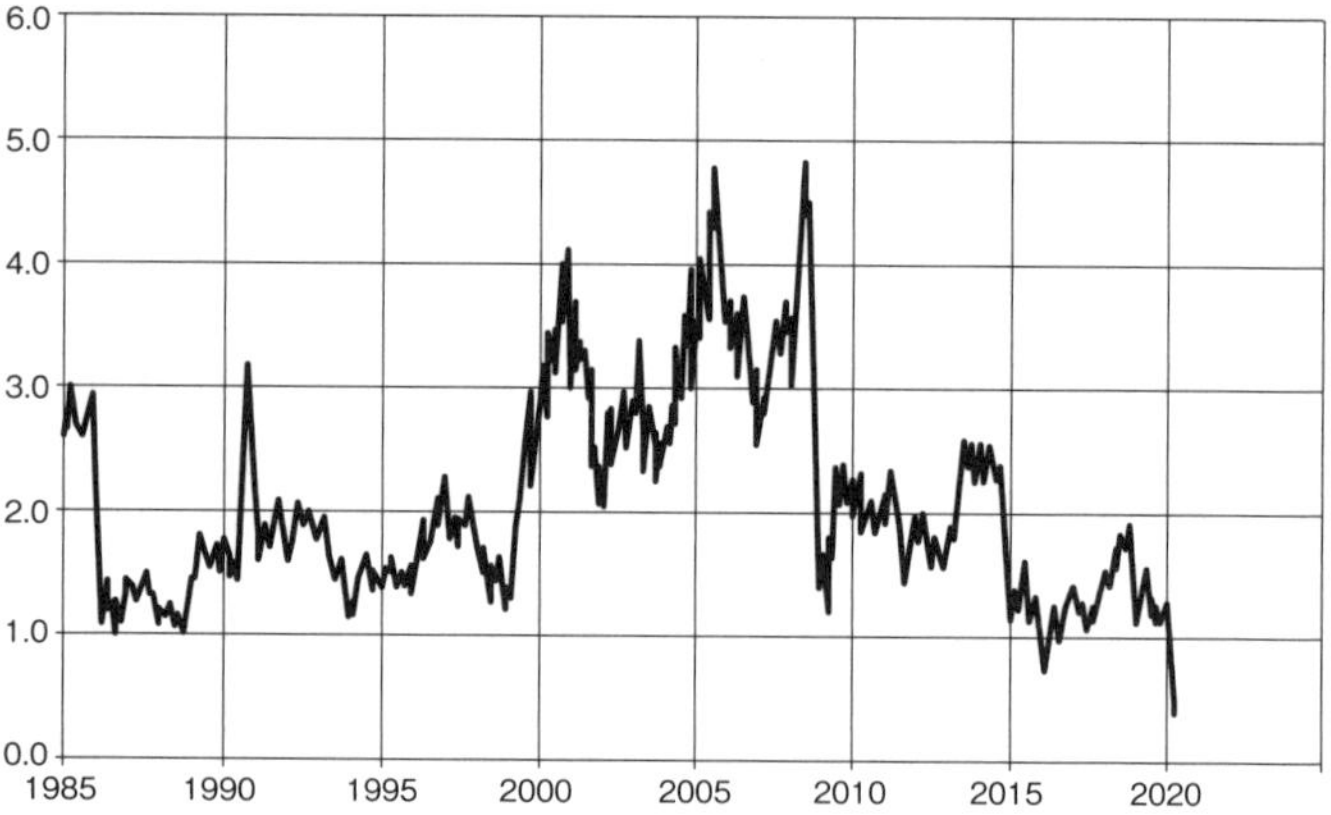

天然ガス先物100万BTUはゴールド何ミリグラムかかるか?
1985年1月～2020年3月

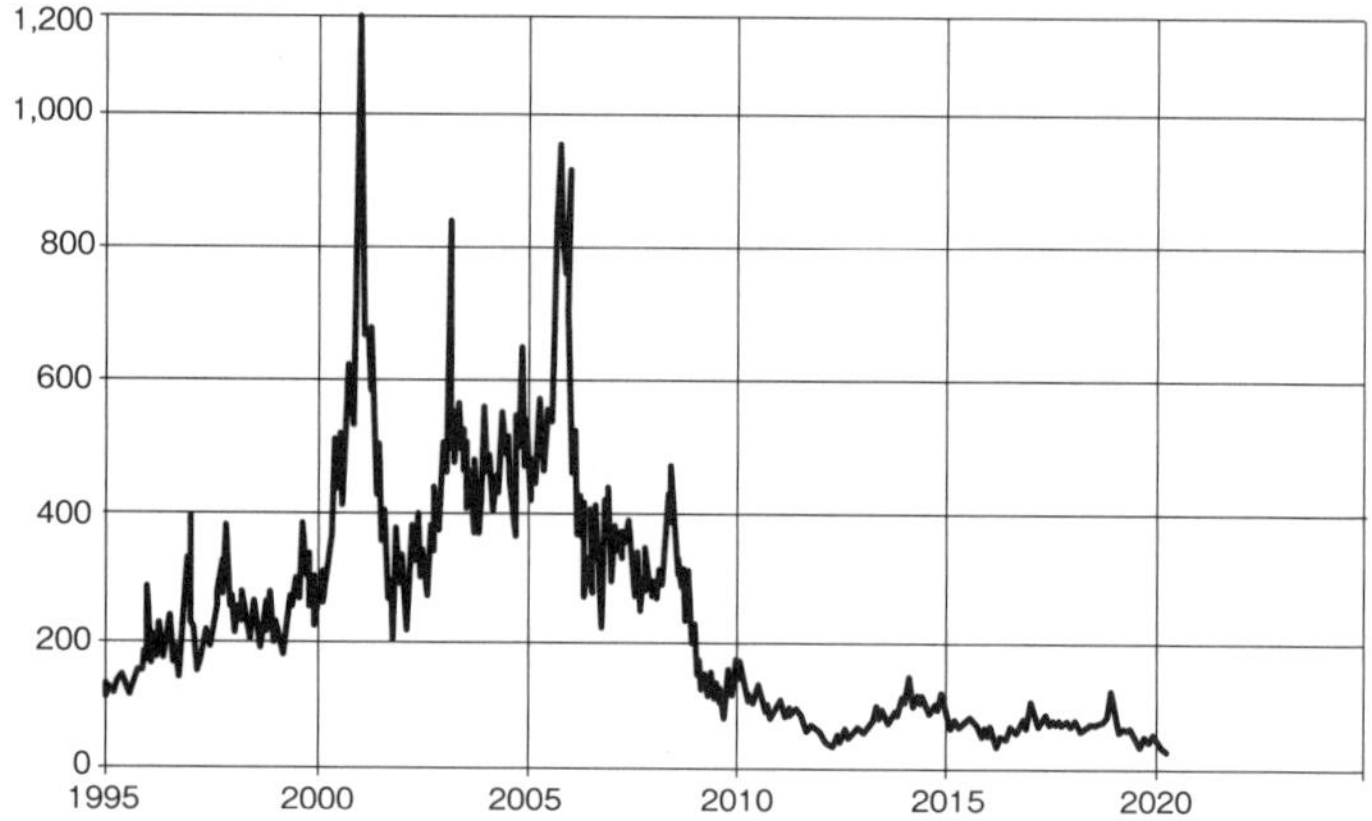

出所：ウェブサイト『Measured in Gold』、2020年4月27日のエントリーより引用

世界の天然ガス、最低額市場の価格に収斂
1999年1月1日～2020年4月24日

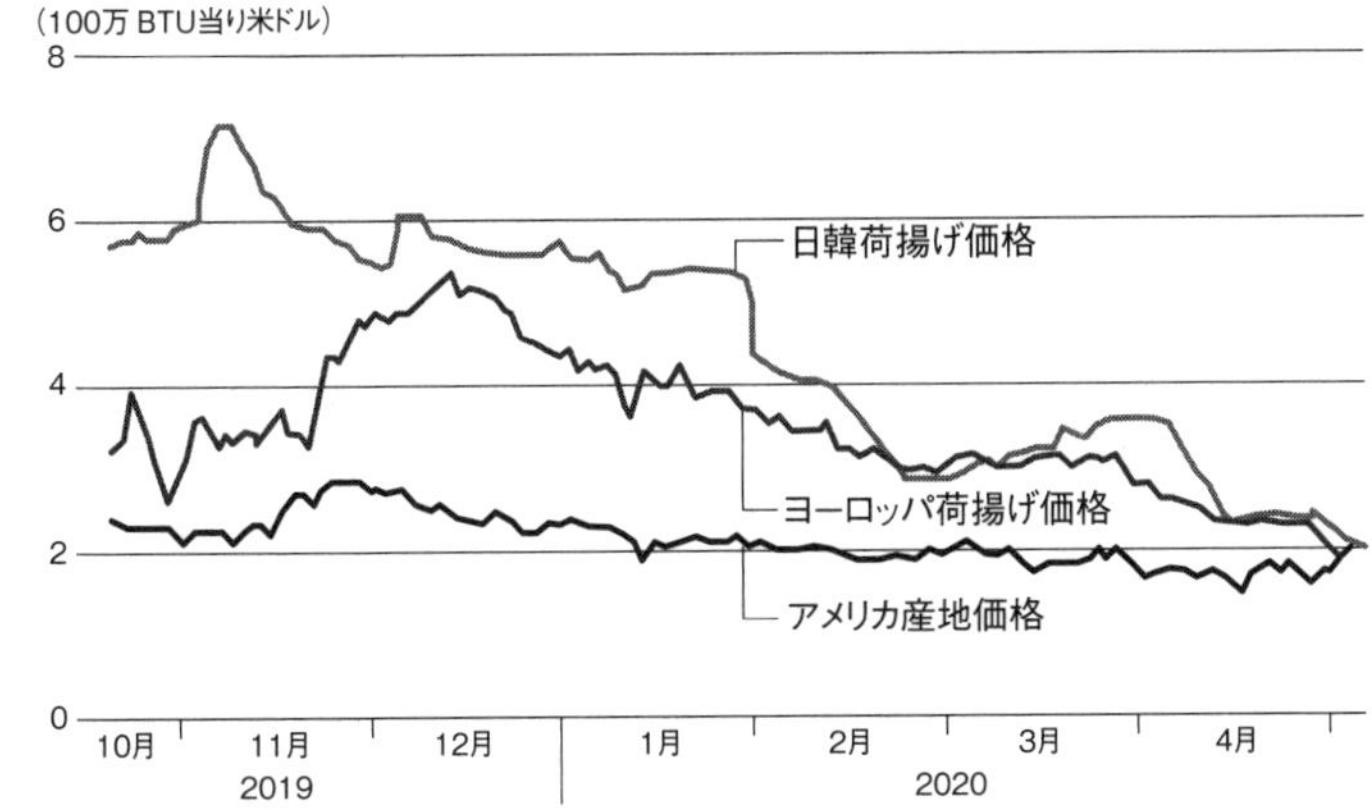

原資料：S&Pグローバル・プラッツ
出所：ウェブサイト『Zero Hedge』、2020年4月27日のエントリーより引用

経済効率から言えば、世の中にわざわざ原油を使わなければ満たせないエネルギー需要はまったく存在しないと言ってもいい状態だった。

実際には天然ガスは超低温で液化してから輸入しなければならない日本や韓国では、液化天然ガスの価格は、同一エネルギー当たりで原油価格に近いところで推移していた。液化するのと、常温に戻すのに、元のエネルギー量の25～30パーセントを使わなければならなかったからだ。だが、この価格差もコロナ騒動で最安の産地価格に収斂《しゅうれん》していった。

上のグラフでわかるとおり、2020年3月までは、ヨーロッパ価格も東アジア価格も、アメリカの産地価格に比べてかなり大きなプレミアムが付いていた。だが4月末には3者が完全に産地価格にさや寄せしてしまった。世界的に需要が低迷しているので、とにかく売りさばきたい業者は、輸送費も液化のコストも自分で負担して産地価格並みでなんとか商談を決着させている状態だ。前代未聞の原油価格がマイナス、つまり売り手が買い手にカネを払うという椿事《ちんじ》は、この原油を買うことに何ひとつ経済合理性のない環境の中で起きた。

原油価格のマイナス領域入りは、起きるべくして起きた

ほとんどの基幹産業で主要な設備投資は省力化という状態が続いていたアメリカで、21世紀に入ってからほぼ唯一の拡大型設備投資をしたのが、フラッキング技術を使ったシェールオイルの増産だった。世界的にエネルギー需要が衰退している中で、バレル当たり少なくとも60ドルはしないと採算が取れない業者が大部分のフラッキング設備の大増強は、まったく狂気の沙汰だった。石油でしか満たせないエネルギー需要があるという、信仰にも似た心境から推し進めた過大投資としか表現しようがない。

しかも、すでに投下した資金を少しでも回収するために自国では大増産を続けながら、OPEC諸国やロシアには価格下支えのための減産を要求するのだから始末に負えない。サウジアラビアとロシアがアメリカの生産削減要求に腹を立てて、同時に価格競争を仕掛けるという前代未聞の事態に陥ったのは、当然の報いだ。この事態をなんとか収拾しようとする3カ国の交渉が4月半ばに決裂すると、原油価格は大暴落に入った。

中でも、ちょうど翌日に取引の締め切りを控えていた5月限（5月に決済を行う先物価格）が4

原油大暴落でついにバレル当り▲40ドルに!

2020年4月19～20日のWTI原油5月限先物価格分足

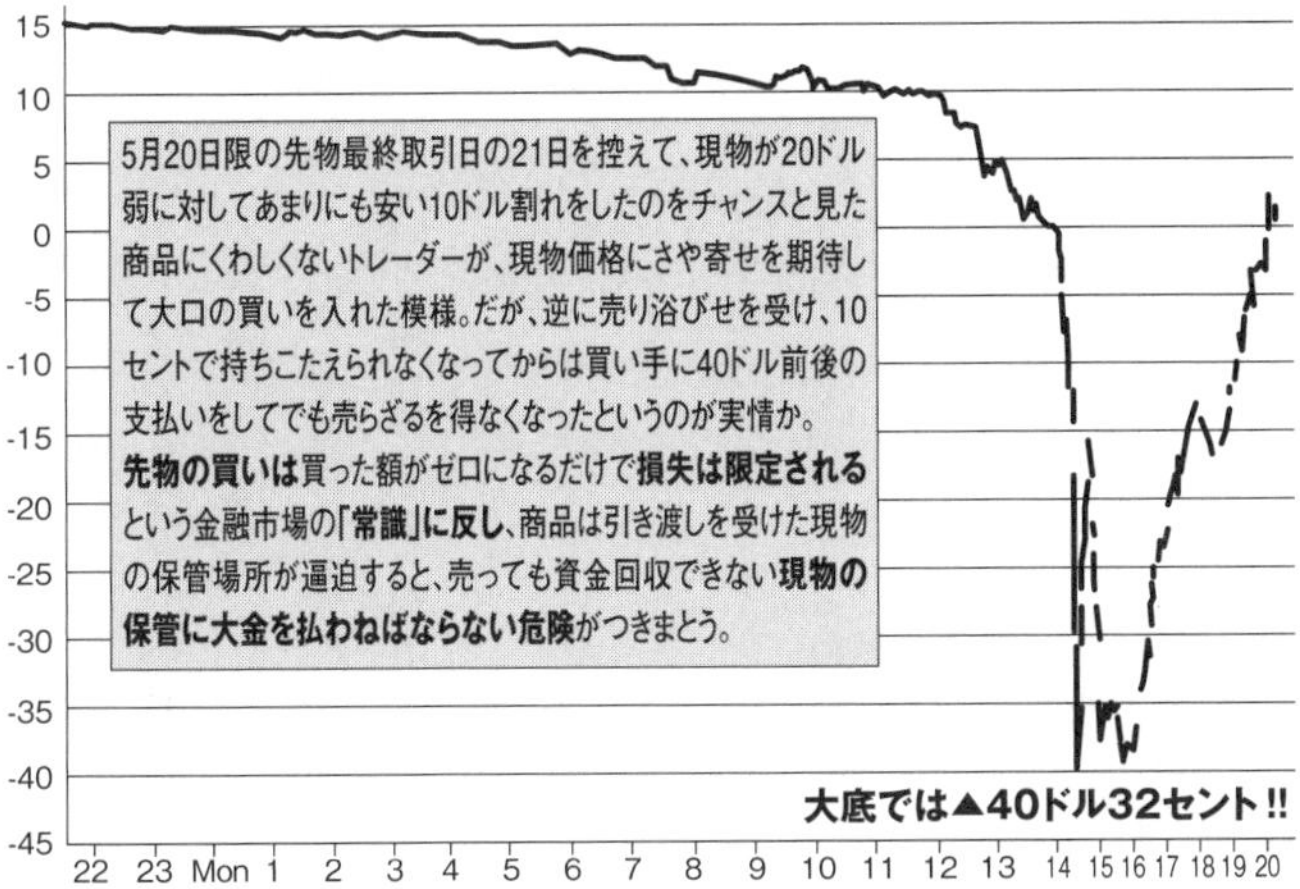
15
10
5
0
-5
-10
-15
-20
-25
-30
-35
-40
-45
22 23 Mon 1 2 3 4 5 6 7 8 9 10 11 12 13 14 15 16 17 18 19 20
5月20日限の先物最終取引日の21日を控えて、現物が20ドル弱に対してあまりにも安い10ドル割れをしたのをチャンスと見た商品にくわしくないトレーダーが、現物価格にさや寄せを期待して大口の買いを入れた模様。だが、逆に売り浴びせを受け、10セントで持ちこたえられなくなってからは買い手に40ドル前後の支払いをしてでも売らざるを得なくなったというのが実情か。

先物の買いは買った額がゼロになるだけで損失は限定されるという金融市場の「常識」に反し、商品は引き渡しを受けた現物の保管場所が逼迫すると、売っても資金回収できない現物の保管に大金を払わねばならない危険がつきまとう。

大底では▲40ドル32セント!!

原資料：ブルームバーグ、ラボバンク
出所：ウェブサイト『Zero Hedge』、（上）2020年4月21日、（下）同年同月20日のエントリーより引用

月20日の先物市場で、なんと0ドルの壁をあっさり突破して大底ではマイナス40ドル32セントというとんでもない安値で取引が成立してしまった。上のグラフがこのすさまじい大暴落を描いている。

先物市場には「売りから入れば損は無限大、買いから入れば損は買い値で済む」という格言がある。株券や債券などの金融商品なら、この格言は正しい。先物を買っておいて決済のときに価格が大暴落していたとしても、その価格で売りさばかなければならない理由はない。愚行の記念にそのまま取っておいても破り捨てても、損失額は先物を買ったときの価格で済む。一方、特定の価格で先物を売ったとしたら、決済のときに価格が大暴騰していたら大変だ。とにかく売ると約束したもの

をどこかで買わなければいけないので、損失額は大暴騰した価格マイナス先物で売っておいた金額となる。理論的には無限大もあり得る。

だが、それはあくまでも株券や債券として印刷された紙自体にはなんの価値もないし、保管料もかからない、金融商品の場合だけだ。商品の先物を買ったままの状態で決済を迎えたら、引き取った現物をどこかで保管しなければならない。昨今の原油のように世界的に需給が緩みっぱなしでだぶついている商品だと、利用できそうな石油タンクはどこも満杯か、空きスペースにも予約が入っている。その予約をキャンセルしてもらって、自分が買った原油を保管するにはべらぼうな違約金を負担しなければならない。

1セントとか、マイナス1ドルとかで5月限の原油先物を買ったにわか商品トレーダーたちは、「タダとか、売り手からカネをもらえるとかの条件で現物が手に入るなんて、こんなうまい話があるだろうか」と喜んでいたかもしれない。だが、もし5月に現物を引き取ったら保管料が莫大になることに気づいて、もう買ってある先物と同じ量の売りものを、買ったときよりさらに安い価格（売り手にとってマイナス幅の大きな価格）で必死に売ろうとした。それが、あっという間にマイナス40ドルまで下がってしまった理由だ。

しろうとトレーダーならやりそうな失敗だ。だが信じられないことにアメリカでも1、2を争う大きな原油特化型商品ファンド、USオイル（USO＝ウソというなんとも適切な略称で上場している）が、このとき大量に買っていた。2020年1月をピークにファンドとしての市場価格が下がりつづけていたのだが、3月中旬からは原油の買い持ちポジションを激増させていた。いわゆる受け身型ファンドで、ここまで価格が下がったら運用担当者の判断抜きでとにかく買いを入れるという乱暴な運用をしていて、4月20日のマイナス価格でもずいぶん買っている。

商品市場では、主観的判断抜きの受け身型ファンドが過半数になっている。だが、こういう異例の事態になると、やはり人間の判断が必要になってくるようだ。

連邦準備制度の金融刺激がカジノで浪費される一方、実体経済は悲惨

正直な話、金融カジノで丁半賭博をやっている連中は、たとえ零細な個人トレーダーであれ、アメリカ有数の大型商品ファンドであれ、買い手に大金を支払わなければいけない売りに追いこまれたとしても、あまり同情する気にはならない。だが、このらんちき騒ぎに資金が集中する一方で、実体経済にはすさまじい大収縮が起きている。

まず見ていただきたいのが、3月後半から4月末までの6週間で失われた雇用が、過去10年以上にわたる「好景気」で増えた人数より約25パーセント多いという次ページのグラフだ。

2010年から10年以上かけて創出された雇用が約2400万人分に対して、3月後半からの6週間で失われた雇用はすでに3000万人分を超えている。くり返しになってしまうが、これはコヴィッド-19で失われた職ではない。この騒動でボロ儲けしようとする連中が、恐怖に怯えていたり、この機会に自分の権力をさらに強めたいと思っていたりする政治家をけしかけて、大

全米で3000万人が過去6週間のうちに職を失った
2019年8月～2020年4月

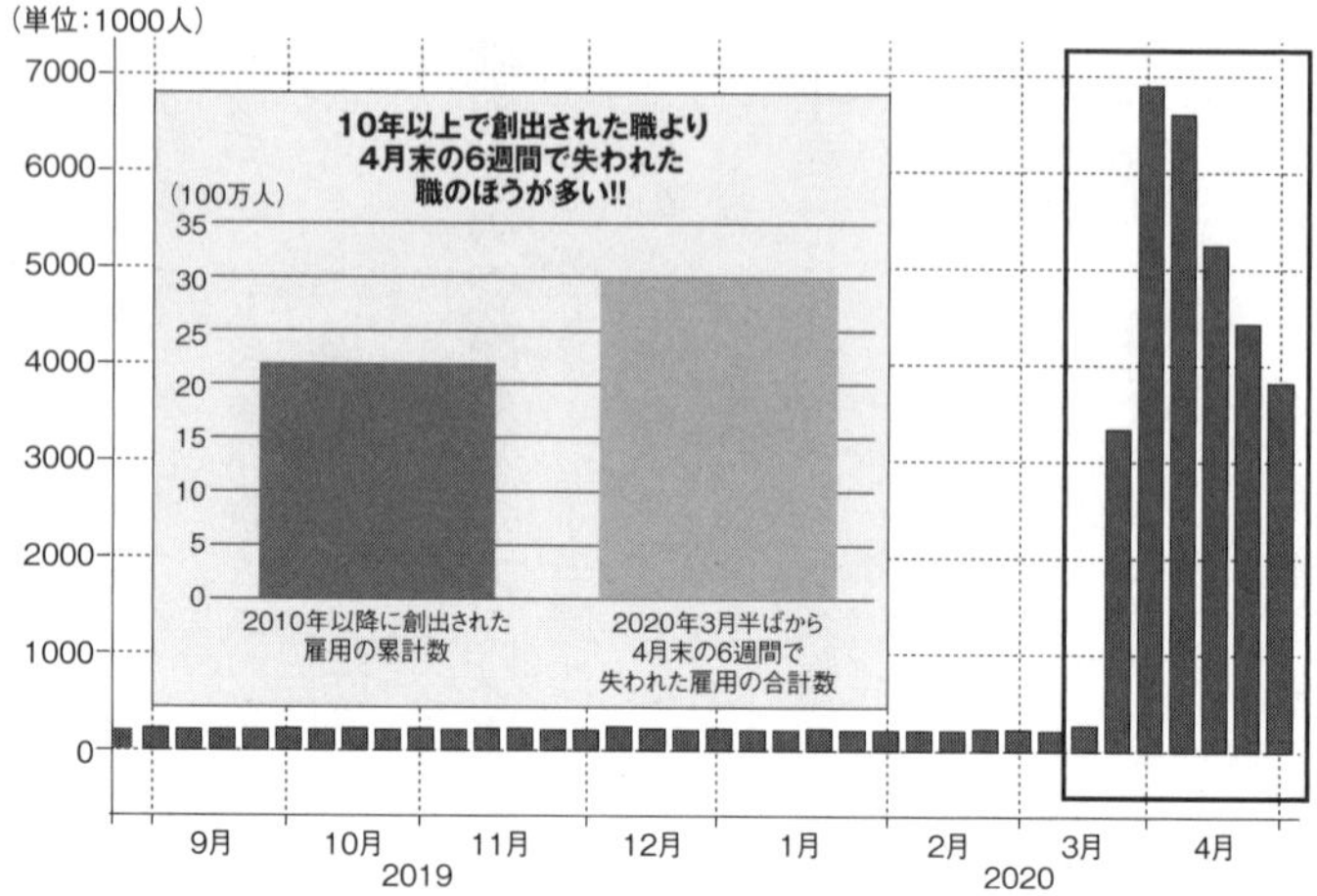

出所：ウェブサイト『Zero Hedge』、2020年4月30日のエントリーより引用

部分はなくさずに済んだはずの雇用なのだ。

上のグラフが２０１９年８月からの雇用の減少数だけを週次でとらえていたのに対して、次ページのグラフは２００１年からの雇用の純増減を月次でとらえている。つまり１カ月間で創出のほうが多ければ上に、少なければ下に差額が出ている。雇用の増加は遅々たる歩みなのに、減少はいつもどかんとやってくる。しかも失業者は、圧倒的に低賃金労働者に集中している。

所得水準で最下位20パーセントは、２月後半から３月末までの１カ月半で雇用が35パーセントも減少している。下から２番目の20パーセント（21パーセント目から40パーセント目まで）は、約22パーセントの減少だ。まん中の20パーセント（41パーセント目から60パーセント目まで）は約17パーセント、上から２番目の20パーセント（上から数えて21パーセント目から40パーセント目ま

アメリカ非農業雇用者月次増減数推移、2001～20年

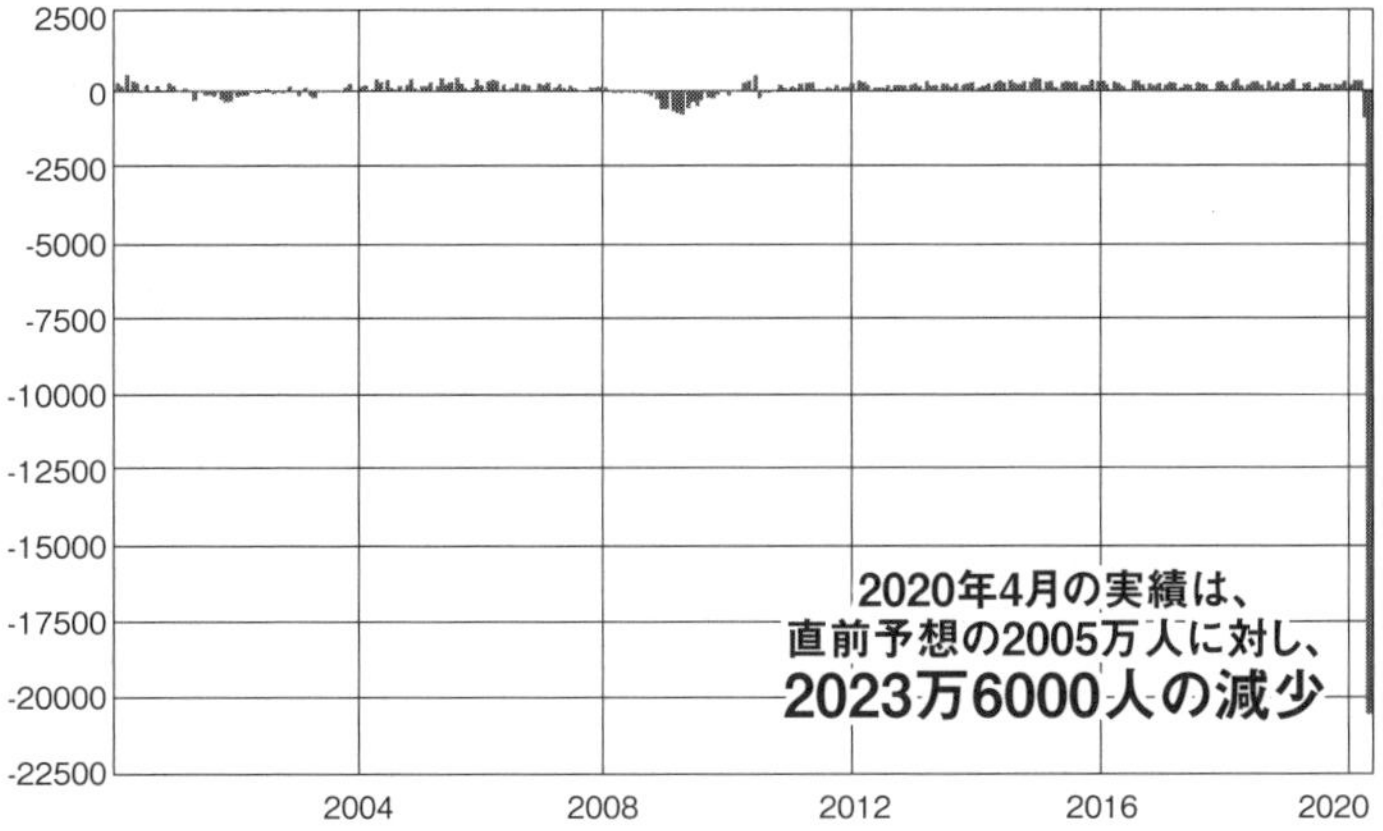

注：最新数値は2020年5月6日公表の同年4月分
原資料：給与関連サービスADP社データ
出所：ウェブサイト『Investing.com』、2020年5月12日現在のエントリーより引用

で）は約14パーセント、一番上の20パーセントでは雇用の減少は10パーセント未満だ。

だが今回の減少幅は、おそらく1929年の大恐慌でもなかったほどのすさまじさだ。この印象が正しそうなことは、次ページの横2枚組グラフの右側に描かれている。

この図を見て、「30年代大不況は経済環境が深刻だったから、あれほど悲惨なことになった。今回は都市封鎖や外出禁止の影響が出ただけだから、解除されれば急速に元に戻るはずだ」と考える方もいるだろう。だがコロナ騒動はきっかけに過ぎない。ハイテク・バブルが膨らみはじめた1990年代後半から、延々と実体経済はやせ細るのに、金融市場関係者や特定の利権集団だけがボロ儲けをする状態がもう25年近く続いてきたのだ。そのとがめは、いったん噴出しはじめたら、簡単に収拾できない。

低賃金労働者ばかりが職を失うので、平均時給は上昇！

2006～20年

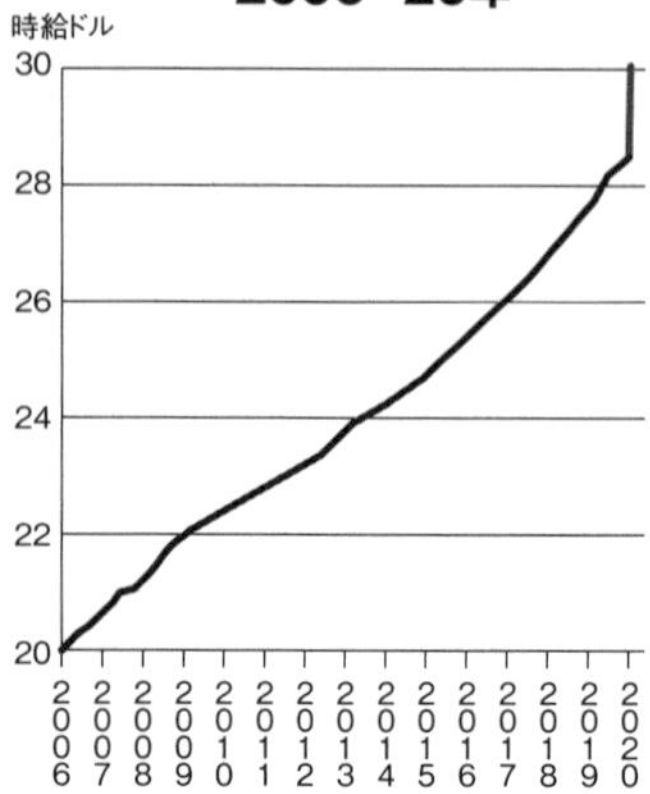

史上最速の雇用者数減少率、1929～2020年

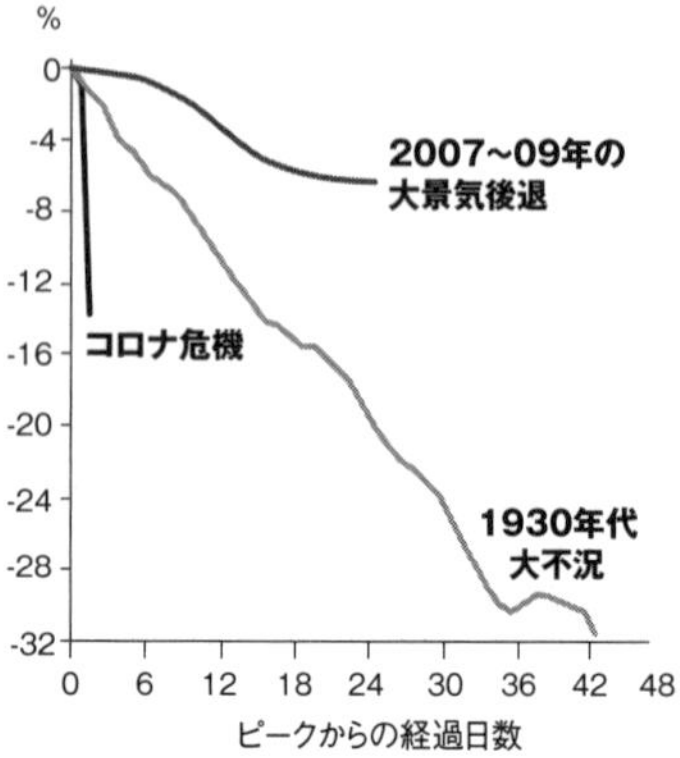

原資料：（左）米連邦労働省労働統計局、セントルイス連銀調査部、（右）景気循環研究所（ECRI）
出所：（左）ウェブサイト『Wolf Street』、2020年5月8日、（右）『Advisor Perspectives』、同年5月8日のエントリーより引用

左側の、失業は低所得層に集中しているので、２０２０年４月の平均時給は急上昇したというグラフを見ていると、いったいどこまで一般大衆をバカにした社会なのかと唖然とする。今から確実に予測できることがある。コヴィッド-19が終息したあとの世界経済では実質金利が低く、実質賃金が高くなる。世界中どこでもそうだが、アメリカでは資本と経営の評価があまりにも高く、労働力があまりにも過小評価されている。

歴史の教訓は、ときには疫病という人類全体にとっての重い負担をともないながらも、経済発展が進むにつれて希少化する労働の価値は上がり、過剰供給が顕著となる資本の価値は下がると教えている。まじめに働く大衆の実質賃金が上がり、企業の平均収益率も市場金利も下がる。

この傾向に抗して悪あがきを続ける資本とエリート知識人たちは、ふつうの生活をする大衆にとってどう考えてもおかしい社会慣習、労働慣行、価値観をでっち上げてでも、自分たちの既得権益を守ろうとする。世界最大最強の経済を擁するアメリカでべら棒に儲かる集中治療室のベッド数は人口比で世界最大だが、通常の病院ベッド数は最貧国と似たような低水準であることがよい証拠だ。人命救助が使命のはずの医師、看護師、病院経営主体、薬品会社、医療機器会社が結託して、人助けより自分たちの儲けを優先する見下げ果てた国なのだ。

第6章

21世紀大不況で何がどう変わるのか？大衆がエリートに勝ち、烏合の衆が組織に勝つ！

諸帝国の興亡は驚くほど似通ったパターンで展開される。興隆も衰亡も内部要因に突き動かされて生ずるからだ。すなわち、あらゆる帝国は開拓の時代、征服の時代、商業の時代、富の時代、知性の時代を経て、退廃の時代にいたって終わる。ただし、崩壊の仕方は千差万別だ。往々にして、外的要因が崩壊の引き金を引くからだ。

――ジョン・グラブ卿『諸帝国の興亡と生き残りのための探求』(1978年)大意

21世紀大不況で、近代資本主義が没落する

拙著を何冊かお読みの読者はご存じだろうが、過去4~5年にわたって私は近代資本主義84年サイクル説を唱えてきた。この84年間のうち21年間は、通常であれば何十年に一度しか起きないような経済危機が2~3年に一度勃発する。今、我々はサブプライムローン・バブル崩壊の兆しが見えた2007年に始まって、おそらくは2027年にようやく終息する近代資本主義7回目の長期不況のまっただ中にいるという主張だ。

この章冒頭に大意訳を掲げさせていただいたジョン・グラブ卿の短いが含蓄に富んだエッセイに沿って考えると、7回目の危機とはすなわち帝国最後のフェイズである退廃の時代の終わりということだ。資本の自己増殖衝動が市場経済を道具に使うようになってしまった現在の経済体制は、やはり2027年までには一掃され、新しい経済制度、新しい世界観、新しい政治の仕組みが始まることになるのだろう。

近代資本主義自体をひとつの帝国と見れば、たしかに開拓の時代に始まり、退廃の時代に終わる6段階はすべて経験済みだ。84年周期で起きてきた長期不況の中軸年で区分すると、1512～96年が開拓の時代、1596～1680年が征服の時代、1680～1764年が商業の時代、1764～1848年が富の時代、1848～1932年が知性の時代、そして1932～2016年がどん詰まりの退廃の時代となる。

今我々は2016年を中軸年とする2007～27年の長期不況の中で、そろそろ出口が見えてきた位置にある。近代資本主義という大帝国にとどめを刺すのが、中の下程度の疫病に対する過剰反応だったのではわびしい。だが絶頂期には隆盛を誇った大帝国が、頓死筋《とんしすじ》であっさり消えてなくなるのは、よくあることだ。

近代資本主義最初の段階である開拓の時代に向けての助走は、ポルトガルの航海王子エンリケが、不屈の執念で家臣たちにボハドル岬を越えた航海に挑戦させていた1420年代に始まる。当時は、ボハドル岬の先で海が断崖に落ちこみ、その下には地獄の釜が煮えたぎっていると信じられていた。それから約80年を経て、1503～23年の長期不況が起きたころには、アフリカ南端回りでも、アメリカ大陸を経た太平洋回りでも、伝説の富の宝庫、東アジア諸国への航路は確立されていた。1512～96年という16世紀の大部分がこの開拓の時代に当たる。

時代の政治覇権はポルトガル・スペインにあり、経済覇権はジェノヴァからヴェネツィアに移っていた。この開拓の時代をイギリス艦隊によるスペイン無敵艦隊の撃破、スペイン王家の破綻で終わらせたのは、1588〜1608年の長期不況期だった。

続く第2期（1596〜1680年）の征服の時代に、ヨーロッパ諸国は内陸部を除くアフリカ大陸沿岸地域、南北アメリカ大陸とカリブ海に浮かぶ島々、そしてアジアの主要な港湾拠点を征服していた。政治覇権は同じハプスブルク家が支配するスペイン・神聖ローマ帝国の南欧・中欧連合からイギリス・フランスに移りつつあり、経済覇権はヴェネツィアから、まだ宗主国スペインからの独立を勝ち取ってさえいなかったオランダに移った。

オランダ経済は、1637年のチューリップ・バブルの崩壊によって深刻な打撃を受けたが、そのオランダに世界金融の中心地が移行したのだ。不思議なことに、その後も1720年の「南海の泡沫」事件で大きな痛手を受けたロンドンに金融中心は移行し、1930年代大不況で最大の経済損失をこうむったアメリカに金融中心は移行する。

英米両国から経済史を眺めてきた金融ジャーナリスト・コンビ、ジェームズ・デイヴィッドソンとウィリアム・リーズ＝モッグが「経済覇権は直前の金融恐慌でいちばん苦しんだ国に移行する」というテーゼを打ち出した。その書籍が、日本経済がバブルの絶頂にあった1988年に刊行した『世界経済が破綻する時――破局の中での投資法』と、バブル崩壊直後に出版した『大いなる代償――過去の「つけ」が生む国際経済の危機』の2冊だった。彼らは、このバブル崩壊後に世界経済の覇権を握るのは日本だと見ていた。それから約30年、どうやら彼らの予言は正しかったことが証明されるときが来たようだ。

第3期、長期不況の中軸年から中軸年で言えば1680～1764年となる商業の時代に経済覇権を握ったのは、イギリスだった。政治覇権は、イギリスとフランスが激しく争っていた。この時期にはもう、植民地経営はポルトガル・スペイン流の条件が折り合えば商談をまとめるが、折り合えなければ海賊や強盗に豹変《ひょうへん》するという一過性の略奪ではなくなっていた。

当時の国際貿易は、植民地の生産現場を直接掌握し、商品作物を奴隷労働で栽培し、本国および国際市場で売りさばく方向に移行していた。資本を拠出する本国の商人たちと、現場で商品作物を栽培し、ときには加工まで行う、植民地の大規模農園・加工場の経営者からなる問屋制農工業と言うべき体制が確立していた。まさに、征服の時代から商業の時代へと転換したわけだ。

エリック・ウィリアムズは、この時期の植民地経営における黒人奴隷を使役したサトウキビ栽培・精製の収益性の高さをこう表現している。

バルバドス人はその奴隷に言及して、こう述べている。「買えば買うほど、買う力が増す。神のめぐみにより、一年有半の内に、かけた費用と同額の儲けを得ることができるからである。」王なる砂糖は略奪を開始していた。繁栄していた小農の世界は、一握りの有力な不在資本家の所有する巨大な砂糖工場に変わり、よそ者の労働者がそこで働くようになっていた。(ウィリアムズ、34ページ)

つまり、約1年半で100パーセントの収益率だったわけだ。ちなみにバルバドス人とは、カリブ海の典型的な島嶼《とうしょ》国家バルバドスに入植したイギリス系住民のことだ。といっても没落していく小農民のことではなく、奴隷主たちを指しているのは言うまでもない。のちに欧米列強が中国侵略でしのぎを削ったころには、人間を隷属状態で働かせるために誘拐することを「上海する」と言ったが、その前には同じことを「バルバドスする」と表現していた。

この時代に終わりを告げる1672～92年の長期不況は、経済覇権国家イギリスの首都ロンドンでとくに猛威をふるった、1620～70年の疫病《ペスト》蔓延の影響も大きかった。過去4～5世紀でもっともきびしかった寒冷化の時代、マウンダー極小期（1645～1715年）のもたらしたひんぱんな農作物の不作、凶作によってヨーロッパ諸国で国民の体力が低下していた時期だったことも、ペストの被害を大きくしていた。

第4期（1764～1848年）は、産業革命に向けた発明発見の実用化努力がようやく実を結びはじめたころだ。この時期を富の時代と呼ぶことには、違和感を覚える方も多いだろう。発明発見が実を結びはじめたこの時期を知性の時代と呼び、本格的に収益に結びついた次の時代を富の時代と呼んだほうが自然な気がするからだ。

ところが、この時期こそ、地球規模で植民地展開をしていたイギリスにとっては、まさに「富の時代」だった。アメリカの独立によって、北アメリカ植民地の大半はすでに失っていた。だがインド亜大陸支配を「民営化」によって独占的に受託していた東インド会社の高官たちは、大英帝国の国威も大いに発揚したが、しこたま私腹を肥やしてインド成り金《ネイボブ》と呼ばれて、批判や風刺の対象とされた。

経済覇権は明らかにイギリスに移行し、英仏がほぼ互角で争っていた政治覇権もイギリス有利に傾く。皮肉なことに、イギリスが七年戦争（1756～63年）に勝利して政治経済を通じた単独覇権国家化を鮮明に示したころ、世界は4回目の21年大不況に突入していた。

そして石炭と蒸気機関を原動力とした産業革命がイギリスで完成期に入る第5期、知性の時代（1848～1932年）に、さまざまな主義主張が百家争鳴状態となる。社会主義者や共産主義者の批判に対する反批判というかたちで、資本主義は初めて自覚的な思想体系となった。「自由競争の市場こそもっとも効率的な資源分配法である」という主張には、一点の曇《くも》りもなかった。だが、「過去の労働の蓄積に過ぎない資本の自己増殖衝動が、現在の労働を担う人間を突き動かす人間疎外を、資本主義は永遠に解決できない」とする青年カール・マルクスの批判に応える論理は、いまだに形成できていない。

大英帝国に取って代わった覇権国家アメリカの生い立ち

第6期に当たる退廃の時代（1932年～2016年）には、知性の時代より一層露骨に資本の論理が人間の生活を踏みにじる事例が続出した。最大の理由は、第二次世界大戦に勝利したアメリカの連邦議会で平時に入って最初の重要立法が、「ロビイング規制法」の名で呼ばれるワイロ合法化だったことだ。

アメリカは南北戦争後、黒人奴隷の無償解放によって莫大な富の蓄積を失い、二流の農業国に転落してもおかしくなかった。この危機を救ったのは、それまで香具師《やし》が万病に効く薬として売るぐらいしか使い途のなかった石油が灯油として植物系油や、鯨油のシェアを奪い、ロックフェラー財閥成長の経済的基盤を形成したことだった。1850年代から1920年代までは、石油市場はほぼアメリカ1国に限定されていた。後にも先にもこれほど重要なエネルギー資源の需給がこれほど長期にわたって、たった1国に集中したことはなかった。

アメリカの新興ブルジョアジーの多くは、とくに子女がアメリカに来たばかりの移民だった工場労働者との混じり合いを避けるために、郊外の自宅からの出勤に自動車を使い始め、やがて社会的身分の象徴としての自動車が普及していった。1910年代までは、基本的にアメリカ以外の国々ではエネルギー資源としての石油の使い途がほとんどなかった。第一次世界大戦の中で、まず兵器としての戦車がガソリンエンジンの実用性を示した。

続いてヘンリー・フォード主導の大量生産化で、アメリカでは中産階級から工場労働者にも普及した自動車は、アメリカ陸上交通の主流を占めるようになった。アメリカ発の実用的輸送手段としての自動車が徐々にヨーロッパ諸国にも浸透していった。主要なエネルギー資源の供給量において圧倒的に強いガリバー型寡占を形成したアメリカが大英帝国に代わって、世界経済の覇権を握ったのは1920年代のことだった。

1921年の短いが鋭かった第一次世界大戦後不況に始まり、1929年大恐慌、1930～41年の大不況と続く長い景気低迷の中から、アメリカが大英帝国に代わる政治・経済の覇権国家として登場する。アメリカを長期不況から救ったのは、財政政策でも金融政策でもなく、第二次世界大戦の勃発だった。

その後ほぼ正確に100年間、石油はエネルギー資源の王者の座を維持してきた。だが実際のところ、石油はエネルギー効率でも有害排気ガスの量でも圧倒的に天然ガスに劣後している。にもかかわらずアメリカ経済が圧倒的な優位にあった時代への郷愁《きょうしゅう》から、人為的な高値に維持されてきたのが実情だった。

このとうてい経済合理性では説明できない原油価格の高止まりをセンセーショナルに打破したのが、2020年4月20日の引け値での5月限原油先物価格のマイナス37ドルだった。世界は必ずこの長期不況から脱却する。だが、もうこの危機を超えて腐敗しきった資本主義が生き延びる道はない。

なぜ世界は84年周期で動くのか?

資本主義経済84年周期を提唱しはじめてから、ずっと気になっていたことがある。それは、なぜひとりの人間の成長過程も、家庭、企業、国家の世代交代も7年の倍数で進むのかということだ。人間の寿命を約84年とすると、幼年・少年期21年、青年・壮年期21年、中年期21年、老年期21年に分けることができる。一方、家庭でも企業でも国家でも、世代が交代するには、だいたい25~30年、あいだを取って28年ぐらいかかる。

だから、この2つのサイクルの山や谷が一致する84年という最小公倍数で経済がピークからピークへ、あるいはどん底からどん底へと動くことに不自然さはない。だが、なぜどちらも7の倍数なのだろうか。考えあぐねていたときに出会ったのが、黒川伊保子著『ヒトは7年で脱皮する』だった。この本全体のキモとなる部分を引用しておこう。

免疫の中枢司令塔・骨髄液は7年で入れ替わるという。毎日少しずつ入れ替わるのだが、満7年以前のそれは残っていない。

免疫は、「外界からの刺激に対する生体反応」の一種である。生体内に異物が入れば、それに反応し、必要ならばブロックし、ときには攻撃して排除する。……

生体は、経験したことのない異物に反応する。しかし、その刺激が定常的かつ恒久的に続く場合には、過剰反応を続けるのはかえって危ない。……その異物を、環境の変化として受けとめ、慣れていくほうが生存可能性を上げる。

……こうして、7年という道のりは、「刺激」を受け入れ、「気にならない定常」に変えていく道のりだといえる。結果、7年目には、正反対の事象が刺激に変わる（黒川、40～41ページ）。

ここから黒川は、「流行の7年、14年、28年、56年周期」説を導き出す。さらに単純なものが好きか、複雑なものが好きか、丸っこいものが好きか、角張ったものが好きか、平べったいものが好きか、高く尖ったものが好きかといった個人の好み以外に説明できそうもない流行現象に、整然とした周期性を発見した。

黒川は、私とはまったく違う山と谷を描きながら、2027年こそ「終焉期《しゅうえん》」のどん詰まりだと断言する（黒川、68～69ページの「感性トレンド」サイクル図）。これで決まりだ。人間の成長段階も、世代の交代も7年の倍数で進むには、しっかり生理的な根拠があったのだ。そして近代資本主義は84年ごとに入れ替わる6段階すべてをこなして、今や最終段階である退廃の時代の末期、次の経済秩序が形成される直前の、産みの苦しみを味わっている。

「世界経済がこの苦しみから脱却したとき、金融覇権は日本に移行している」というジェームズ・デイヴィッドソンとウィリアム・リーズ＝モッグの予測が大筋で正しかったこともあと7年は続く崩壊と混迷の時期を経て証明されるだろう。ただ細部まで完璧な予測ではなかった。

規模の経済追求が暴走していた重厚長大型製造業の黄金時代には、どれだけの資金を調達して他社がマネのできない設備装置を構築するかが、業界首位企業にのし上がり、製品価格を下げながら大きな利益を獲得できる、競争優位最大の源泉になっていた。だからこそ金融業界の経済に占める地位も高かったし、どこの国の金融市場が最大資金を大手製造業各社に提供するかが、各国経済の浮沈を握っていた。

そもそもサービス業主導の現代経済では最大資金を調達して、最新鋭の巨大設備を構築すれば、自動的に業界首位企業にのし上がれるわけではない。したがって金融業界の経済全体に占める地位も低下する。大ざっぱに言えば、異常に肥大化していた末期資本主義時代の半分程度が適正規模で、各国を代表する株価指数の位置も史上最高値の半分くらいが妥当ということになるだろう。

また、どこの国の金融市場が他国の金融市場を支配下に置くかが、経済全体での優位性を保証するわけでもなくなる。だから世界各国の金融市場は支配と従属の関係で結ばれるわけではなく、ゆるやかな影響力、感化力をどこが比較的大きく発揮するか程度の問題になる。

世界の金融市場は、もう日本の感化を受けている

と考えてくると、じつは日本の金融業界は、もう国際金融危機のころから世界金融市場に対して感化力リーダーになっていることがわかる。日本を代表する株価指数、日経平均はバブル期の大天井から約4分の1まで下がり、その後四半世紀を費やしてやっと半値戻しを達成してからは、ボックス圏で動いている。そして国際金融危機以降の国際金融情勢を見渡すと、金利、企業利益率、インフレ率、GDP成長率の低下で、欧米諸国は日本のあとを追っている。

いくら欧米諸国のエコノミストや経済評論家が「日本は見習うべきお手本ではない。避けるべき悪い見本だ」と言ったところで実体経済は日本と同じか、日本以上に劣化しているのだから、金融業界の実勢も日本に似たものにならざるを得ないのだ。ここで退廃期資本主義も中間点を過ぎた1977年以降のさまざまな国の株価指数と、さまざまな金融資産のバブル形成と崩壊の歴史を簡単にふり返ってみよう。

計8つのバブルのうち、日本株バブルについては2つ特筆すべき点がある。ひとつ目は、バブル崩壊後の位置が、バブルが膨張しはじめる直前の底値に比べてかなり高い位置にあって、元の

過去40年間のバブルの歴史
1977〜2020年

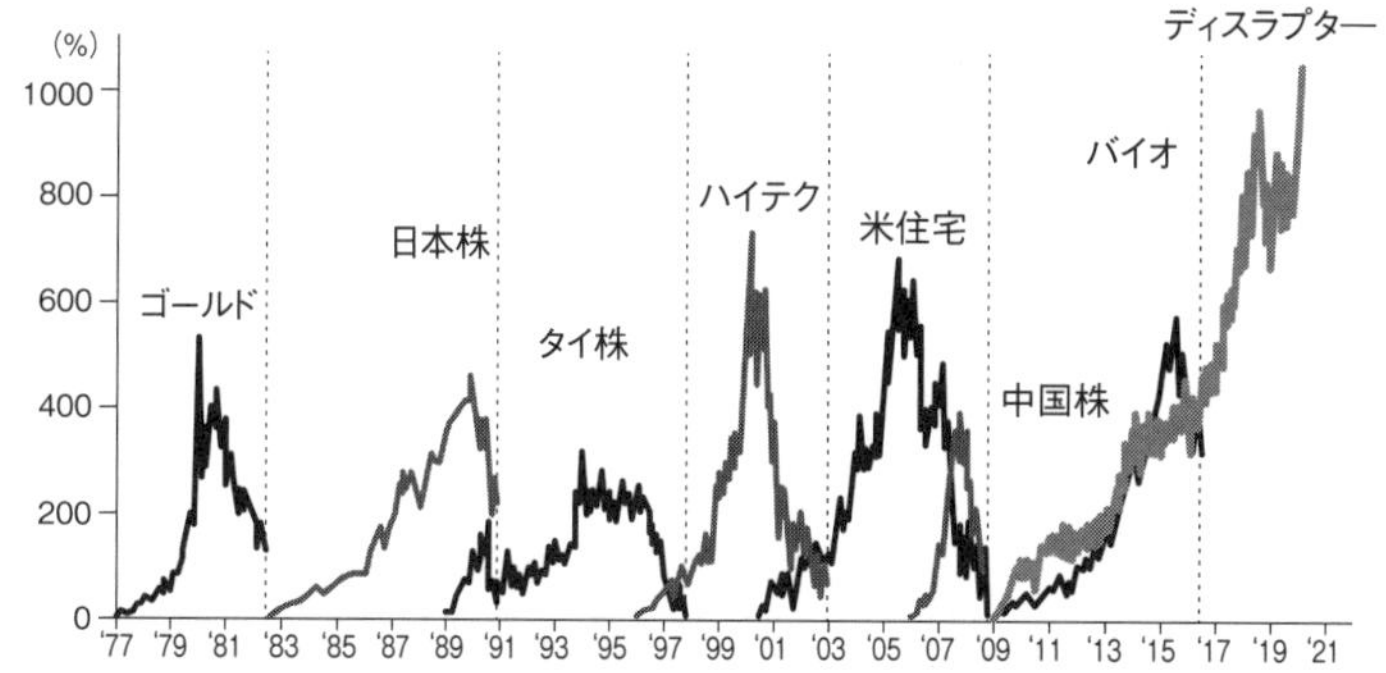

注：ゴールドは金山株ETF、XAUの現物価格、日本株は日経平均、タイ株はSET株価指数、ハイテクはナスダック株価指数、米住宅はS&P500住宅株指数、中国株は上海総合株価指数、バイオはiShares NASDAQバイオテクノロジーETF、ディスラプターはダウジョーンズeCommerce株指数とニューヨーク証取FANG指数の単純平均。
原資料：BoAメリルリンチ グローバル投資戦略、ブルームバーグ
出所：ウェブサイト『Of Two Minds』、2020年5月14日のエントリーより引用

木阿弥にはなっていないことだ。2つ目はバブル崩壊後30年も株価は低迷続きなのに、株価の暴落で被害を受けた国民はほんの一部にとどまり、日本の個人家計の健全性にはほとんどなんの影響もなかったことだ。

コロナ騒動に触発された昨今の先進諸国の株価指数の動きを見ると、やはり天井から4分の1程度までは下がるだろう。さらに、その後何十年かけても半値戻しを達成できる国は限定されているように見える。新興国市場にいたっては4分の1程度で底値に達するかどうかも、その後の回復があるかどうかもわからない。いずれにしろ日本ほど浅い傷でバブル崩壊をやり過ごすことのできる国はほとんどないだろう。

金利は慢性的に低下し、それぞれの分野でニッチ独占的な地位を築いた企業をのぞけば、企業利益も慢性的に低下している。アメリカ企業にこう

したニッチ独占を構築した企業が多いのは、決してアメリカの技術開発や企業経営が強いからではなく、アメリカでは合法的に政治家をワイロで動かして自社に有利な法律制度を作らせることができるからに過ぎない。その中で、日本経済の強さが突出していることは、次ページの上下2段組グラフが明瞭に示している。

上段で注目すべきは、日経平均はたしかに30年間まったく上昇しなかったが、かといって1983年のバブル膨張開始前の底値を割りこむこともなかったことだろう。あの大天井の半値を割りこむと、半値水準に戻す復元力を持っている。

また下段に目を転ずると、1970年代末まで他の先進国通貨に比べてやや強い程度だった日本円の価値が、1990年代半ばまでで大きく優位を拡大していた（なおユーロが実際に通貨として使われる以前のユーロは、ドイツマルク、フランスフラン、イタリアリラなどの加重平均として算出されている）。このグラフの縦軸は対数目盛りなので、日本円は欧米諸国通貨よりはるかに高い水準を維持し、したがって日経平均は欧米諸国の通貨に換算すれば、もう1989年末の高値を抜いていることがわかる。

株価は低迷続きだが、諸外国から製品や原材料を輸入することについては、日本はまったく困っていない。それどころか今後ほぼ確実にエネルギー資源価格が低迷する時期が続くことを考えると、日本は海外からのエネルギー資源はますます安く輸入でき、国際収支の悪化を懸念せずに諸外国からの輸入品で豊かな生活をできて当然なのだ。こうして日本は金利も企業利益率もイン

30年間まったく上昇しなかった日経平均

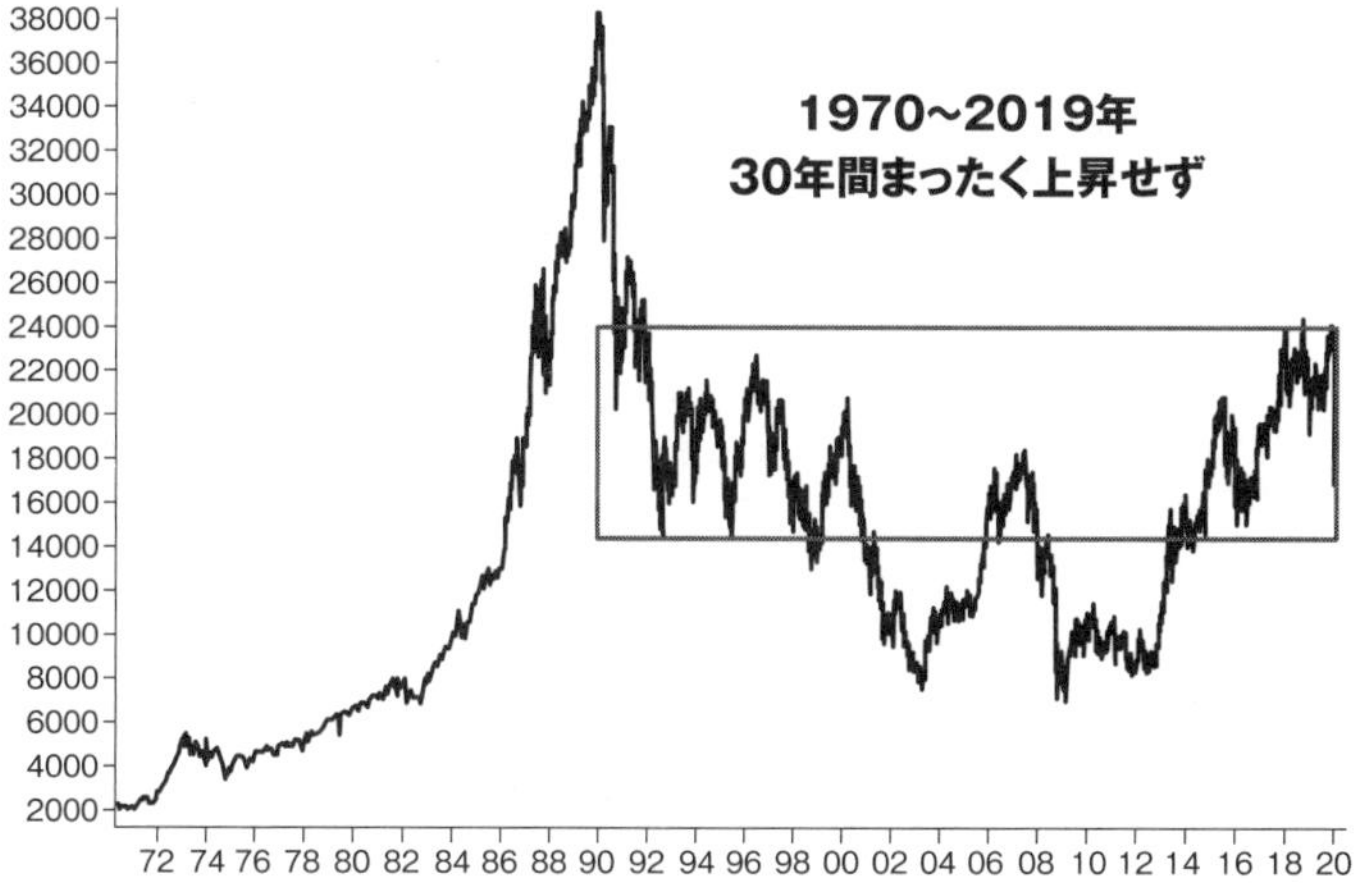

主要通貨は対ゴールドでどれほど価値が減少したか
1969～2019年（1969年を100とする指数表示）

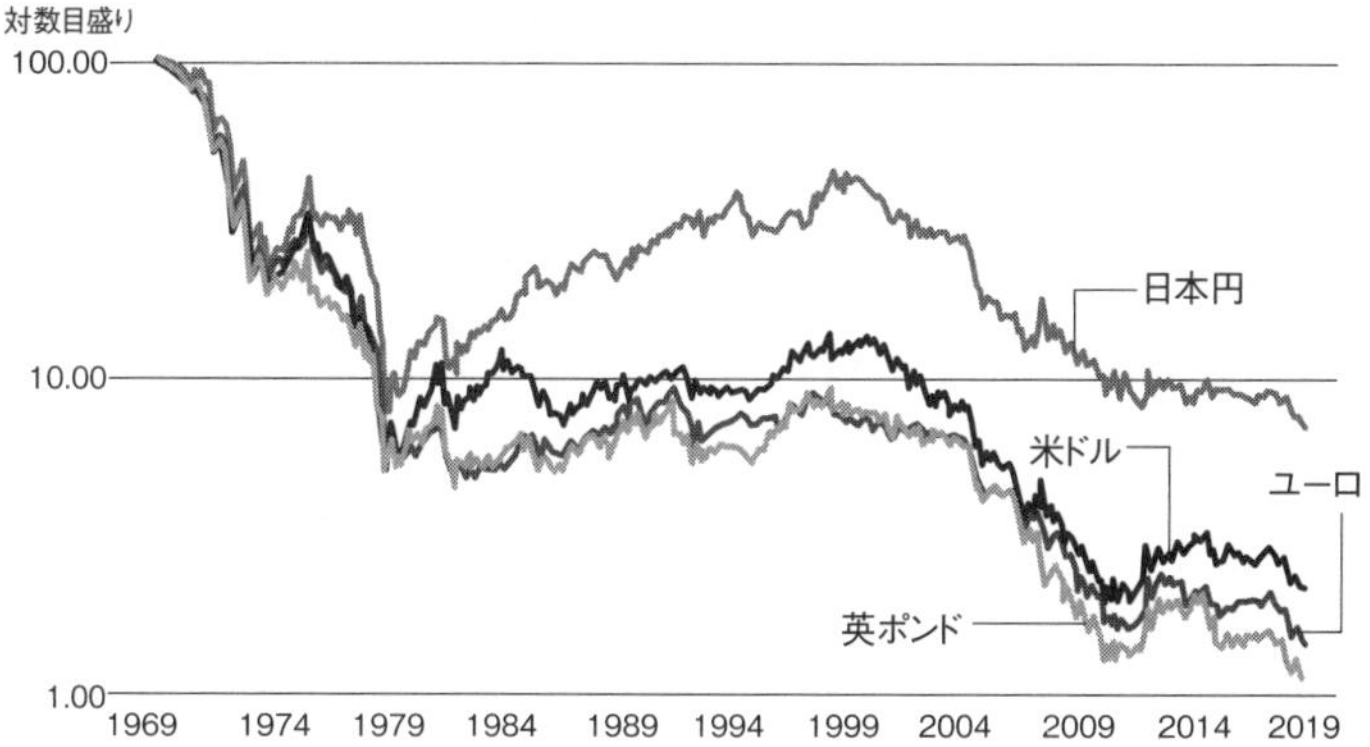

原資料：ストック・チャート社、ワールド・ゴールド・カウンシル
出所：（上）ウェブサイト『Real Investment Advice』、2020年5月4日、（下）『Goldmoney』、2020年4月23日のエントリーより引用

フレ率も低いが、実質賃金はじりじり上昇することで、一般大衆にとって暮らしやすい経済が構築できる。この点において世界をリードする国になる。

一方、実体経済がどんどん劣化しているのに、金融市場だけは我が世の春を謳歌していたアメリカの現状は深刻だ。1950年代から90年代半ばまで、アメリカ金融資産の時価総額はGDPの2・8倍から3・5倍の範囲内にあった。

日本が1990年代に済ませた宿題をまだやっていない世界の金融業界

バブルが起きるたびに金融資産の時価総額は飛躍的に上昇し、バブルが崩壊しても元の水準には戻らないという動きをくり返した結果、アメリカ金融市場の時価総額はじつにGDPの5・6倍まで膨れ上がってしまった。これが異常な状態なのは、金融市場自身がいちばんよく知っている。だからこそアメリカを代表する株価指数S&P500の中から金融銘柄を抜き出したS&P500金融株指数は、2000年代半ばのS&P500株価指数全体の0・35倍という水準から直近の0・12倍まで下がっている。次ページのグラフでおわかりいただけるとおりだ。

金融市場はこんなに活況を呈しているのに、そこで大儲けしているはずの金融株が蚊帳《かや》の外というのは、これから先の金融業界の収益がいかに低調になるかを織りこんでいるからこそだろう。

また、このグラフ右上に書きこんだ、2020年年初来5月半ばまでの各種金融資産の運用実績をご覧いただきたい。金だけが顕著な上昇で、米ドル、米国債、現金はジリ高基調、投資適格債

S&P500金融株指数の対S&P500株価指数比率推移
1989〜2020年

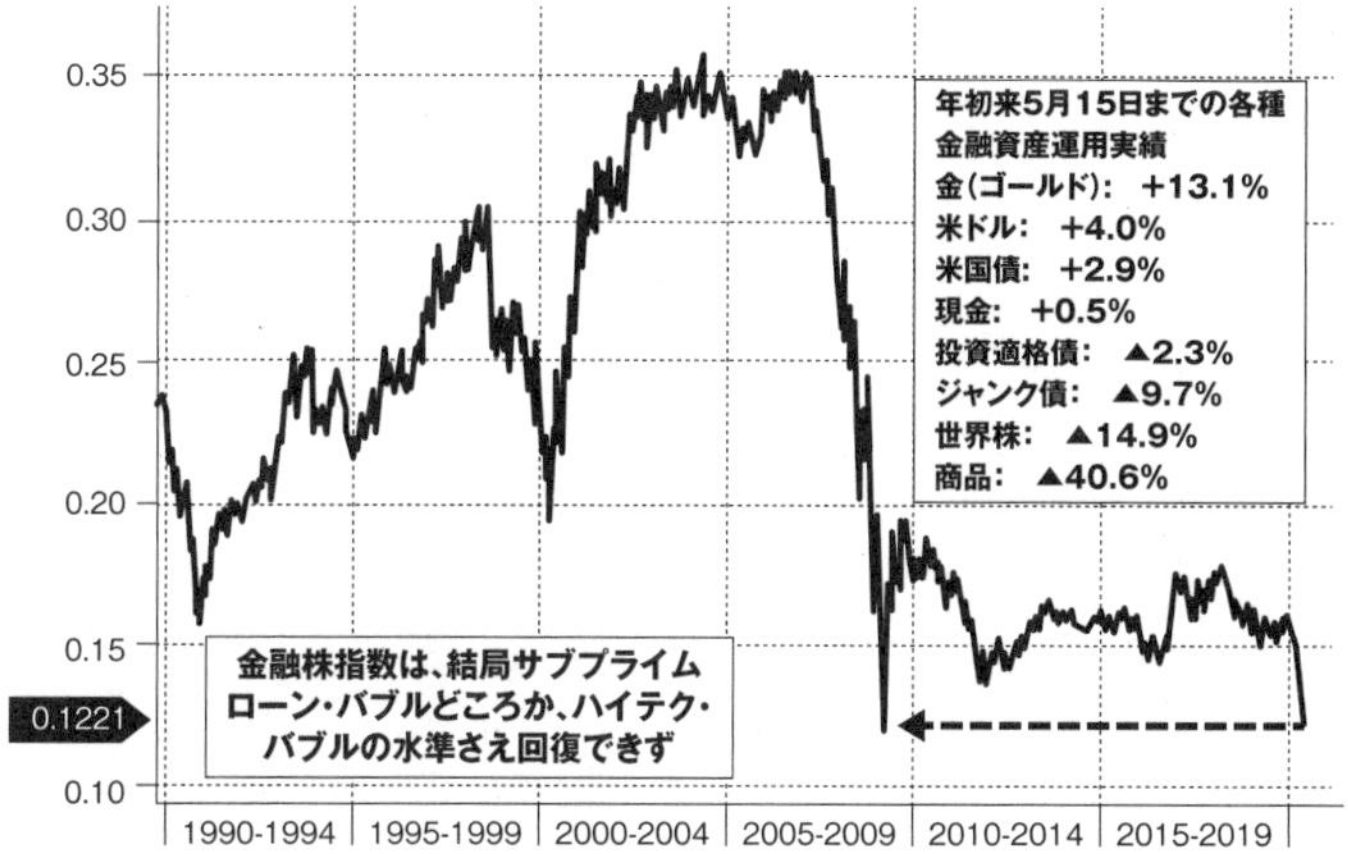

出所：ウェブサイト『Zero Hedge』、2020年5月15日のエントリーより引用

を含めて社債も株もかなりのマイナスだ。つまり完全にリスクを避け、安全第一で行こうということだ。

中でも、5カ月半で40パーセントも下がった商品には要注意だ。中国の資源浪費型「高度経済成長」がとうとうもたなくなってきたことを示唆しているからだ。資源を大量に輸入し、それを大量に加工することなくしては成長できない経済構造の中国が資源買いあさりのペースダウンに追いこまれているために、商品価格全体がここまで下がっているのだ。

アメリカの金融株は、株式市場全体のパフォーマンスに比べれば見劣りがする。だが、株価全般が大きく上昇していたので、アメリカ以外の金融株に比べると、とんでもなく割高だ。277ページの上のグラフは、日米欧の銀行株指数の2000年以降の動きを比較したものだ。

日本の銀行株は、株式市場全体がバブル前の底値を付けた1983年の水準以下に下がっている。ヨーロッパの銀行株も、1987年の水準の約6割というところまで下げている。その中でアメリカの銀行株だけは、1990年の水準の約7・5倍というべら棒な高さになっている。これから製造業設備投資のための巨額資金の融資という本来の業務でジリ貧が続くことを考えれば、下値余地は限りなく大きい。

それに比べて、ヨーロッパの銀行株は下のグラフでも確認したが、ユーロ圏創設バブルを完全に払拭《ふっしょく》し、1987年の底値の約3分の2というところまで下げている。

この図を見ると、ヨーロッパの銀行株は、もともと70〜100あたりのボックス圏で動いているはずがユーロ圏創設バブルと、アメリカのサブプライムローン・バブルへの連れ高で、とうてい収益には見合わない株価水準に上がってしまっていたことがわかる。ただ1980年代初めの水準まで下がったから、もう安心ということではない。今後の経済低迷期にどこまで下がれば実態にふさわしい株価になるのか、まだまだ下値余地は大きそうだ。ユーロ圏、あるいはEU圏の崩壊があれば、さらに下げは加速する。

崩壊が秒読み段階に入った中国経済

本書では、微生物兵器開発競争における中国の役割は論じたが、経済自体に関してはほとんど触れる機会がなかった。だが1990〜2000年代の中国経済「奇跡の成長」は、ほぼ全面的

日米欧銀行株指数推移、2000〜20年

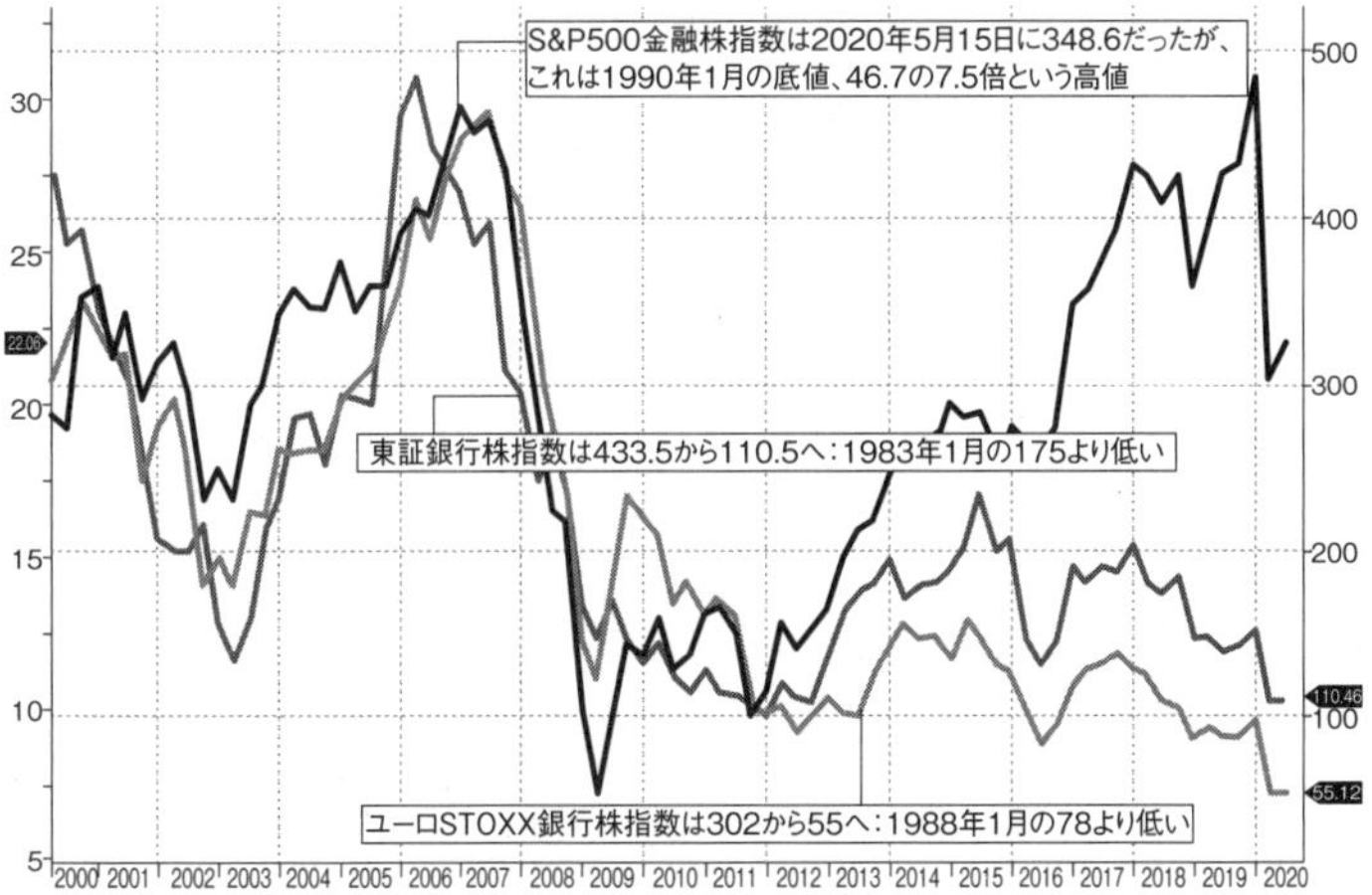

出所：ウェブサイト『Zero Hedge』、2020年5月2日のエントリーより引用

ユーロSTOXX銀行株指数推移、1987〜2020年

原資料：ブルームバーグ、ユーロSTOXX株価指数のデータをビアンコ・リサーチが作図
出所：ウェブサイト『The Automatic Earth』、2020年5月15日のエントリーより引用

にアメリカにとって一方的に有利な国際分業のたまものだった。アメリカ経済は1990年代末の東アジア通貨危機・ロシア国債危機以降、大規模化した製造業の中で付加価値の低い部分はどんどん国内生産をやめて、中国に外注するようになって「復権」した。

しかも外注相手の中国の製造業各社に貸し付けた融資から、高い金利を取っている。アメリカの製造業大手や金融業界にとって一方的に有利な仕組みだ。中国の国民経済全体としては、貯蓄があり余っているはずだ。それなのに、なぜ国内企業の運転資金をアメリカなどの海外金融企業から借りなければならなかったのか。国内貯蓄の大部分は、国有銀行を通じて利権分配のために存在する国有企業の経営に回されるので、本来の意味での経済活動をしている民間企業は慢性的な資金不足で、国内でも銀行以外の金融機関（シャドーバンク）や、海外金融機関からの高金利融資に頼らざるを得なかったのだ。

中国に対する膨大な貿易赤字はアメリカの製造業大手や金融機関にとって痛くもかゆくもないどころか、高収益の源泉だった。だからこそトランプの対中貿易戦争はアメリカの財界主流にまったく支持者のいない、孤独な戦いになっている。

経済サービス化の歴史の流れに抗して、山のような資源を輸入し、山のような不要品を製造しまくる中国の帳簿ヅラだけの高成長の果実を、欧米金融業者がさらっていく構造に陰りが見えはじめたのが2008〜09年の国際金融危機だった。実際、次ページのグラフが示すとおり、2011年以降の中国経済は1年の例外もなく全要素生産性が下落し続けていた。

すでに低迷期に入っている中国経済
中国の全要素生産性増減率推移、1990～2018年

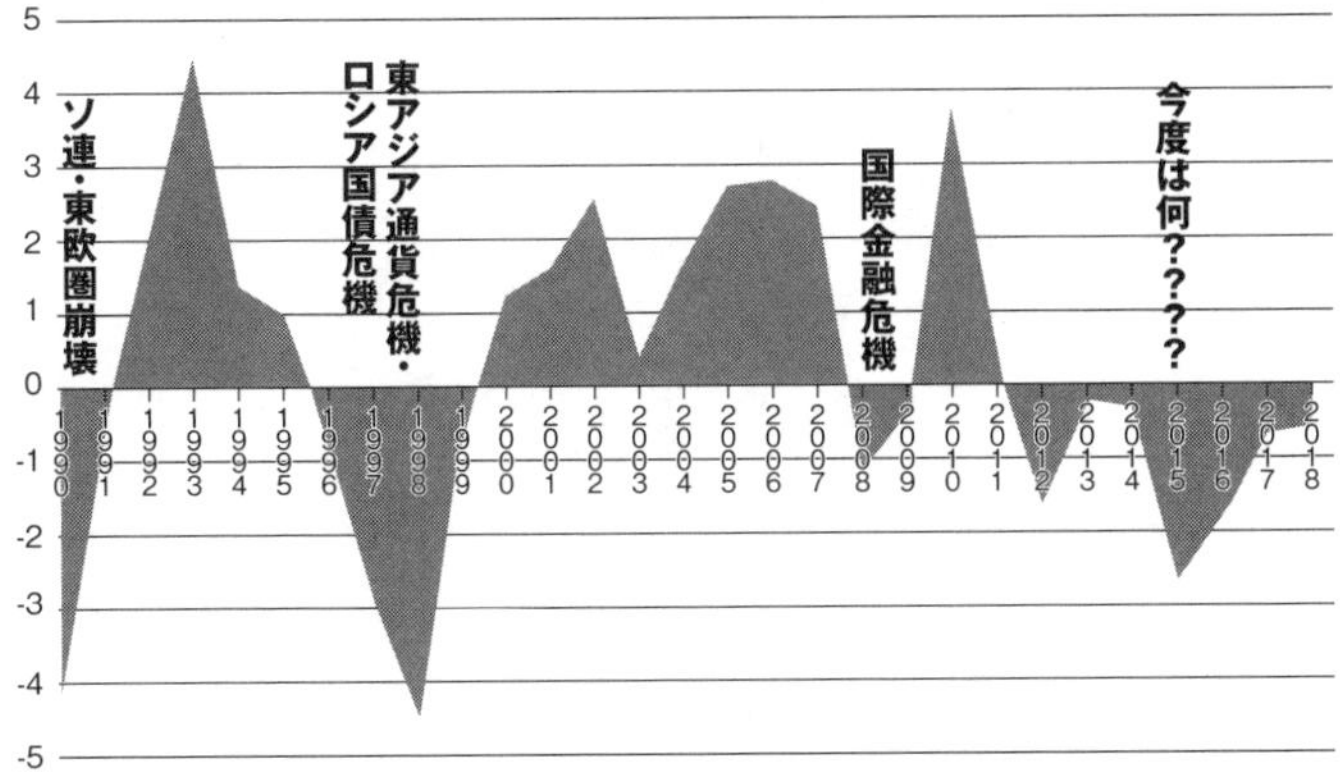

原資料：カンファレンス・ボード、GnS Economics
出所：ウェブサイト『GnS Economics』、2020年1月30日のエントリーより引用

全要素生産性とは、同じ労働量を投入し、同じ質と量の資本を投入して得られる生産高を意味する。この全要素生産性がマイナスになっているのは、前年と同じ生産高を得るには前年より多くの労働と資本を投入しなければならないことを意味する。全要素生産性が毎年減少しつづけているとは、どういうことか。労働の量と投下資本の質量を拡大しつづけなければ、経済全体が収縮するということだ。

そして、まさにこの全要素生産性が持続的なマイナス成長になったころから、中国の民間企業は生産活動を続けるには支払いきれない債務が増えつづける、負の自転車操業を続けている。借金をしなければ、操業に必要な資金が手当てできないのに、その借金の増加分に見合う生産高が増えないので、毎年毎年借金の山は高くなるばかりの状態だ。

つまり21世紀に入っても続いていた「中国の奇跡」は、企業体としての持続性という意味ではもう破綻している。しかも破綻してから10周年を迎えようとしているのだ。さらに中国経済は、この負の自転車操業さえ突然停止せざるを得なくなる危機に直面している。次ページの上下2段組グラフをご覧いただきたい。

自動車販売台数にしても、工業生産高・利益額にしても、劇的な暴落をしたのは2020年1～2月期だった。だが、どちらもピークは2017～18年に過ぎていて、その後はじりじり下がりつづける中での激減になったのだ。公式発表の数字が信頼できるとすれば、中国はコヴィッド-19の蔓延を局地的な現象に食い止めることに成功し、順調に経済活動が再開されたことになっている。だが借金を増やしながらの増産でさえ資金繰りはきびしかったはずなのに、2～3年借金を増やしながら収益がジリ貧の中で迎えたコロナショックだ。あちこちで倒産や破綻が激増しているに違いない。

バブルをはじけさせたコヴィッド-19の実質的な被害は、過去の大疫病に比べると小規模にとどまる。だが無理に無理を重ねて表面上の繁栄を装っていた中国、アメリカは確実に没落する。両国とも不自然なほど広い領土と、人種、民族、宗教、歴史、言葉がばらばらな大きな人口を抱えているので、経済がうまくいかなければいくらでも火種に火が付く脆弱な国だ。たんに没落するだけではなく、もう少しまともなサイズの国々に分裂するし、そのほうが国民の大多数にとっ

中国月次自動車販売台数推移、2005年1月～2020年2月

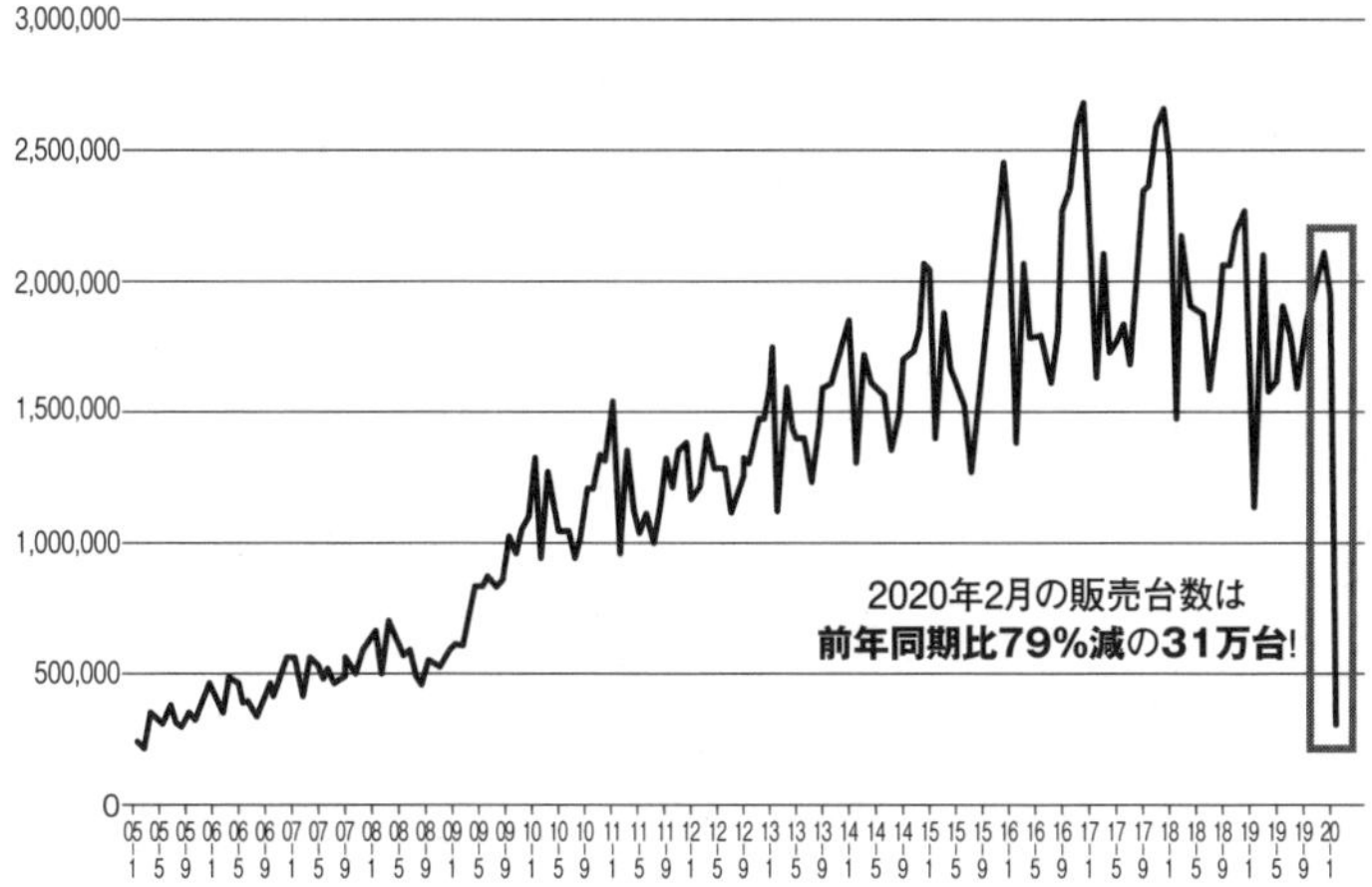
3,000,000
2,500,000
2,000,000
1,500,000
1,000,000
500,000
0
2020年2月の販売台数は
前年同期比79%減の31万台!

中国工業生産高・利益額変化率、2012～20年

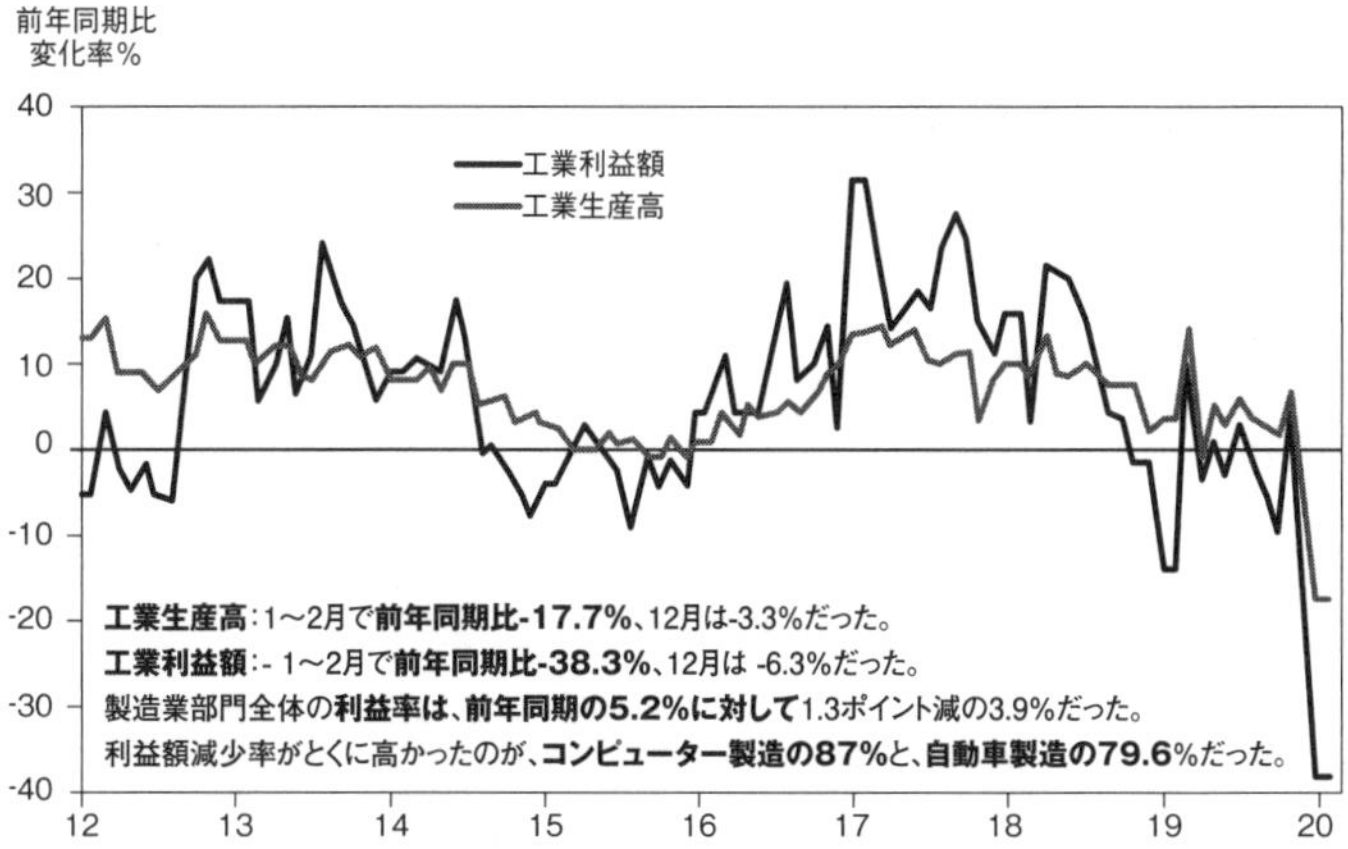
前年同期比
変化率%
工業利益額
工業生産高
工業生産高:1～2月で前年同期比-17.7%、12月は-3.3%だった。
工業利益額:- 1～2月で前年同期比-38.3%、12月は -6.3%だった。
製造業部門全体の利益率は、前年同期の5.2%に対して1.3ポイント減の3.9%だった。
利益額減少率がとくに高かったのが、コンピューター製造の87%と、自動車製造の79.6%だった。
40
30
20
10
0
-10
-20
-30
-40
12
13
14
15
16
17
18
19
20

出所：ウェブサイト『Zero Hedge』、(上) 2020年3月20日、(下) 同年3月27日のエントリーより引用

て幸せだろう。

500年の節目で起きた資本主義崩壊は、2000年の節目で起きたキリスト教文明の衰退でもある

15世紀末の西欧世界はまだ、個々の冒険家がイベリア半島のスペインやポルトガルなどのイスラム支配から脱却したばかりのキリスト教王国の支援を得て、南北アメリカ大陸やアフリカ大陸の沿岸に航路発見、単発的な略奪の航海に出ていただけだった。それから500年間で、近代ヨーロッパが生んだ資本主義はほぼ完全に地球をおおい尽くした。この激変は驚異的だ。

資本主義ほど徹底的にではないが、ヨーロッパが世界に影響を及ぼした時期は、もっと昔にも一度あった。偉大な先駆者の業績を組織化、体系化しようとした人たちがどっと出てきた西暦紀元前1世紀から紀元後1世紀までの約200年間だ。この時代は結局のところ、エリートが教え導き大衆が従うエリート主義的な発想が宗教、政治、学術文化の各分野で体系化・組織化された時代だったのではないか。

古代ギリシャのように宗教や政治のみならず、哲学、演劇、彫刻といった分野で知的巨人が続出した文明圏もある。古代ローマのように宗教や学術文化はギリシャのお下がりで満足しながら、政治は試行錯誤を重ねて共和制から帝政に移行した文明圏もある。秦末から漢初の中国のように、

百家争鳴から勝ち抜いた儒教が人間生活の全分野についてワンセットで面倒を見る文明圏も出てきた。

この時期に、ヨーロッパでは偉大な組織人が活躍し、その影響は当時の文明世界全体に及んだ。肥大化した都市国家だった共和制ローマを帝国として再編成した初代ローマ皇帝アウグストスや、野生児キリストの率いるユダヤ教過激派に過ぎなかった使徒たちの集まりを「教団」として組織化し、のちにローマ帝国の国教に採用される基礎を築いたパウロがその典型だ。

中でも、十字架上で刑死したあと復活したキリストに直接教えを受けたと称するパウロの組織人ぶりは群を抜いている。「ユダヤ人の民族宗教にとどまっていたのでは、発展性に欠ける」と、ユダヤ教時代から引き継いだ宗教儀礼、食事、割礼などに関する戒律を、ほとんど全部捨てた。その半面、組織の防衛と拡大には、最大限の努力を惜しまなかった。ローマ帝国が組織の帝国なら、パウロ派キリスト教は組織の宗教だと言えるだろう。

どうも世界全体が集権化の方向に大きく踏み切ったのは、この時代だったのではないだろうか。その後、中世ヨーロッパはもちろん徹底した地方分権時代だった。それでも理念としてはカール大帝（シャルルマーニュ）とか、神聖ローマ帝国とか、ヨーロッパはひとつの帝国にまとまらなければいけないという思想が生きていた。

というわけで西暦紀元前後約200年は、世界中で組織化や体系化を得意とする知の巨人たちがのっしのっしと足跡を刻みつけていた時代だった。その時代に日本はみごとなまでに「巨人の不在」を貫き通した。歴史学研究会編『世界史年表　第二版』をめくってみると、紀元前100～後100年のあいだに日本に関する記載は以下の2項目しかない。

前100年：この頃、関東地方にも弥生文化が波及。近畿地方を中心に銅鐸による祭祀、西日本に青銅製武器型祭器（銅剣、銅矛、銅戈）による祭祀が行われる（歴史学研究会、34ページ）。

後1年：この頃、倭人は百余国に分れ、一部は前漢の楽浪郡に朝貢（同、36ページ）。

水田稲作専業の弥生人たちが、副業として作物も育てていたが、採集・狩猟・漁労経済を営んでいた縄文人を追い落とすための武力衝突があった痕跡はほとんどない。採集・狩猟・漁労の身入りが悪くなるにつれ、縄文人は山間部に移り住み、海岸沿いなどで水利のいい土地を弥生人が農耕用に確保する面積が増えていった。たんに社会発展が遅れているというよりは、社会構成の変化が非常に長い時間をかけて、ゆったりとしたペースで進んでいたのだろう。

21世紀大不況は、約100年続いた石油文明、約500年続いた近代資本主義に引導を渡すだけではないだろう。約2000年続いてきた中央集権的なローマ帝国の政治制度、キリスト教の精神支配をも揺るがすものになりそうな気がする。西欧や日本での封建制度のような小反動はあったが、基本的に過去2000年前後にわたって続いた中央集権化から分権化へと時代が大きく転換する大激動に、日本人はほとんど違和感なく対応できるはずだ。

ヒトデがクモに勝つ時代がやってくる

ローマ帝国もキリスト教も頭があり、胴体があり、手足があるクモのような組織であり、頭が出した命令を手足が実行している。その対極には体の中の機能分担がほとんどなく、どこを切り取っても、切り取られた部分が再生するヒトデのような組織がある。クモは頭を叩きつぶせばイチコロだ。だがヒトデには、ここを潰せば確実に死ぬという急所がない。自分たちで企業を経営した経験者でもあるオリ・ブラフマンとロッド・A・ベックストロームは著書『ヒトデはクモよりなぜ強い』の副題で、「21世紀はリーダーなき組織が勝つ」時代だと宣言している。

たしかにさまざまな分野で共通の理想を持っているが、各自勝手にその理想を体現して行動しているばらばらな個人の集団が、整然と組織化された企業をかんたんに打ち負かしてしまうことが多い。ただ経営指南書として「ヒトデ型組織」を推奨すると深刻な自己矛盾に陥ってしまう。「ヒトデ型組織を導入するのは、利益をあきらめるのに等しい」（ブラフマン、46ページ）のだ。そこでブラフマン＝ベックストロームは、ちょっと方針転換をする。クモ型組織とヒトデ型組織のいいとこ取りをした「スイートスポット（おいしい妥協点）」を探せと推奨するのだ。

これは、まったくいただけない。彼らがスイートスポットを発見した実例として挙げるグーグルとか、フェイスブックとか、イーベイとかは、地べたに這いつくばったヒトデのはるか上空からぎらぎらした眼でクモの頭が監視している、ヒトデまがいのクモ型組織だ。一方で、まったくの無償奉仕を貫いて大成功した例もある。元オプション取引のトレーダーでインターネット起業家としても成功したジミー・ウェールズが立ち上げたウィキペディアだ。

だれでも検索し、記事を書き、編集し、訂正補筆し、明らかな落書きを見つけたら削除もできる。全部無償でやっているから、当然、創設者のジミー・ウェールズだって、このプロジェクトからは一銭ももらっていない。もしこれを営利事業としてやったら、たちまち企業のエントリーは嘘っぱちのごますり記事ばかりになるだろう。

一見ヒトデ風のクモ型組織は、見るからにクモでございますという組織より、ずっとたちが悪い。そういう企業が増えるのは、創業者としてひと山当てれば専制君主を輩出した王朝が何代かかけて溜めこんだ資産より巨額の資産を一代で築けるという誘惑が大きいからだろう。さらに欧米の知的エリートには、「我々知的エリートには凡人の数十万倍、数百万倍の報酬があって当然だ」という意識が刷りこまれている。日本の知的エリートにはそういう意識がない。いや、意識としてはあっても、それを実現する能力がない。

これは当然のことだ。欧米で歴史上の不慮の死を戦争によるものと、自然災害によるものに分ければ、圧倒的に戦争による死が多いだろう。日本では、圧倒的に自然災害による死が多い。欧米の知的エリートの任務は、敵の裏を掻いて戦争を勝利に導くことだ。こちらも人間、あちらも人間だから、どちらが相手よりさらにずる賢くて、相手に勝てるかというきびしい競争の世界だ。数千人、数万人、ときには数百万人の命を預かる仕事だから、成功報酬も大きいわけだ。

日本のエリートの任務は、防ぎようのない災害に襲われたときに、ひな壇に雁首並べて、「申し訳ありませんでした」と謝ることだ。権限も責任もないから当然、大した報酬は望めない。それ以上いったい何ができるのか。たとえば山がひんぱんに噴火したら、「何か不満があって火を噴いているのだろうから、官位を上げて不満をなだめてやろう」ぐらいしか対処のしようがない。益田勝実は『火山列島の思想』で、こんな実例を紹介している。

八三八（承和五）年五月に、「出羽の国従五位の上勲五等大物忌《おおものいみ》の神に、正五位の下を授け奉る」とあり、それ以来、位階しきりに進んで、八七一年には従三位勲五等であった、当時めだって立身出世した神であるが、それはこの頃しきりに爆発したからであったらしい（益田、71ページ）。

「君子、怪力乱神を語らず」の儒教的合理主義で貫かれた律令制度の、日本での実用価値はこんなものだった。あとは道ですれ違うとき、冠の色と濃淡で相手と自分の身分差がわかることぐらいだ。実務はほとんど全部、令外官《りょうげのかん》と呼ばれた律令には規定されていない役職の人間がやっていた。ようするに日本と、すぐお隣の中国からユーラシア大陸の西の果てヨーロッパ諸国までとでは、権力者とはいったい何をする存在かという観念がこれだけ違うのだ。

この先7年続く崩壊・混迷期のいいところは、一代で王朝並みの富が築けるという誘惑を完全に一掃することはできなくても、極限まで縮小することだ。欧米の知的エリートにとっては、ストレスやフラストレーションが溜まりに溜まる展開になるだろう。一方、日本の知的エリートたちは、相変わらず欧米のお手本どおりの模範解答の口まねをするだけで実際には何もしないという日本古来のエリートのあるべき姿に立ち返るだけでいい。

ヒトデがいたるところに出没してクモ型組織の大帝国を食い荒らす社会の経済は、いったいどんなものになっているのだろうか。「今でさえ経済成長率は低いのに、どんどんマイナス成長の幅が広がって、そのうち貧乏国に転落してしまうのではないか」とご心配の向きも多いかもしれない。少なくとも今より経済成長率の高い国になることは、保証できる。

大企業が長年かかって溜めこんだ現預金の投資先に困って、採算が悪いことはわかりきっているビッグプロジェクトに大金を投じて巨額損失を出す。あるいは、ずっとお役所仕事をしてきた人たちに金融市場で大金を張った勝負をさせて、これまた巨額損失を出す。こういう事件が続いているのは、重厚長大型製造業が経済全体を牽引していた時代の固定観念が抜けずに、景気刺激と言えば、大型投資しか思い浮かばない人や、教科書どおりの運用をすれば、安定して高収益が取れると思いこんでいるような人が役所や大企業の幹部に多すぎるからだ。

これから先の7年間で、こういううっとうしい人たちの数は激減するし、ほとんど権限のある仕事からは卒業している。代わりに伸びてくるのは、家業とか同人や結社としてやっている事業を少しでも永く存続させようとする超保守的なスタンスの「企業家」と、その時々の時流に乗ってギャンブルはするが、王朝が築けるほどの資産を蓄積することをもともと望まない人たちだ。

江戸時代後期に群馬県赤城山麓で養蚕もふくむ経営を営んでいた船津伝次平《でんじべい》という小農一家4代にわたる金銭出納帳と家訓が残されている。その家訓を高橋敏はこう紹介している。

一、金貸しと商売はなすべからず
一、終わり疑わしきものは着手すべからず
一、田畑は多く所有すべからず、又多く作るべからず
一、農家は雇人二名、馬一匹にて営みうるを限度とすべし（高橋、122〜124ページ）。

さぞ、貧しくきびしい家計だったのだろうとお思いの方も多いだろう。だが、よく読むと、「経営を拡大することもできるし、田畑を買い増すこともできるが、そうするな」と言っていて、かなりゆとりのある農家だったことがわかる。「経営拡大を目指すな」の趣旨は、規模が大きくなるほど不時の支出もあり、そこで金貸しに借金をしたりすると、いつの間にか自分で経営規模を決められず、金貸しの融資の受け皿として無理な拡大をさせられる羽目になるから気をつけろということなのだ。成果の不確定な事業に手を出すなというのも、同じ意味の注意だろう。

実際、船津家は家具調度、文具、書画骨董などにかなり贅沢《ぜいたく》な支出をしていた。その安定した暮らしを危険にさらさないために、堅実一本槍の家訓を残したということのようだ。このあたりはむやみに経営規模を拡大すると、金融機関のために働かされているようになってしまうと主張する山本憲明の良心的な経営書『社長は会社を「大きく」するな！』の論旨とも通じるところがある。

もちろん2027年以降の日本経済を担うのは、こういう堅実一辺倒の家業防衛型の企業家だけではないだろう。サービス業は資本規模での不利をセンスや流行への敏感さで補うことのでき

る業態だから、むしろ「終わり疑わしきもの」だからこそ挑戦するという人たちも大勢出てくるに違いない。そのときには、たとえば黒川伊保子の感性の周期的な変化に関する調査結果などを活用したおもしろい企画ができるはずだ。

これから7年間の資産戦略

近代資本主義崩壊が最終局面に入った今後の7年間では、おそらく先進諸国でいちばん被害の軽い日本でさえ、かなりきびしい資産圧縮が起きるだろう。資産戦略はより大きな収益を獲得するための投資ではなく、すでに保有している資産の目減りを防ぐことに集中すべきだ。もちろん、株や商品のようなリスク資産は避けるべきだ。この点について、日本国民の感度は非常にいい。次ページのグラフをご覧いただきたい。

横軸は、調査時点から2週間のあいだに消費支出を増やすと答えた世帯から減らすと答えた世帯の数を調査に参加した世帯数で割った比率だ。プラスなら増やす世帯が多く、マイナスなら減らす世帯が多くなっている。縦軸には、もう少し将来まで見通した場合の、経済について楽観的か悲観的かをパーセンテージで表している。

インド、中国、インドネシアはどうしてこんなに楽観的になれるのかと思うぐらい、強気だ。ただ自分たちも消費を増やすと言っている世帯が多いので、それなりにつじつまは合っている。

世界各国のコヴィッド-19への対応の楽観/悲観比較
2020年4月6日からの2週間の支出予測と楽観性

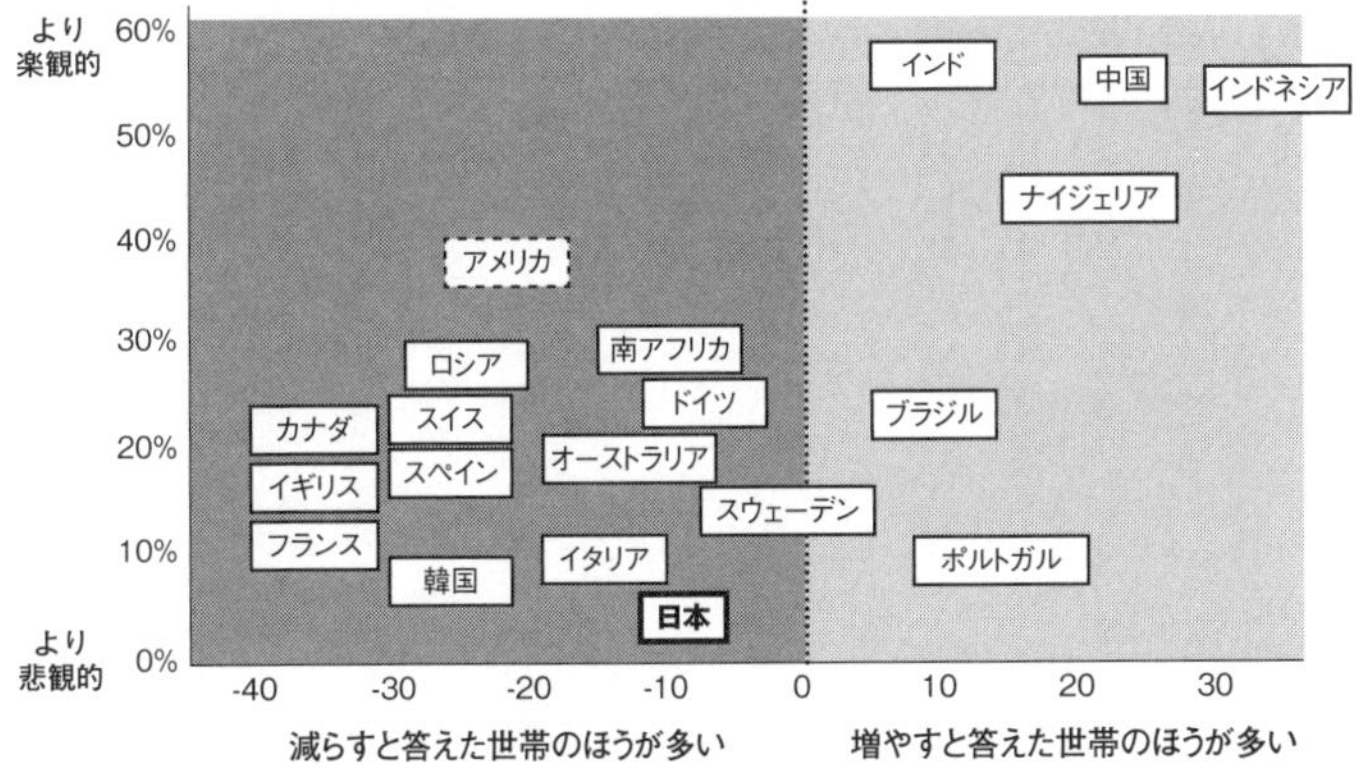

原資料：マッキンゼー
出所：ウェブサイト『Zero Hedge』、2020年4月28日のエントリーより引用

いちばんわけがわからないのが、アメリカだ。自分たちは消費を減らすと言っているのに、経済全体については、かなり強気だ。自分たちが消費を減らすこと自体が社会全体としての経済活動を低迷させるという当たり前の論理が、わかっていないのではないだろうか。

その中で消費を減らす世帯は増やす世帯よりほんの少し多いだけだが、今後の経済についてはいちばん悲観的な展望を持っているのが、日本だ。これは正しい見方だと思う。再三言ってきたようにコヴィッド-19は、それほど深刻な疫病ではない。だが、これだけサービス業の比重が大きくなっている先進諸国の経済で、都市封鎖とか、外出禁止とかを1カ月とか2カ月とか実施したら、日銭を稼ぐ商売で資金繰りに詰まる企業や個人商店などが激増する。

これが金融市場だけでなく、実体経済も好調だったときに起きた騒動なら、破綻する企業の規模は零細から中小にとどまるかもしれない。だが実体経済はちっとも良くないのに、金融市場だけがバブルを起こしていた中での経済活動の萎縮だ。大企業の中からも破綻企業が出てくる。レンタカー大手のハーツは一例に過ぎない。

たとえ封鎖や外出禁止は解除されても、すぐさま経済活動が平常どおりに戻るとはとうてい思えない。高齢で慢性疾患を抱えている人以外には、ほとんど重症患者はいないのに、致死率が異常に高い疫病だという恐怖宣伝がまかり通っているからだ。

というわけで日本国民の平均的な反応どおりに、自分たちの消費はあまり絞りこまないが、経済全般については非常に悲観的な見方を維持するのが正しい方針だろう。日本の平均的な世帯の資産規模を考えるとき、リスク分散という方針は現実的ではない。なるべく資産価値の目減りを少なくできると思うものに集中すべきだろう。

何が資産価値の目減りを防ぐ安全な投資対象かと考えたとき、やはり最初の選択肢は金だろう。私は金とほぼ同様に安全な資産として、暗号通貨の中でいちばん流動性が高いビットコインも選択肢に入れるべきだと思う。ビットコインについては、急騰したあとの大暴落があって怖い金融商品と感じている方が多いだろう。だが次のグラフの上を見ていただくと、ビットコインは金5年分の値動きを1年でなぞっているので、変化は速いが変動幅自体は金と比較してとくに大きいわけではない。

トロイオンス当たりゴールド地金価格（米ドル）推移
1969～2019年

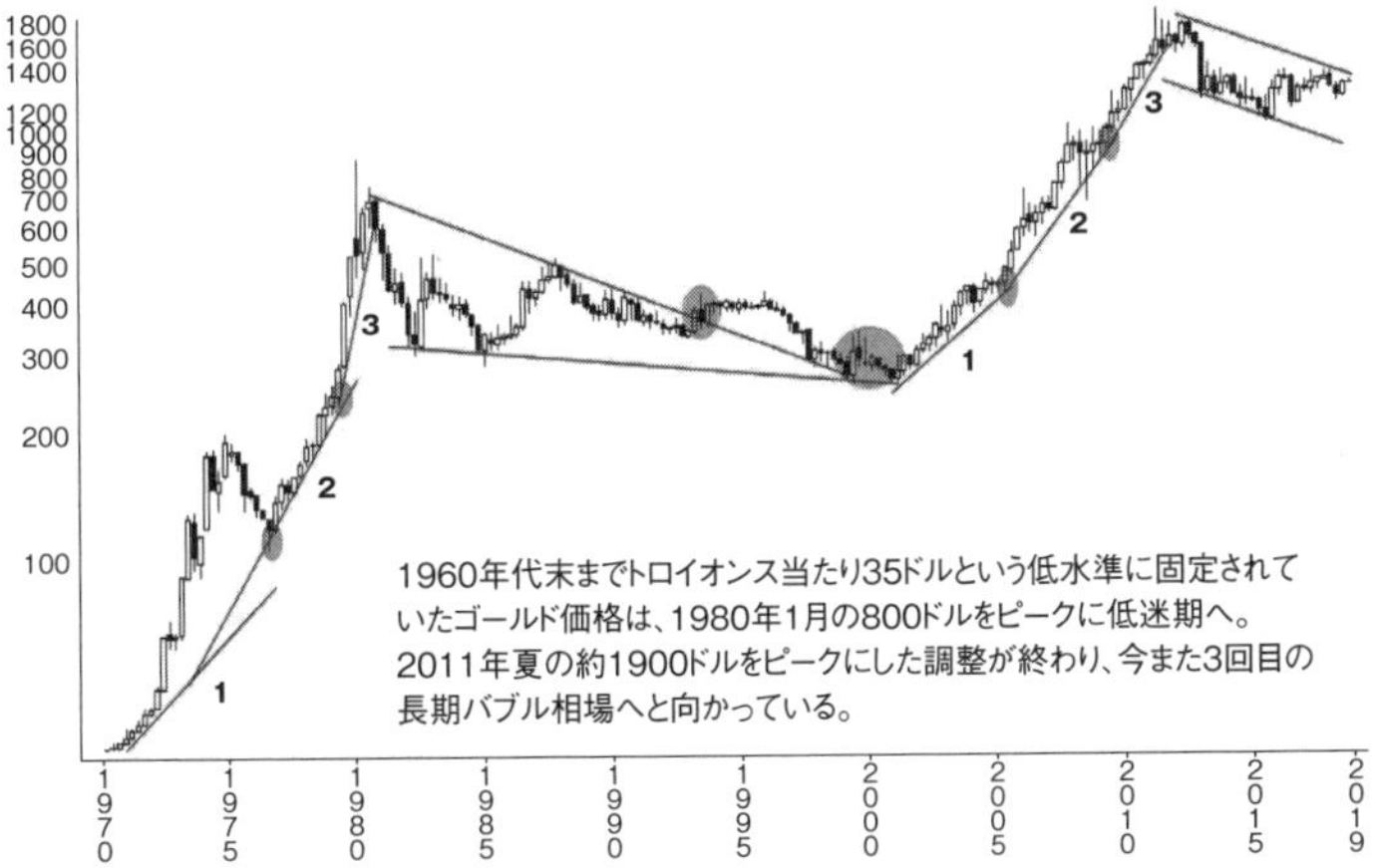

ビットコイン価格推移
2011年8月～2020年5月

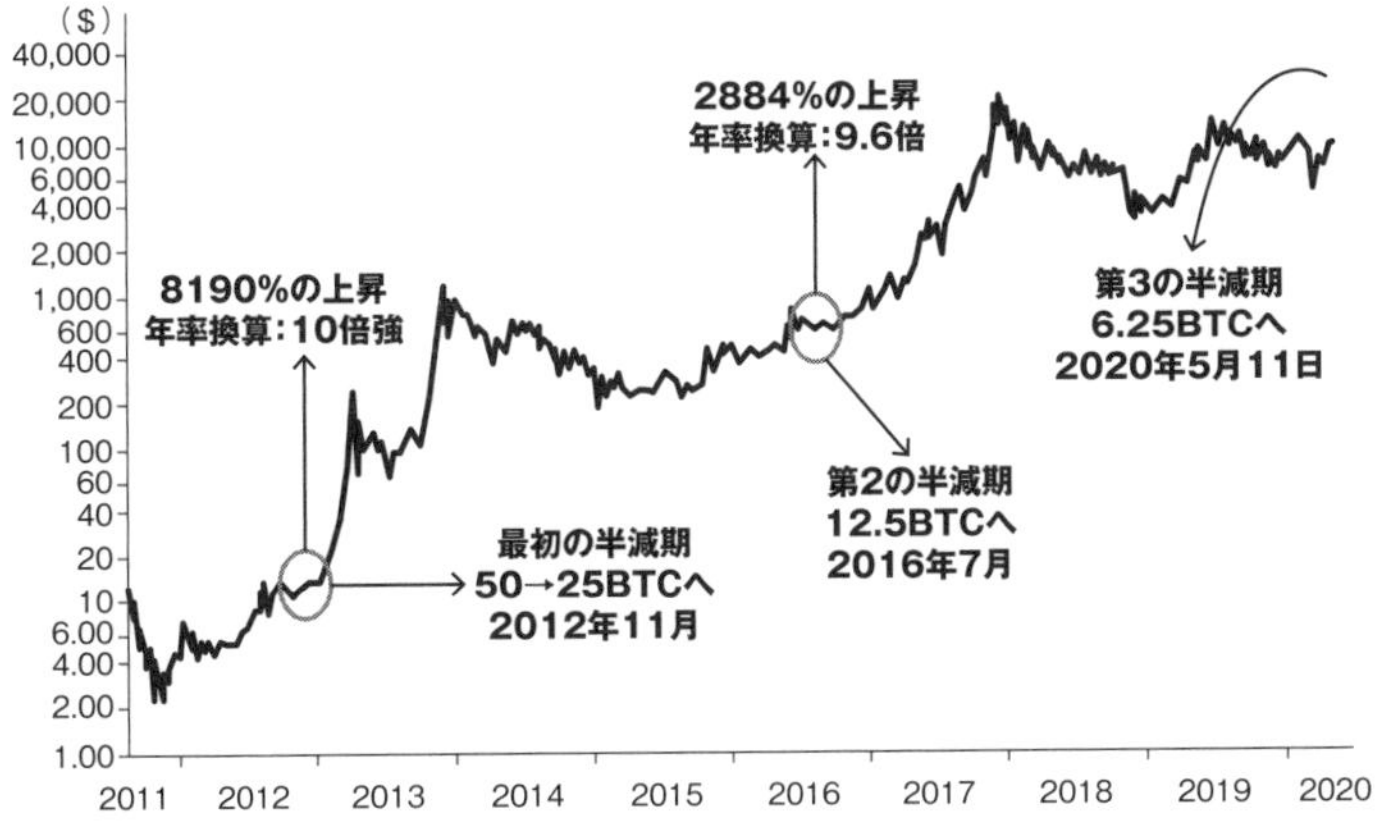

原資料：ストック・チャート、USグローバル・リサーチ
出所：（上）ウェブサイト『Investing Haven』、2019年1月23日、（下）『Advisor Perspectives』、2020年5月15日のエントリーより引用

まず目盛りを気にせず大ざっぱに上下のグラフを見比べていただきたい。非常によく似たかたちをしていることがおわかりいただけるだろう。それから上下の横軸の目盛りをみると、金は50年間、ビットコインは10年弱の期間をカバーしている。縦軸は両方とも対数軸で、このグラフで直線だと一定の比率で上昇（あるいは下降）し続けていることになる。

ビットコインについて安心感があるのは、初めから総供給量に上限が設定されていて、現在その大部分が採掘済みで供給拡大による値崩れがないことだ。特定の方程式を解くことによってビットコインを賞金としてもらうことを採掘と呼ぶが、採掘も採掘されたビットコインの売買も匿名性を維持したまま行うことができる。

中央銀行のような組織が政策によって供給量を絞ったり、緩めたりはできない仕組みになっている。個人番号と免疫証明と銀行口座を詰めこんだマイクロチップを体内に埋めこんでおかないと、道を歩くことも公共施設に出入りすることもできないような監視社会からは、もっとも遠く隔たった金融資産の持ち方だと言える。

また運営組織はなく、採掘に参加している人たち全員が、特定のパターンの方程式を解くことによって発掘されたビットコインがほんものであることを証明し合うかたちになっている。つまりビットコインが流通するサークルは本来の意味でのヒトデ型組織であって、特定の人物や企業の都合に応じて供給されているのではない。もちろん、まだ２００９年に採掘作業が始まったばかりの歴史の浅い資産なので、不安を感じる方は検討対象から外すべきだろう。

金やビットコインに次いで安全性が高いのは日本円だ。金価格が固定制から変動制に移行した1969年以来で、もっとも金に対する目減り率が低いのは円だ。エネルギー資源価格は、中国経済の崩壊によってますます需要が細るので、当分横ばいから下落基調が続くだろう。

それ以上に、先進諸国ではGDP1ドルを生み出すのに必要なエネルギー消費量は、持続的に低下している。経済がサービス業主導型に転換しているので、これが逆転する可能性はゼロに近い。これまでの日本経済は、エネルギー資源のほぼ全量を輸入に頼らなければならないことが弱点とされていた。だが、その弱点はほとんど気にならないほどになっている。

あまりありそうもないことだが、急激なドル高で世界各国がドル建て債務の実質負担激増に苦しむといった事態も日本は余裕で乗り越えられる。ドル建て債務が非常に小さい上に、世界最大の米国債保有高があるので、いつでも米国債を売ってドルを調達することができるからだ。だから日本円が売りたたかれて世界中から輸入するものの価格が急上昇してしまうことは、まったく心配する必要がない。政府・日銀はいまだに円安より円高を警戒するという見当外れなスタンスにしがみついているが。

日本人はサービス業主導経済にうまく適応できる

サービス業主導の経済では、投資より消費が経済全体を牽引する。日本はたった1点をのぞいて、この新しい経済に転換する準備万端を整えている。その1点とは、本来少子高齢化で希少価値が上がるから高くなって当然の実質労賃が下降から横ばい止まりで、だぶつき放題で収益率が下がって当然の資本利益率が上がりつづけていることだ。消費が牽引する経済で景気を活性化させる最良の手段は、労働分配率を高め、個人消費を刺激することだ。

これは経済の論理が自然に貫徹すればすぐにも解消できる問題点だ。しかし保守系政治家、官僚、経済学者のみならず、いわゆる進歩派知識人まで欧米に対する劣等意識から、なんでも欧米のマネをしたがって、自然の流れをせき止め続けているのでこんな異常事態が起きる。コヴィッド-19騒動で経済活動が急激に抑制される直前の労働市場では、むしろ無名の中小企業のほうが切実に労働力を増やそうとして非正規・不定時の賃金や労働条件を改善しているのに、有名企業の系列会社などで名声にあぐらを掻いてブラック労働を強いるようなケースも多かった。

1989年末を大天井とした日本の株式・不動産バブルの大崩壊も、日本経済の基本的な健全性に大きな影響は与えなかった。むしろ日本は過剰投資を清算してより強くなった。日本経済を弱めたのは、国債の乱発によるゾンビ大企業の救済とムダのかたまりのような公共事業肥大化だった。

さらに、その後の長期停滞の時期にも、日本の労働生産性はじりじり上がっていたのに、その成果が労賃に反映されず、企業利益に積み上がっていくだけだった。日本では、増える一方の現預金を持てあまして、採算の不確かなビッグプロジェクトに突っこみ巨額損失を出す「一流企業」が多いだけに、企業優先の景気回復は二重、三重に愚劣な政策だった。

今後サービス主導経済で重要な役割を担う観光についても、コヴィッド-19による被害を先進諸国でもっとも小さく抑えられた実績とともに大いに売りこむべきだ。日本の大衆の公衆衛生倫理は、ほんとうに立派だ。一般的に街路や人通りの多い商店街などが清潔に保たれている。コヴィッド-19自体は大騒ぎするほどの大疫病ではない。だが、この騒ぎを通じて、欧米の人びとにも日常の衛生習慣がいかに大切かということはわかったはずだ。とりたててキャンペーンなどをしなくても、自然に自分の身の回りを清潔にしておく習慣があることは貴重な観光資源になる。

欧米の環境保護運動でうっとうしいのが「痕跡を残すな（来たときと同じ状態に戻してから帰れ）」というスローガンが交通標識にまで書きこまれたりすることだ。日本サッカーの応援団がどこのスタジアムに行っても、自分たちが散らかしたゴミを拾って帰るのは、別にだれかに命令されてやっていることではない。押しつけがましさはなく、ごくふつうの日常動作としてやっていることだ。この差は日本の国土を観光資源と考えた場合に、けっこう大きいと思う。

さらにコヴィッド-19後の成長分野として期待できるのが観光と一体化した農業、とくに酪農分野だ。欧米先進諸国ではアメリカほどではないにしても、畜産農家が広々とした野山で食肉用でも酪農用でも家畜を放し飼いで飼育するスペースがある国はほとんどない。先進国の国土では平均的な緑被率がわずか20～30％程度だ。

この点でも、日本は恵まれている。今なお国土の70％近くが緑で覆われているからだ。だからウイルス感染の温床、不潔きわまる家畜肥育「工場」が禁止されるとか、こうした「工場」産の肉を食べない消費者運動が広まるとかすれば、起伏に富んだ山地で放牧によって家畜を育てられる土地があり余っている日本は、健康で清潔に育った家畜からとれる食肉、酪農製品の一大生産地になるだろう。

酪農は狭い畜舎にぎゅうぎゅう詰めにせず、起伏に富んだ広々とした緑の山地ですれば、家畜にとって健康的で寿命も長くなるとともに、非常に絵になる光景が展開される。これもまた観光資源として貴重だ。

おわりに

過去数年にわたって、私は「2020年は、2007年以来21年間続く長期不況が最終局面に突入する年になる。そして、米中両大国は、この最終局面で崩壊する」と語ってきた。どうやら事態は私の推測どおりに進展しそうだが、あまり自慢をする気にもならない。

なぜ都市封鎖とか外出禁止のようなバカげたことが起きるのか。なぜ自分たちの利益のために数億人、数十億人の経済活動を抑制する政策を提唱した連中が、人類の救世主でもあるかのように無批判に受け入れられるのか。

論理的には、自分なりに納得のいく答えは出せたつもりだ。この機会にできたてほやほやのワクチンをできるだけ多くの人間に投与して、ボロ儲けをしようというところまでは、なんとか理解できる。だが、次々に発生するウイルス感染症に対する免疫証明を持たない人間は公道を歩くことも、公共の場所に出入りすることも禁止しようとまで言い出す人間の心境も、それを褒めそやす人間の動機も、まったくわからない。

人類はウイルス感染症にこと寄せて、自分の一挙手一投足を監視しようとする究極の監視国家に屈服するのか、はねのけるのかの岐路に立たされている。この暗い選択を迫られずに済むように、できる限り早く世界経済が崩壊してくれるようにと願うわけにもいかない。多少はそう願いたくなる誘惑も感じるが。

人類はこの騒動から、二度と都市封鎖とか外出禁止とかの政策を使うまいという教訓を得るのだろうか。それとも、すでにこうした政策を実施できる権力自体が存在しない社会に移行してしまうのだろうか。それはそれで完全監視社会が実現するよりは、はるかにマシな選択だろう。

メイフラワー号がプリマスに入港した1620年から400年
スタンダード石油が設立され、普仏戦争が勃発し、イタリア王国軍がローマに入城した1870年から150年
イラク軍がクウェート全土を制圧し、モスクワに証券取引所が設立された1990年から30年
2020年5月下旬、緊急事態宣言の解除に多少の安堵を感じつつ

増田　悦佐

参考文献一覧

- 阿部珠理『メイキング・オブ・アメリカ――格差社会アメリカの成り立ち』（2016年、彩流社）
- フィリップ・アリエス著、杉山光信訳『<子供>の誕生――アンシァン・レジーム期の子供と家族生活』（1980年、みすず書房）
- エリック・ウィリアムズ著、中山毅訳『資本主義と奴隷制――ニグロ史とイギリス経済史』（1968年、理論社）
- F.William Engdahl、『Myths, Lies and Oil Wars』（2012年、Gertrud Engdahl）
- 大島良行『忘れられたアメリカ史』（1999年、丸善ライブラリー）
- 川添登『裏側からみた都市――生活史的に』（1982年、日本放送出版協会）
- Michael Geber、『Bird Flu：A Virus of Our Own Hatching』（2006年、Lantern Books）
- 黒川伊保子『ヒトは7年で脱皮する――近未来を予測する脳科学』（2018年、朝日新書）
- アランナ・コリン著、矢野真千子訳『あなたの体は9割が細菌――微生物の生態系が崩れはじめた』（2013年、河出書房新社）
- ジュリア・クセルゴン著、鹿島茂訳『自由・平等・清潔――入浴の社会史』（1992年、河出書房新社）
- アルフレッド・W・クロスビー著、佐々木昭夫訳『ヨーロッパの帝国主義――生態学的視点から歴史を見る』（2017年、ちくま学芸文庫）
- ジャレド・ダイアモンド著、倉骨彰訳『銃・病原菌・鉄　上・下』（2012年、草思社文庫）
- 高橋敏『家族と子供の江戸時代――躾と消費からみる』（1997年、朝日新聞社）
- ジェームズ・デイヴィッドソン＋ウィリアム・リーズ＝モッグ著、鈴木主税訳『世界経済が破綻する時――破局の中での投資法』（1988年、草思社）
- 同著、牧野昇監訳『大いなる代償――過去の「つけ」が生む国際経済の危機』（1992年、経済界）
- 中島源太郎『ハイヒールと糞尿――個性的街づくり』（1985年、エール出版社）
- 福岡伸一『生物と無生物のあいだ』（2007年、講談社現代新書）
- オリ・ブラフマン／ロッド・A・ベックストローム著、糸井恵訳『ヒトデはクモよりなぜ強い――21世紀はリーダーなき組織が勝つ』（2007年、日経BP社）
- アルフレッド・フランクラン著、高橋清徳訳『排出する都市　パリ――泥・ゴミ・汚臭と疫病の時代』（2007年、悠書館）
- ウィリアム・マクニール著、佐々木昭夫訳『疫病と世界史　上・下』（2007年、中公文庫）
- 益田勝実『火山列島の思想』（2015年、講談社学術文庫）
- ヤマザキマリ『テルマエ・ロマエ　全6巻』（2013年、ビームコミックス）
- 山本憲明『社長は会社を「大きく」するな！』（2012年、ダイヤモンド社）
- 歴史学研究会編『世界史年表　第二版』（2001年、岩波書店）

参考論文・統計資料一覧

- Tim Althoff et al, Stanford University Medical School、「Large-scale physical activity data reveal worldwide activity inequality」、2017年7月14日付『Letter』に収録
- DARPA『Insect Allies Program』、2018年10月
- 米連邦政府エネルギー省エネルギー情報局『Estimated U. S. Energy Consumption in 2019』、2020年5月
- ジョン・グラブ卿、『The Fate of Empires and Search for Survival』、1978年
- Johns Hopkins University School of Public Health『The Characteristics of Pandemic Pathogens』、2018年5月
- 厚生労働省『平成30年（2018）人口動態月報年計（概数）の概況』
- 同『平成28（2016）年　国民健康・栄養調査結果の概要』
- メディカル・トリビューン『ウイルスを知る』、2014年
- Nuclear Threat Initiative and Johns Hopkins Center for Health Security『GHS Index 2019』、2019年10月
- PATH『Global Vaccine Market』、2016年3月　• Research Gate『Event 201』、2019年10月
- US Air Force『Biotechnology：Genetically Engineered Pathogens』、2010年6月

参考メディア・ウェブサイト一覧

- 『AASJ』――NPO法人オール・アバウト・サイエンス・ジャパンのホームページ
- 『Advisor Perspectives』――アメリカの重要な経済指標を確実にほぼ毎月アップデートしてくれる便利なサイト
- 『Alhambra Investment Partners』――こんなに正直で商売になるのかと思うほど、国際金融市場の脆弱

性を的確に検証
- 『朝日新聞デジタル』
- 『The Automatic Earth』――毎日データのしっかりした硬派報道のコンピレーションをしていたが、主宰者Raul Ilargi Meijerのメインストリーム化とともに、長い文章だけの退屈な収録記事が増えた
- 『BBC放送ウェブ配信版』
- 『Big Think』――自然科学関連のポッドキャスト多し、メタンガスの異常発生地点を世界地図で指摘したりしていておもしろい
- 『Carpe Diem』――なぜアメリカン・エンタープライズ研究所がこんなに気取った名前のサイトを運営しているのかはわからないが、動くグラフのビジュアルはすばらしい
- 『CNBC News』――アメリカ3大ネットワークキー局の中でもっとも経済情報に注力
- 『Congressman Tom McClintock』――カリフォルニア州選出の共和党下院議員のホームページ、性の多様性については頑固派保守だが、ワイロまみれのアメリカの政治家にもこんなに立派な人もいるという見本
- 『Crowdpac』――クラウドファンディングでロビイングをする人のための情報サイト
- 『E Park 薬の窓口』
- 『Goldmoney』――貴金属専門サイトにありがちなペダンティズムもあるが、ときに有用
- 『GnS Economics』――フィンランドの経済金融情報サイトだが、おもしろいグラフをつくる
- 『Guardian』――労働党系の守旧派「左翼」
- 『Investing.com』――おそらく無料で暗号通貨の価格推移をフォローするには最適のサイト
- 『Investing Haven』――インフレ狙いの商品投資を推奨しつづけ、一貫性には敬服
- 『iSee Cars』――中古車売買サイトの発信情報
- 『Johns Hopkins Microbiology』「Research」セクション
- 『感染予防ゼミ』
- 『Lockdown Sceptics』――健全な批判精神と実証データの地味な分析を兼ね備えた、最近では珍しいサイト
- 『Measured in Gold』――あらゆるものの価格を長期にわたって金の重量で表示するので、慢性インフレの影響を除去した物価の動きがわかる
- 『日本経済新聞』
- 『OffGuardian』――ご存じイギリスの左翼定番メディア『Guardian』紙の古めかしい選民意識を糾弾して発足、新感覚の社会批判サイト
- 『Of Two Minds』――ときおり、超長期の歴史的視野に立ったコメントあり
- 『Real Investment Advice』――「長期買い持ち」幻想の虚構性を鋭く指摘
- 『歴ログ――世界史専門ブログ』
- 『Reuters World News』――ご存じ、ロイター通信社によるウェブ配信
- 『Seeking Alpha』――専門家受難の時代を反映して、最近あまり市場平均を上回る推奨なし
- 『Statista』――統計資料ビジュアル化のセンスがいい
- 『Summit News』――反権威・反権力の姿勢で一貫
- 『TANTANの雑学と哲学の小部屋』
- 『Telegraph』――Daily Telegraphのウェブ版
- 『東洋経済オンライン』「新型コロナウイルス年齢別感染者数」
- 『Visual Capitalist』――収録データはおもしろいが、縦長フォーマットの印字が細かく、コピペしにくいのが難点
- 『Vox』――民主党リベラル派に傾斜した政治・社会情報サイト
- 『Wikipedia』――難点を上げればキリがないが、非常に成功したヒトデ型組織
- 『Wolf Street』――反エスタブリッシュメント経済情報サイト中でも債務、住宅、小売、自動車に特色
- 『Worldometers』――Covid-19感染者・死亡者データの迅速性で重宝したが、ここにもゲイツ財団の資金が入っていることを知り、絶句
- 『World Population Review』――「Obesity Rates by Country」の年次ごとのデータは貴重
- 『山中伸弥のコロナウイルス情報発信』――引用したニュースソースや論文の発表された日付だけではなく、ご自身がコメントした日付も入れておいていただけると、さらに有用性が増す
- 横浜市ホームページ『感染症発生状況資料集』
- 『Zero Hedge』――知ったかぶりをする日本語サイトが、なんと「Twitterも出入禁止するほどのフェイクニュースサイト」と評しているのを見て唖然、極左から極右までおもしろければなんでも取り上げる間口の広さがあれば、たまにガセネタが入るのは当然

著者略歴

増田悦佐（ますだ　えつすけ）

1949年東京都生まれ。一橋大学大学院経済学研究科修了後、ジョンズ・ホプキンス大学大学院で歴史学・経済学の博士課程修了。ニューヨーク州立大学助教授を経て帰国、HSBC証券、JPモルガン等の外資系証券会社で建設・住宅・不動産担当アナリストなどを務める。現在、経済アナリスト・文明評論家として活躍中。

著書に『アイドルなき世界経済』『日本経済2020恐怖の三重底から日本は異次元急上昇』『これからおもしろくなる世界経済』『最強の資産は円である！』『米中地獄の道行き大国主義の悲惨な末路』（以上、ビジネス社）、『米中貿易戦争　アメリカの真の狙いは日本』（コスミック出版）、『2020年、経済史上初の恐怖の三重底が世界を襲う‼』（電波社）、『戦争と平和の経済学』（ＰＨＰ研究所）など多数ある。

新型コロナウイルスは世界をどう変えたか

2020年7月1日　第1版発行

著　者　増田 悦佐

発行人　唐津 隆

発行所　株式会社ビジネス社

〒162-0805　東京都新宿区矢来町114番地　神楽坂高橋ビル5階
電話　03(5227)1602（代表）
FAX　03(5227)1603
http://www.business-sha.co.jp

印刷・製本　株式会社光邦
カバーデザイン　大谷昌稔
本文組版　茂呂田剛（エムアンドケイ）
営業担当　山口健志
編集担当　本田朋子

ISBN978-4-8284-2198-8